„Das Leben
wartet auf dich.
Du musst nur losgehen
und es dir holen."

Christopher Schacht

Harper Collins

Über den Autor

© Micha Bührle

Christopher Schacht, Jahrgang 1993, kommt aus dem beschaulichen schleswig-holsteinischen Sahms. Er hat einen Zwillingsbruder und eine jüngere Schwester. Nach seinem Abitur hatte er vorgehabt, ein Stipendium der Informatik zu nutzen, um eines Tages seine eigene Softwarefirma zu gründen. Doch stattdessen brach er im Alter von 19 Jahren zu seiner Weltreise auf und kehrte erst vier Jahre später zurück. Seine Erlebnisse hielt er in diesem Buch fest, das ein Bestseller wurde. Im Sommer 2018 heiratete er seine große Liebe Michal, die er unterwegs kennengelernt hatte. Aktuell studiert er Theologie in Hessen.

Christopher Schacht

Mit 50 Euro um die Welt

Wie ich mit wenig in der Tasche loszog
und als reicher Mensch zurückkam.

HarperCollins

HarperCollins®

Fotos: Christopher Schacht / S. 58–61: Felipe Monteiro Vazami / S. 79, 82–83, 90: Wilfried Texier / S. 40, 41, 64, 95, 98, 189, 228, 241, 300: shutterstock / S. 158: Michal Knitl / shutterstock / S. 200: IOFIT / S. 283: Micha Bührle / S. 298: Jörg Steinmetz

FSC
MIX
Papier
FSC® C014496

7. Auflage: Oktober 2020
Ungekürzte Ausgabe im HarperCollins Taschenbuch

1. Taschenbuchlizenzausgabe
Christopher Schacht, Mit 50 Euro um die Welt

Umschlaggestaltung: HarperCollins Germany / Birgit Tonn, Übernahme von Adeo Verlag, spoon design, Olaf Johannson
Umschlagabbildung: Lou Fox (www.luisefuchs.com), wernermuellerschell / Shutterstock
Satz: GGP Media GmbH, Pößneck
Printed in Germany
Dieses Buch wurde auf FSC®-zertifiziertem Papier gedruckt.
ISBN 978-3-95967-345-7

www.harpercollins.de

Für meine Mutter, die in den vier Jahren fast umgekommen ist vor Sorgen.
Mama, hör am besten hier schon auf zu lesen ;-)

„Es ist eine gefährliche Sache, Frodo, aus deiner Tür hinauszugehen. Du betrittst die Straße, und wenn du nicht auf deine Füße aufpasst, kann man nicht wissen, wohin sie dich tragen."
J.R.R. Tolkien, Der Herr der Ringe: Die Gefährten

Noch kurz vorab...

Natürlich habe ich in über vier Jahren Weltreise viel, viel mehr erlebt, als zwischen diese beiden Buchdeckel passen würde. Aber dennoch möchte ich Einblicke in die spannendsten, traumhaftesten, witzigsten und skurrilsten Momente ermöglichen. Wer weiß, vielleicht macht das dem einen oder anderen ja Appetit auf mehr!

Als grober Überblick:

✓ 45 Länder
✓ 1512 Tage
✓ Über 100.000 Kilometer zu Wasser und zu Land
✓ 5 der 7 neuen Weltwunder
✓ 5 der 7 Weltmeere
✓ 4 neue Sprachen
✓ 4 Weisheitszähne weniger
✓ Aberwitzige Begegnungen
✓ Intensive neue Freundschaften
✓ Bilder zum Neidischwerden
✓ Ekliges Essen
✓ Lebensverändernde Erkenntnisse
✓ Jede Menge Abenteuer …

Und jetzt – geht's los!

Es geht los

1. Juli 2013

„Klick …", noch einmal herum im Schloss, und „Klack", das war's! Ich warf den Schlüssel durch den Briefschlitz neben der Tür, wandte mich um und versuchte mir diesen Moment einzuprägen. Die Sonne schien warm, der Wind wehte sacht und brachte den Geruch von Tannen und frisch gemähten Wiesen mit sich. Ein wirklich traumhafter erster Juli! Mit einem breiten Grinsen blinzelte ich in die Sonne – auf diesen Moment hatte ich die letzten anderthalb Jahre gewartet!

Hinter mir lagen ein stressiges Jahr voller Abi-Klausuren, weit über 200 Stunden Arbeit für einen Programmierwettbewerb, ein Nebenjob in Hamburg und ein bisher immer schon drei Wochen im Voraus völlig überfüllter Terminplaner, den ich nun abgehakt hatte. Vor mir lag … Freiheit!

Ich schulterte meinen Rucksack, hüpfte die Treppenstufen hinunter auf den Gehweg und lief einen guten Kilometer von unserem winzigen Dorf zur Bushaltestelle an der Bundesstraße. Im Gehen winkte ich einigen älteren Nachbarn, die diesen herrlichen Montagvormittag zur Gartenarbeit nutzten, und ließ die vergangenen Tage noch einmal Revue passieren.

Am Wochenende hatten wir den 90. Geburtstag meines Großvaters gefeiert, bei dem ich mich von meinen Verwandten verabschiedet hatte. Ob für Monate oder Jahre – ich war froh, es nicht zu wissen. Meiner jüngeren Schwester und meiner Mutter waren die Tränen gekommen, während mein Vater und mein Zwillingsbruder das Ganze etwas gelassener sahen. Und dann war meine Familie nach Dänemark in den Sommerurlaub gefahren. Seit zehn Jahren das erste Mal ohne mich.

„Du bist echt verrückt!", hatte mir ein Freund kopfschüttelnd vorgehalten und hinzugefügt: „Ich habe keine Ahnung, wie du das mit so wenig Geld überhaupt machen willst!"

„Das" bedeutete: Ich wollte versuchen, die Welt zu umrunden. Und zwar mit nur 50 Euro in der Tasche und ohne konkreten Plan. Beziehungsweise war der Plan, keinen Plan zu haben. Einfach losgehen und schauen, wo das Leben mich hintrieb. Dort, wo es mir gefiel, so lange bleiben, wie ich wollte, und weiterziehen, wenn mir danach war. Ohne Termine, ohne festgelegtes Ziel. Das totale Kontrastprogramm zu meinem bisherigen Leben. Freiheit eben!

„Wolltest du nicht eigentlich studieren? Und wo wirst du schlafen? Wer wäscht deine Wäsche?" – manche Fragen bewiesen echt Humor. Als ob mein Leben von einer Waschmaschine abhängen würde ...

Natürlich hatte ich ein paar Vorkehrungen getroffen. Ich hatte mich informiert, was andere Backpacker so mitnehmen (dazu gibt es ja genug Blogs/Vlogs), mir ein vernünftiges Zelt besorgt, einige Impfungen vornehmen lassen und einen Reisepass beantragt. Und ich hatte angefangen, meine Eltern schonend an den Gedanken zu gewöhnen, was ich vorhatte ;-).

Vor allem aber hatte ich mich darauf vorbereitet, *nicht* vorbereitet zu sein – viele Probleme können unvorhersehbar und unerwartet auftauchen; meine Vorbereitung bestand daher vor allem darin, mir alle Möglichkeiten offen zu halten. Zum Beispiel macht ein Zelt unabhängiger von organisierten Schlafplätzen; eine Karte informiert über alternative Verkehrsrouten; die jeweilige Landessprache zumindest ansatzweise zu lernen und Übersetzer-Apps zu verwenden macht die Kommunikation leichter; Medikamente, Impfungen und richtige Ernährung können Krankheiten in Grenzen halten. Wenn man viel Zeit, gute Kontakte oder sehr niedrige Ansprüche im Hinblick auf Komfort hat, eröffnen sich oft ungeahnte Möglichkeiten. Und wenn es mal

Probleme gibt, findet man meist schneller eine Lösung, wenn man weiß, was man will, und eine positive Einstellung hat.

Der Bus schwenkte über auf den Haltestreifen und kam mit einem kurzen Quietschen zum Stehen. Die Insassen beäugten mich verwundert, als ich meinen prall gefüllten Rucksack hineinhievte.

Im nächstgrößeren Ort angekommen ging ich zu Fuß zu einer mäßig frequentierten Auffahrt der A1 in einem Gewerbegebiet, die ich mir über Google Maps ausgesucht hatte. Meinen rechten Arm seitlich ausgestreckt, den Daumen in die Höhe haltend und ein – wie ich fand – überzeugendes Lächeln im Gesicht, wartete ich nun auf ein Auto, das auf das Pappschild in meiner linken Hand reagieren würde. Mit schwarzem Edding geschrieben stand darauf: „A1 Richtung Bremen". Darunter ein gemalter Smiley.

Die erste halbe Stunde verging und die Autos fuhren an mir vorbei, ohne dass mich deren Insassen beachteten. Ich wartete weiter. Immer noch nichts ...

Geduld!

Nichts ...

Mein Lächeln war mittlerweile etwas verkrampft, meine Arme wurden müde, und statt des Geruchs von Freiheit wehten mir Abgase ins Gesicht. Die Sonne, die am Morgen noch so freundlich gewirkt hatte, brannte in erbarmungsloser Mittagshitze auf mich herunter. Weit und breit kein Schatten. Eine leise Stimme in mir regte sich und kämpfte mehr und mehr um Beachtung: *„Die Zeiten des Trampens sind vorbei, das macht heutzutage keiner mehr! Dich nimmt niemand mit. Noch heute Abend kehrst du um, bevor es überhaupt richtig losgegangen ist!"*

„Warum probierst du es nicht etwas weiter unten beim Burger King?" – die leise Stimme in meinem Kopf war von der realen eines Passanten unterbrochen worden.

„Ja ... äh, danke", stammelte ich und musste dann über mich selbst lachen. Ich war zu einer Weltreise aufgebrochen, und alles, was es brauchte, um erste Zweifel in mir zu säen, waren anderthalb Stunden Warten an einer Autobahnauffahrt!

Mit dem Lachen verflogen die negativen Gedanken, und frisch motiviert schulterte ich meinen Rucksack, um dem Rat des Fremden zu folgen.

Und tatsächlich, wenige Minuten später saß ich neben zwei Kindern im Grundschulalter auf der Rückbank eines dunkelblauen Opel Corsa. So rollten wir nun über den Asphalt, und hinter der Fensterscheibe verformte sich das grüne Gestrüpp zu verschwommenen Streifen.

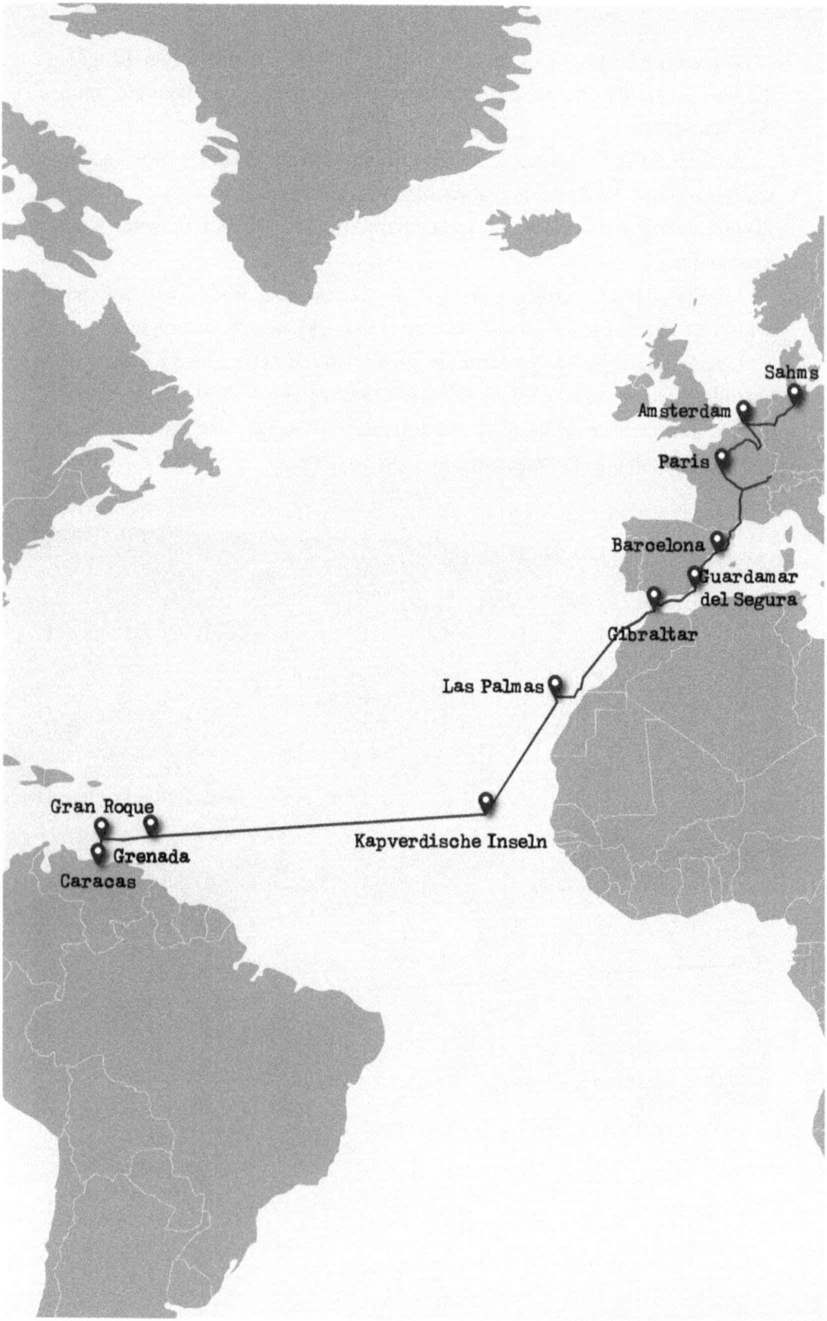
Sahms
Amsterdam
Paris
Barcelona
Guardamar del Segura
Gibraltar
Las Palmas
Kapverdische Inseln
Gran Roque
Grenada
Caracas

1. Etappe: Europa, Atlantik, Karibische Inseln

Geld verzockt, pleite(r), aber weiter, mehr Glück als Vernunft. Leinen los – per Anhalter über den Atlantik

1. Juli 2013 – März 2014

Bei Osnabrück sammelte mich ein schwedisches Paar ein. Auch wenn es für mich neu war, per Anhalter zu fahren, fühlte es sich nicht einmal seltsam an. Ganz im Gegenteil. Meist herrscht beim Trampen eine offene und herzliche Stimmung im Auto. Es nehmen einen schließlich nur Leute mit, die jemanden mitnehmen wollen. Aufgedrängt habe ich mich nie.

Und obwohl man die Menschen noch nie vorher getroffen hat und es wohl auch nicht mehr tun wird, liegt kein Gefühl der Fremdheit in den Gesprächen, wie man es vielleicht vermuten würde. Aus den anfänglichen Fragen wie: „Und woher kommst du?" und: „Wo willst du hin?" entwickeln sich oft – je nach Länge der Fahrt – sehr lustige, aber auch tiefgehende Gespräche.

Trampen war für mich eine Möglichkeit, Einblicke in das Leben anderer Menschen zu erhalten, die ich sonst aufgrund meines Alters, anderer Interessen oder meines doch beschränkten sozialen Umfelds wohl nie kennengelernt hätte. Und auf den Autobahnen trifft man wirklich alles: Ärzte, Bauarbeiter, Hausfrauen, Krokodilfarmbesitzer, ehemalige Gefängnisinsassen und sogar Mafiamitglieder. Fast, als schaltet man den Fernseher an und zappt wahllos durch alle Programme, lässt dabei eine Serie für zehn Minuten laufen und zappt dann wieder weiter. Ein kurzer Ausschnitt einer Geschichte, die man erfasst, aber man weiß nicht, was vorher war oder was hinterher passieren wird. Das Spannende daran ist: Man lernt ständig dazu. Über Berufe, Länder und Lebenseinstellungen.

Bei Einbruch der Dämmerung erreichten wir die Ausläufer Amsterdams. Mein erstes Ziel. Danach wollte ich über Paris nach Barcelona reisen.

„Heute Nacht muss gefeiert werden!", beschlossen die beiden Schweden, mit denen ich mich angefreundet hatte, und ich. Unsere Sachen ließen wir in einem billigen Hotelzimmer, das sich die beiden genommen hatten, und gingen dann auf die Piste.

In den engen Straßen und an den Kanälen, die Amsterdams Zentrum ringförmig durchzogen, stießen wir auf eine große Menschengruppe. Auf die Frage, wo sie hinwollten, lud uns ein junger Mann im roten T-Shirt ein, uns ihnen anzuschließen. Auf seiner Brust stand in weißer Schrift: *„Pubcrawl – eine Nacht, an die du dich nicht erinnern, aber die du nie vergessen wirst!"* Wenig später drängten wir uns zusammen in eine dreckige, rot beleuchtete Kneipen-Disco. „Ein Paradies!", kommentierte der Schwede, der auf einem Flyer an der Tür „1 Euro Bier-Special" gelesen hatte ...

Ich blinzelte. Sonnenstrahlen erfüllten das Auto. Mit der Hand strich ich mir über meinen immer noch leicht benebelten Kopf. Ob vom Schlaf, dem Gras oder den Getränken, war schwer zu sagen. Wahrscheinlich alles zusammen. Vor nur vier Stunden waren wir mit einem Taxi zum Hotel zurückgefahren und ich hatte im Auto der Schweden schlafen dürfen.

Mein Mund war trocken. Ich griff nach der Wasserflasche auf dem Armaturenbrett, nahm einige große Schlucke und öffnete die Tür. Der Wind wehte mir angenehm kühl entgegen. Während mein Blick über den Hotelparkplatz streifte, fuhr ich mit meinen Fingern in meine Hosentasche und holte das übrig gebliebene Geld, ein altes Kaugummi und einen kleinen, abgerissenen Zettel heraus. Diesen hatte mir einer der Typen mit den roten T-Shirts gegeben, als wir auf dem Bürgersteig vor der Bar gesessen und geplaudert hatten.

Ich steckte den Zettel wieder ein und fing an, mein Restgeld zu zählen. *NEEIIIIIINN!* Von den einstigen 50 Euro hatte ich ganze 35 Euro in meiner allerersten Nacht auf den Kopf gehauen! „Herzlichen Glückwunsch!", gratulierte ich mir selbst sarkastisch zu dieser Vollpleite.

Eins war klar: Ich brauchte dringend einen Job und einen Platz zum Schlafen. Die beste (und einzige) Option war momentan die Karte des jungen Mannes, der uns zum *Pubcrawl* eingeladen hatte. Den würde ich als Ersten aufsuchen ...

Ich spazierte durch den Vondelpark, dessen viele Grünflächen und entspannte Stimmung im Sommer vor allem Studenten und Künstler zum Müßiggang einladen. Auf einer Bank am Weg zupfte ein junger Mann mit langen blonden Haaren lässig die Seiten seiner Gitarre und sang dazu. Die Tasche des Instruments lag geöffnet vor ihm und lud zum Geldhineinwerfen ein. Hinter ihm passte eine dünne junge Frau auf ihre beiden großen Rucksäcke auf. Im Kontrast zu ihrem Freund hatte sie kurze Haare, und ihr linkes Nasenloch war gepierct.

„Wo kommt ihr her?", sprach ich die beiden an.

Sie kamen aus Slowenien und reisten für einige Monate durch Europa, was sie mit Straßenmusik finanzierten. Wir plauderten etwas und waren uns auf Anhieb sympathisch. Ich fragte sie, ob sie eine Weile auf meine Sachen aufpassen könnten, solange ich mich auf Jobsuche machte. Mir schienen die beiden vertrauenswürdig zu sein. Sie willigten gern ein und sagten, sie wollten ohnehin noch bis spät abends an dieser günstigen Stelle bleiben.

Einige Stunden später kam ich beschwingten Schrittes zurück in den Park, da ich tatsächlich einen Job als Party-Tourguide ergattert hatte. Doch an der Stelle angekommen konnte ich nicht glauben, was ich sah. Oder vielmehr nicht sah. Es regnete. Vor mir stand die Parkbank im blass-gelben Schein der Straßenlampen. Genau hier hatte bei Sonnenuntergang noch mein Rucksack neben dem slowenischen Pärchen gelegen.

Und nun: *Nichts!*

Verzweifelt schaute ich mich um und suchte die Silhouetten der Büsche ab. Keine Menschenseele weit und breit.

„Nein, nein, NEIN!" Mein Herz schlug schneller. Ich konnte es einfach nicht fassen! Nur die Regentropfen schienen mir verständnisvoll auf die Schultern zu klopfen. Was nun?! In dem Rucksack waren meine Dokumente gewesen. Mein restliches Geld. Meine Ausrüstung. Ich war gerade mal einen einzigen Tag von zu Hause weg, und schon hatte ich nicht nur mein komplettes Reisegeld auf den Kopf gehauen, sondern nun auch noch alles andere verloren! Warum war ich bloß so naiv gewesen, ihnen einfach zu vertrauen? Meine Menschenkenntnis war wohl doch nicht so gut, wie ich gehofft hatte ...

„CHRIS!"

Aus dem Schatten der Baumgruppe lösten sich zwei Gestalten. *Könnten das ... ?* Ich lief ihnen entgegen, und mir fiel ein riesiger Stein vom Herzen!

„Entschuldigung, wenn wir dich erschreckt haben. Aber es fing plötzlich an zu regnen, deshalb haben wir uns da drüben untergestellt", erklärte mir der langhaarige Musiker.

Ich fiel ihm vor Erleichterung um den Hals, was er leicht überrascht erwiderte. Hatte mich mein Bauchgefühl also doch nicht getäuscht!

Den Juli verbrachte ich also als Party-Tour-Guide in Amsterdam. Dann wurde es Zeit, weiterzuziehen, und so machte ich mich an einem Montagmittag mit meinem Pappschild auf den Weg nach Paris. Die Fahrt dauerte länger, als ich geplant hatte. Aber was man manchmal so schnell als negativ abstempelt, nur weil es anders läuft, als man es sich vorstellt, entpuppt sich später oft als etwas Einmaliges.

So auch hier: Ich hatte dadurch das Privileg um 4:00 Uhr morgens in dem einzigen Auto weit und breit um den Arc de Triomphe des schlafenden Paris zu kreisen. Da der Moment so unglaublich war, drehte der Fahrer extra für mich ein paar Ehrenrunden.

Trotz der frühen Stunde hatte mir ein überaus gastfreundlicher Couchsurfer, den ich in Amsterdam schon kontaktiert hatte, noch die Türen zu seinem bescheidenen Apartment mit Blick auf den Eiffelturm und den Montmartre geöffnet. Die Mitglieder dieses Gastfreundschafts-Netzwerks nutzen die Website www.couchsurfing.com, um eine kostenlose Übernachtungsmöglichkeit auf Reisen zu finden oder selbst eine Unterkunft anzubieten. Es ist auch so gedacht, dass man nicht nur ein Sofa zur Verfügung stellt, sondern zum Beispiel den Reisenden auch seine Stadt zeigt. Das Netzwerk hat inzwischen über 10 Millionen Mitglieder. Grundsätzlich finde ich das eine tolle Sache, aber rückblickend habe ich es über die gesamte Reise hinweg weniger als zehnmal genutzt. Es erwies sich als für meinen Reisestil einfach nicht spontan genug. Zudem muss man regelmäßig Zugriff aufs Internet haben, was mir ebensowenig möglich war. Wenn man etwas „kalkulierter" reist, ist es aber unbedingt empfehlenswert!

Um in einer der teuersten Städte Europas nicht wieder völlig über meine Verhältnisse zu leben, erlegte ich mir eine Ausgabe-Obergrenze von 5 Euro pro Tag auf. Zwei für Essen und drei für andere Dinge. Das war hart, aber gerade so machbar. In anderen Ländern, in denen die Lebenshaltungskosten niedriger sind, musste ich später meist nur einen Euro am Tag aufwenden, oft auch weniger. In einer kompletten Woche in Paris gab ich insgesamt nur sage und schreibe 33 Euro aus und sah dennoch alle großen Attraktionen. Dann ging es weiter Richtung Spanien.

August 2013

Bei angenehmen 28 Grad lief ich schnellen Schrittes durch Barcelona, weil ich gehört hatte, dass irgendwo hier in der Gegend eine Stadtteilparty stattfinden sollte, und ich hoffte, dass sich dort eine Unterkunft für mich auftun könnte. Mit dem schweren Rucksack war das alles andere als ein Spaziergang.

„Dónde Saints? Fiesta?", fragte ich mit meinen zu dieser Zeit noch äußerst rudimentären Spanischkenntnissen die einzige Person, die mir begegnete: eine kleine Frau mittleren Alters mit mediterranem Teint, schwarzen Haaren und einem sympathischen Gesicht. Sie lachte, sagte etwas auf Spanisch oder Katalanisch – jedenfalls verstand ich es nicht – und dann in einem Englisch, das nicht viel besser als mein Spanisch zu sein schien: „Follow me."

Die Geduld und das Interesse, die sie mir entgegenbrachte, machten es uns irgendwie möglich, uns auszutauschen. Wie sich zeigte, kam sie aus Kolumbien – lebte aber schon seit vielen Jahren in Barcelona und unterrichtete Kinder im Vorschulalter. Ich „erzählte" ihr bruchstückhaft von meiner Reise.

„Donde duermes?", fragte sie und lehnte ihren Kopf an ihre zusammengelegten Hände, um ein Kissen zu simulieren. Ich deutete auf meine Isomatte am Rucksack und zuckte die Achseln. Sie lachte und zeigte mit ihrem Zeigefinger auf mich „Tu. Dormir", nun zeigte sie auf sich selbst: „Mi casa." Das verstand ich und bedankte mich lachend und laut „Gracias! Gracias!" rufend.

Die alleinerziehende Kolumbianerin hatte zwei Söhne in meinem Alter, die mir in den kommenden Tagen die Stadt zeigten – wenn ich nicht gerade Spanisch lernte. Die Erfahrung, mich nicht richtig verständigen zu können, hatte mich dazu angespornt, meine Sprachkenntnisse möglichst rasch zu verbessern. Die Kolumbianerin, die gerade zwei Wochen Urlaub hatte, schien großen Spaß daran zu haben, mit mir zu üben. Nebenbei polierten wir zusammen auch ihr Englisch etwas auf.

Obwohl es ihr scheinbar gut gefallen hätte, mich zu adoptieren, verabschiedete ich mich nach einer Woche wieder, um weiterzuziehen. Ich bin mit Pferden aufgewachsen und wollte mir einen Kindheitstraum erfüllen: auf einer Pferderanch in Spanien zu arbeiten. Auf so einem Hof im Osten von Murcia an der Costa Blanca hatte mein Vater vor Jahren mal einen Andalusierhengst gekauft. Und dieser Ort war nun mein nächster Anlaufpunkt.

Per Anhalter aus Barcelona herauszukommen war jedoch sehr schwierig. Das liegt an dem in Spanien verbreiteten Vorurteil, dass nur Bettler und Kriminelle so etwas machen. Deshalb wird man häufiger von Urlaubern mitgenommen als von Einheimischen.

Der Besitzer der Ranch erinnerte sich sowohl noch an den Hengst als auch an meinen Vater. Und schon war ich eingestellt.

Unter der Anhöhe, auf der El Refugio lag, befand sich das Naturschutzgebiet der blauen Salzlagunen von La Mata und Torrevieja mit einer ausgedehnten Dünenlandschaft, und dahinter lag das Meer mit einem kilometerlangen einsamen Strand. Weiter im Inland gelangte man bald zu trockenen Kiefernwäldern und Orangenplantagen.

Neben Pferde versorgen, Ausmisten, Gärtnern, Schweine schlachten und Reparaturarbeiten gehörten zu meinen Aufgaben auf der Ranch auch geführte Ausritte mit Touristen, die ich immer sehr genoss. Auch einige Spanien-Auswanderer, die in der Nähe lebten, kamen regelmäßig zum Reiten auf die Ranch. Einer von ihnen war ein ehemaliger Architekt aus Deutschland. Er war schon 83 und hatte ein eigenes Pferd auf der Ranch stehen.

„Dass deine Eltern dich in deinem Alter ganz allein so eine Reise machen lassen ...", sagte der Deutsche, als ich ihm auf einem Ausritt von meinen Weltreiseplänen erzählte. Er hielt seinen Fuchswallach etwas zurück, um mit mir auf gleicher Höhe zu bleiben. Sowohl der Mann als auch das Pferd waren noch äußerst fit für ihr Alter, wie man bei diesem Ausritt wieder mal merkte.

„Na ja, zuerst waren sie dagegen. Und sie haben vermutlich auch gehofft, das sei nur so eine fixe Idee von mir, die ich bald wieder vergesse", lachte ich. „Aber als ich mich dann mit meiner Ausrüstung und den Impfungen immer intensiver vorzubereiten begann, da dämmerte ihnen langsam: *Der Junge meint es ernst.*"

„Und dann? Haben sie es dir auszureden versucht?"

„Sie haben sich mit mir hingesetzt und mir ins Gewissen geredet: *Ist dir klar, dass du sterben könntest?* Aber darauf habe ich gesagt, dass mir das bewusst ist und dass ich es trotzdem machen werde. Weil ich lieber bei etwas sterbe, was ich liebe, als in fünfzehn Jahren in irgendeinem Büro zu sitzen und mir zu sagen: *Hätte ich doch ...*"

Er nickte. „Genau so ging es mir, deshalb bin ich hergekommen. Und was hast du jetzt vor?"

„Die ganze Welt erobern", zwinkerte ich ihm zu.

Der Deutsche schüttelte den Kopf. „Nur Narren wollen die Welt erobern. Ein Weiser sich selbst.“

Ich musste grinsen. Meine scherzhaft gemeinte Anspielung hatte er anscheinend nicht verstanden. Aber an seinem Spruch war dennoch viel dran. Stumm wiederholte ich ihn noch einmal und merkte ihn mir.

„Und wie machst du das mit den Flügen?“, fragte er.

„Ich habe nicht vor, ein Flugzeug zu nutzen. Wenn man größere Strecken fliegt, verliert man doch völlig das Gefühl für die Entfernung. Man steigt an Punkt X in den Flieger und ein paar Stunden später an Punkt Y wieder aus und hat die eigentliche Reise gar nicht mitbekommen. Ich dachte eher daran, auf einer Segeljacht zu helfen und so über die Meere zu kommen.“

Er hob seine Augenbrauen. „Kannst du denn segeln?“

Ich gestand ihm, dass ich nahezu keine Ahnung hätte. Er grinste. „Na, da hast du Glück! Ich war mal Segellehrer. Daran sollte es also nicht scheitern.“

„Und was meinst du, wie meine Chancen stehen, mitgenommen zu werden?“

„Wenn du dich gut vorbereitest – nicht schlecht, würde ich meinen. Ein guter Skipper wertet die Einstellung ähnlich hoch wie die Erfahrung. Und in der Saison zur Atlantiküberquerung, die Ende November beginnen und bis Februar andauern wird, gibt es immer einige Segler, die andere Hand-gegen-Koje mitnehmen. Also kostenlos, wenn man mit anpackt. An deiner Stelle würde ich es in Gibraltar versuchen. Von da aus starten viele über den großen Teich.“

Ich habe diesem Mann wirklich viel zu verdanken. Dass ich ihn genau jetzt getroffen hatte, wo die Saison vor der Tür stand, fühlte sich sehr nach einer Art Vorsehung an.

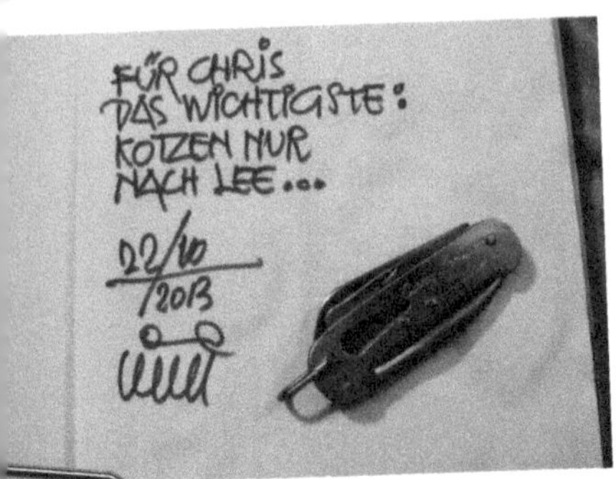

In den kommenden Tagen brachte er mir zunächst ein Segel-Schulbuch mit, dann ein Segelmesser und Seglerkleidung. „Was soll ein alter Mann wie ich denn noch mit all diesen Dingen? Ich freue mich, wenn sie dir von Nutzen sind!“ Das waren sie. Und zwar sehr entscheidend für die gesamte Reise.

Drei Tage vor meinem 20. Geburtstag, in der ersten Novemberwoche, verließ ich El Refugio wieder und machte mich auf den Weg nach Süden.

Durch die große Frontscheibe des Lieferwagens, der mich mitgenommen hatte, blickte ich schließlich auf einen gigantischen Felsen, der sich aus dem Blau des Horizontes schälte: Gibraltar! Das Tor zum Atlantik! Jedenfalls hoffte ich, dass sich dieses Tor für mich öffnen würde ...

Zur Mittagszeit schritt ich zu Fuß über die Grenze, wo ich zu meiner Überraschung auf den Start eines Flugzeugs warten musste. Gleich hinter der Grenze mit der spanischen Seite „La Línea“ hatten die Engländer einen Flugplatz errichtet, den man als Pendler jedes Mal passieren musste. Mit den auf dem Felsen lebenden Affen, der typisch britischen Architektur und einer interessanten Geschichte ist Gibraltar sicher ein tolles Ziel für einen Wochenendausflug.

„Häng deinen Zettel hier ans Brett zu den anderen. Falls du Platz findest“, sagte der Zuständige im Hafenbüro.

Ich drehte mich um – und musste erstmal schlucken: Das Brett quoll bereits über vor Zetteln von Leuten, die wie ich auf Bootssuche über den Atlantik waren. Nicht wenige der Bewerber hatten bereits Erfahrung und einige sogar schriftliche Qualifikationen. Niedergeschmettert verließ ich das Büro wieder. Bei dieser starken Konkurrenz standen meine Chancen, einen Platz zu ergattern, denkbar schlecht! Im Grunde sogar unmöglich, wenn ich noch dieses Jahr über den Atlantik wollte.

Als ich dann die Kais ablief und mit so vielen Leuten wie möglich Kontakte aufbaute, wurde ich wieder zuversichtlicher. Die Verfasser der Inserate im Hafenbüro schienen sich allein auf ihre Zettel zu verlassen. Ich aber konnte einen persönlichen Eindruck hinterlassen. Wenngleich ich mir diese Hoffnung mit zwei Polen, einer jungen Engländerin und einem Australier teilen musste.

Meinen Geburtstag verbrachte ich bei Sonnenschein, Möwenkreischen und etwas Whisky im Cockpit eines kleinen französischen Segelbootes, das im Hafen lag. Die Besatzung deckte mit Straßenmusik ihre Kosten und hatte vor, im Mittelmeerraum zu bleiben. Am Abend war ich mit einem Tschechen zusammen „containern" gewesen. Das heißt, man holt Weggeworfenes, aber noch Brauchbares wieder aus der Mülltonne. Der Tscheche lebte seit über vier Jahren ausschließlich von weggeworfenem Essen. Nicht ein einziges Mal hatte er damit gesundheitliche Probleme gehabt. In Paris hatte er mal in einer Mülltonne einen brandneuen Armani-Anzug gefunden. Und Freunde von ihm sammelten bei einem US-amerikanischen Militärstützpunkt sogar Laptops, Tablets und Smartphones aus dem Abfall. Die Geräte wurden nur wegen der nicht zur Steckdose passenden Stecker entsorgt – waren ansonsten aber frei von Defekten. Es ist unglaublich, was alles weggeworfen wird! Allein in Deutschland landen rund 20 Millionen Tonnen Nahrungsmittel pro Jahr im Müll. Das sind 250 kg pro Person!

An diesem Abend zelebrierten wir meinen Geburtstag mit einem ganz besonderen Fund unserer Schatzsuche: einer ehemals tiefgekühlten Pizza, die wir in einem Müllcontainer gefunden hatten und in der Mikrowelle aufwärmten. Bei unserer Rückkehr gratulierte ich übers Handy auch noch kurz meinem Zwillingsbruder.

November 2013

Zu meinem Glück geschah drei Tage später dann eine Überraschung: Ein Italiener mit seiner thailändischen Frau hatte vor, mit seinem selbstgebauten, aber sehr schönen Kutter über den Atlantik zu segeln. Die zwei Freunde, die ihn begleiten wollten, tauchten allerdings nie auf. Was für ihn ein Problem war, wurde meine Rettung. Er war durch einige Gespräche in den Tagen zuvor auf mich aufmerksam geworden, und nach einem Probesegeln vor dem Hafen bot er kurzerhand an, mich auf die Kanarischen Inseln mitzunehmen. Und wenn alles gut lief, auch mit in die Karibik.

Ich wäre fast geplatzt vor Freude! Mein neuer Kapitän hatte wohl nie auf die Inserate am schwarzen Brett geschaut. Obwohl, vielleicht hatte er das sogar, aber er konnte kaum ein Wort Englisch. Und somit konnte er auch die unzähligen Angebote der erfahrenen Skipper nicht lesen.

Ich konnte mein Glück wieder einmal kaum fassen. Weniger als eine Woche später legte ich bereits (als Erster von den Bootssuchenden) zusammen mit dem 58-jährigen Italiener und seiner Frau an Bord ihrer 13 Meter langen und vier Meter breiten Segeljacht ab. Sie wollten erst in die Karibik und vielleicht später sogar bis nach Thailand segeln. Die thailändische Ehefrau wurde allerdings leicht seekrank, was ein weiterer Grund für sie war, mindestens eine weitere Person aus Sicherheitsgründen zum Helfen mit an Bord haben zu wollen.

Es war schon später Nachmittag, als wir in die Straße von Gibraltar hinausfuhren. Ich war glücklich und aufgeregt – endlich hatte ich zur ersten richtig großen Etappe meiner Reise angesetzt. Inzwischen war ich seit 4 Monaten unterwegs, aber die Atlantik-Überquerung war gefühlt der bisher wichtigste Schritt „in die Welt hinaus". Vor mir lag der unbeschreibliche Anblick von Freiheit. Ein Gefühl, das man nicht in Worte fassen konnte. Im Westen war lediglich der Horizont zu sehen und die endlosen Weiten des tiefblauen Meeres. Zudem war dies der allererste Tag meines Lebens, den ich auf See verbrachte. Und gleich würde ich meinen ersten Sonnenuntergang an Bord erleben!

„Wenn die Sonne gerade im Begriff ist, hinter dem Wasser zu verschwinden, behalte sie genau im Auge!", riet mir der Italiener mit einem geheimnisvollen Unterton und schaute mich vielsagend an. „Nur ein einziges Mal im Leben eines Seemannes geschieht es, dass er genau in diesem Moment dort einen grünen Lichtblitz sieht. Das ist ein ganz besonderer Moment, denn an diesem Ort versammeln sich die Seelen der Ertrunkenen."

Ich war ganz ergriffen. *Ob ich so einen Moment in meinem kleinen Seemannsleben wohl jemals erleben werde?* Zusammen verfolgten wir den Niedergang der Sonne – und tatsächlich: Die allerletzten Strahlen färbten sich plötzlich grün.

„War das das Licht, von dem du gesprochen hast?", fragte ich, aber ich bekam keine Antwort.

Meinem Kapitän war die Kinnlade heruntergefallen.

Trotz des guten Wetters warfen die Wellen die Jacht von einer auf die andere Seite. Regelmäßig überspülte Meerwasser das Deck und floss über meine Füße. Den Wind von achtern, machten wir nur mit der Genua (ein großes Vorsegel) zwischen sechs und sieben Knoten und alle waren glücklich, endlich unterwegs zu sein ... Gott sei Dank spürte ich nicht den Hauch von Seekrankheit. Aber das ging leider nicht jedem so: Die Ehefrau des Kapitäns lag mit geschlossenen Augen in der Mitte des Bootes auf dem Sofa, wo die Bewegungen am wenigsten stark zu spüren sind, und erbrach sich alle paar Minuten in einen Suppentopf.

Der Italiener trug fast ununterbrochen einen grauen Jogging-Anzug mit einer blauen Wollmütze. Man merkte deutlich, dass er lange Jahre eine Elektro-Mechanik-Firma geleitet hatte – ganz unitalienisch schätzte er deutsche Exaktheit und Pünktlichkeit und schimpfte immer auf die Schludrigkeit der Italiener. Außerdem hatte er als Chef natürlich immer Recht und konnte schnell sehr aufbrausend werden, obwohl er eigentlich ein lustiger und freundlicher Zeitgenosse war.

Seine rundliche Ehefrau hatte weit mehr Einfluss auf den Kapitän, als dieser zugegeben hätte. Sie lachte viel, sprach immer von sich in der dritten Person, und mit ihren lustigen Grammatikfehlern amüsierte sie mich jeden Tag aufs Neue. Oft wirkte sie fast kindlich. Dann wieder überraschte sie in wichtigen Momenten mit ausgeprägter Menschenkenntnis und einem Feingefühl, das man ihr gar nicht zugetraut hätte. Zu ihrem Leidwesen fiel sie, wenn sie nicht gerade an Seekrankheit litt, immer wieder Heißhunger-Attacken zum Opfer, was ihre Pausbäckchen erklärte. Ich war fast ein wenig neidisch, da ich aufgrund der Rationierung unserer Lebensmittel häufig hungrig war.

Zwar sprachen die beiden kein Englisch, aber Italienisch und Spanisch ähneln sich genug, dass wir uns grob verständigen konnten. Ich sprach also Spanisch und sie Italienisch, bis ich nach und nach ihr Italienisch adaptierte. Da ich mich mehr mit der thailändischen Ehefrau unterhielt, hatte es einen asiatischen Einschlag, was urkomisch geklungen haben muss. Im Nachhinein erklärte das wohl einige zunächst befremdete Blicke von den italienischen Seglern.

Nach fünf Tagen und Nächten erreichten wir die Kanarischen Inseln. Die Überfahrt war brutal gewesen. Wir hatten ohne Autopilot die gesamte Zeit über gegen den Wind und die Wellen ansteuern müssen. Das bedeutete theoretisch 12 Stunden für den Italiener und 12 für mich. Aber da er fürs Segeltrimmen, Navigieren und das Radio verantwortlich war – zudem älter und weniger fit –, verbrachte ich faktisch 15 Stunden täglich hinterm Steuer. Hinzu kam, dass der Wechsel alle zwei Stunden erfolgte. Kaum genug, um erholsamen Schlaf zu kriegen. Es gab bei all dem Schaukeln keine Orientierung, außer der winzigen roten LED des Kompasses. Die Wahrnehmung dessen, was Realität und was Traum war, verschwamm, und es erforderte viel Willenskraft, die brennenden Augen nicht von der kleinen, wegweisenden Nadel abschweifen zu lassen.

Dafür wurde ich aber auch reichlich entschädigt: Mehrmals erlebte ich nächtliches Meeresleuchten – im Wasser befinden sich Kleinstlebewesen, die bei bestimmten Bedingungen strahlende Lichtsignale aussenden. Im Dunkeln sah das aus wie ein vom Boot wegfliegender neonblauer Unterwasser-Funkenregen. Immer wieder begegneten uns auch Delfine, spielten übermütig in den Wellen und begleiteten uns oft neugierig ein ganzes Stück. Und die im Schein der Morgen- und Abenddämmerung magisch in Szene gesetzte See war jeden Tag ein Fest für die Augen.

Auf Gran Canaria machten wir zum letzten Mal halt, bevor wir derselben Route über den Atlantik folgen wollten, die Christoph Kolumbus 500 Jahre vor uns genommen hatte. Neben jeder Menge Proviant nahmen wir außerdem noch ein neues Crewmitglied an Bord, einen jungen Italiener. An Angeboten mangelte es auch hier nicht: Gut 50 junge Menschen suchten nach einem freien Platz auf einer Jacht, um den Atlantik zu überqueren. Ich war froh, meinen bereits gefunden zu haben.

Dezember 2013/Januar 2014

Am 24. Dezember pausierten wir für einige Tage auf den Kapverdischen Inseln westlich des Senegals. Es war das erste Weihnachten, das ich fern der Heimat und ohne meine Familie verbringen würde. Schluck! Einerseits vermisste ich alle sehr und hatte schon ein wenig daran zu knabbern. Andererseits war es so warm, dass ich das erste Mal in meinem Leben einen Heiligabend in Badehose verbrachte. *Jippieh!!!*, dachte ich, als ich vom Boot aus ins türkisblaue Wasser sprang und dabei an das verregnete Norddeutschland dachte, in dem meine Familienmitglieder jetzt vermutlich in Gummistiefeln und Daunenjacken fröstelnd von der Christvesper nach Hause gingen.

Der darauffolgende Teil der Überfahrt verlief – abgesehen vom Verlust unseres Notruders, einer gerissenen Leine und einigen zwischenmenschlichen Spannungen – ohne größere Komplikationen. Auf so engem Raum bleibt eben nichts verborgen, und noch viel weniger kann man sich aus dem Weg gehen. Auch veränderte sich unsere Wahrnehmung der Zeit. Der Tag schrumpfte von 24 Stunden auf drei – die Zeitspanne, bis der nächste Schichtwechsel erfolgte –, und gleichzeitig verloren Wochentage komplett ihren Sinn. War es Montag? Oder Mittwoch oder Donnerstag? Keine Ahnung.

Tausend Kilometer von jeglichem Festland entfernt über eine Tiefe von 6.000 Metern gleitend kam eines Nachts ein völlig erschöpfter Vogel ins Cockpit geflogen. Er ruhte sich etwa zwei Stunden aus, trank etwas von dem Wasser, das ich ihm gab, und schwang sich dann wieder in die Lüfte. Beinahe in der Mitte des Atlantiks hatte ich so eine Begegnung nicht erwartet. Fliegende Fische hingegen gab es zuhauf, und vor allem bei Nacht landeten immer mal wieder einige Exemplare auf dem Deck. Seltener sogar springende Kopffüßler.

Zweieinhalb Wochen vom letzten Landgang entfernt deutete sich im morgendlichen Blassblau des Horizonts – durch einige Schildkröten am Vortag bereits angekündigt – endlich der Umriss einer Insel an. Und kurz darauf setzten wir unsere Füße wieder auf festen Grund. Genauer gesagt auf das karibische Eiland Grenada.

Statt von langen Stränden, mit denen ich gerechnet hätte, war die Küste überwiegend von Felsen umgeben und erhob sich zu bewachsenen Bergen voller tropischer Vegetation. Die Bewohner von Grenada sind dunkelhäutig, sprechen Englisch mit karibischem Slang und begrüßen sich mit einem lustigen Ritual namens „Pong“: Zuerst werden die Fäuste aneinander geführt. Es folgt ein zweimaliges Schlagen auf die Brust kombiniert mit einer Parole wie „Respect“, „Jo“ oder „Love“. 60 Prozent der Bevölkerung scheinen regelmäßig zu kiffen, weitere 20 Prozent gelegentlich. Den grünen Muntermacher beziehen sie vorwiegend von der Insel St. Vincent und handeln ihn für umgerechnet gerade einmal einen Euro pro Gramm. Etwa zehnmal günstiger als in Amsterdam.

Meine Gastgeber wollten nach Martinique segeln, von dort nach Hause fliegen und das Boot für teures Geld zurücktransportieren lassen. Die Ehefrau war einfach zu seekrank, als dass sie auch noch den Pazifik geschafft hätte. Um den teuren Transport zu sparen, bot mir der Italiener 2.000 Euro, wenn ich mit ihm zurück nach Italien segeln würde. Doch ich lehnte ab. Geld lockte mich wenig – Südamerika hingegen sehr.

In den anderthalb Monaten auf Grenada sittete ich unter anderem die vor Anker liegende Jacht eines Iren. Das heißt, er war für einen Monat weg, und ich lebte solange gratis auf dem Boot, hielt es in Schuss und passte darauf auf. Verantwortungsbewusst, wie ich teilweise noch war, beinhaltete dies unter anderem, Bob Marley-Musik bis zum Anschlag aufzudrehen und „Don't rob my boat“ zu singen.

„Alles Gras, das du im Boot findest, gehört dir“, hatte der Ire gesagt. Nun, ich fand so einiges ...

Ich übte mich im Speerfischen und verbrachte viel Zeit mit den Einwohnern der Insel, schaute mich aber auch immer mal wieder nach einem Boot in Richtung Südamerika um. Unter anderem wegen der vielen Piraterievorfälle im Norden Venezuelas und weil es noch nicht ganz Saison war, segelten von Grenada aus nur wenige in diese Richtung.

Aber schließlich traf ich auf eine Familie aus der Schweiz mit zwei Kindern, die nach einer Hilfe suchte. Zusammen fuhren wir zunächst zu der wunderschönen einsamen Insel Blanquilla, die uns mit bunten Riffen, klarem Wasser, blendend weißen Stränden und Unmengen von Pelikanen begrüßte.

Waren die ersten Tage noch paradiesisch, schienen die beiden Schweizer bald irgendwie unzufrieden mit mir zu sein. Da ich die negativen Schwingungen wahrnahm, legte ich mich noch mehr ins Zeug. Aber je mehr ich tat, desto unzufriedener schienen sie.

Auf Los Roques angekommen sprachen sie dann endlich Klartext: Auf der einen Seite konnten sie sich nicht wie im Urlaub fühlen, wenn ich ständig arbeitete. Auf der anderen Seite aber würde ich noch lange nicht genug arbeiten für das, was ich von ihnen bekam, nämlich eine Fahrt durchs Paradies. Den Sachwert für die Arbeiten, die ich bisher an der Holzverkleidung des Bootes gemacht hatte, empfanden sie als ebenso gering wie meine Hilfe beim Segeln, das ständige Babysitten und die Haushaltsarbeiten, die ich übernahm. Ich hielt mich an jede unserer Abmachungen und arbeitete sogar darüber hinaus. Dabei konnte ich sie in unseren zehn gemeinsamen Tagen nicht mehr als 100 Euro gekostet haben.

Trotz all meiner Vermittlungsversuche gab es für dieses Problem keine Lösung, sodass sich schließlich unsere Wege wieder trennten. Eine Aussage des Paares beschäftigte mich sehr: „Mit deiner Art zu Reisen kannst du nur Probleme hervorrufen. Ohne Geld musst du doch immer mehr bekommen, als du geben kannst", kritisierten sie mich.

Der Frage musste ich mich schon stellen: War ich ein Schmarotzer? Lebte und reiste ich auf Kosten anderer?

Das wollte ich auf gar keinen Fall! Nicht zuletzt deshalb habe ich auf meiner Reise keine Arbeit gescheut und oft umsonst oder für sehr wenig Geld eine Gegenleistung erbracht – und ebenso wenig jemals um etwas gebettelt. Genau genommen waren die einzigen beiden Dinge, nach denen ich ohne Gegenleistung fragte, Mitfahrgelegenheiten und Wasser.

Ich empfing dennoch ständig Dinge von Leuten, die mir auf dem Weg begegneten. Oft lehnte ich solche Angebote erst einmal ab, bis mich die Leute höflich drängten. Aber obwohl die Geber mir freiwillig halfen und dabei glücklich wirkten, haben sie nicht dennoch meine Kosten getragen? Beispielsweise die kolumbianische Familie in Barcelona? Habe ich da nicht viel mehr bekommen, als ich geben konnte?

Rein materiell betrachtet würde das wohl stimmen. Aber es geht ja bei solchen Dingen nicht um ein korrektes Preis-Leistungsverhältnis wie bei einem Handel. Ich bin mir sicher, dass die Leute, die mir unterwegs halfen, nicht das Gefühl hatten, dabei zu verlieren. Gerade Menschen, die vielleicht nur selten aus ihrem Heimatdorf wegkamen und nicht viel erlebten, empfanden die Begegnung mit mir als große Bereicherung. Der kulturelle Austausch, die Freude, die es macht, einen Gast zu bewirten, die Geschichten, die ich zu erzählen hatte, und nicht zuletzt die gewonnene Freundschaft waren es ihnen einfach wert.

Gerade in den sehr armen Ländern habe ich auch umgekehrt so oft wie möglich Leuten etwas zu essen spendiert oder Kleidung verschenkt, die ich entbehren konnte. Hier und da konnte ich mich auch bei manchen direkt revanchieren – beispielsweise durfte ich der Tochter einer meiner Gastfamilien aus Peru dabei helfen, ihr Medizinstudium in Deutschland aufzunehmen.

Viele Leute, denen ich auf der Reise begegnet bin, sind wirklich gute Freunde geworden, mit denen ich auch heute noch in Kontakt stehe, und einige von ihnen kommen sogar zu meiner Hochzeit – für mich die unbezahlbarste Form von Gewinn!

März 2014

Die Sonne stand hoch am Himmel. Am Strand lagen bunte Holzboote und ein Fischer flickte neben einem Radio sitzend sein Netz. Wirklich, es war paradiesisch! *Perle der Karibik* lautet der treffende Beiname der Inselgruppe Las Roques. Ich atmete tief ein, grub meine Füße in den heißen Sand und seufzte. In meinem Inneren kämpfte ich noch immer mit den unschönen Erinnerungen der letzten Tage und versuchte mich mit den positiven Umständen aufzumuntern.

„Busco una barca a Venezuela", vermengte ich mein Italienisch und Spanisch zu einer Frage. Nachdem ich nun so lange nur Italienisch gesprochen hatte, schien all mein Spanisch davon überschrieben worden zu sein.

„La Posada", sagte der Fischer und deutete über seine Schulter. Ich bedankte mich und folgte der angezeigten Richtung. Sie führte mich an einen breiten, weichen Sandweg, der hier als Straße galt. Autos gab es praktisch keine, denn dafür war die Insel zu klein. Auf dem Schild eines einladend wirkenden Hauses las ich *Posada* und darunter ein weiteres, silbernes Täfelchen mit der Aufschrift *Tripadvisor Winner 2013*. Posada bedeutete also anscheinend *Gasthaus*.

„Hola?", rief ich durch die offene Tür, und sogleich erschien eine freundlich aussehende Frau in den 50-ern. Ich fragte nach dem Kapitän, woraufhin sie lachte.

„Hier ist kein Kapitän. Aber wann immer jemand Hilfe braucht, schicken die Leute ihn zu mir. Bist du Deutscher oder Italiener?"

Sie ist gut! Ich erzählte ihr von meiner Reise, und keine Viertelstunde später hatte mir die Gastwirtin bereits einen Gratis-Platz auf einem Frachter organisiert, mir ein Zimmer zugewiesen und für mich etwas zu essen zubereiten lassen. Der Kontrast hätte kaum enormer sein können: Eine halbe Stunde zuvor hatte ich mich noch von der Schweizer Familie total abgewiesen gefühlt, und nun wurde ich so liebevoll umsorgt.

In einem Kochbuch, in dem neben Gerichten aus allen Ecken Venezuelas auch Fotos von Land und Leuten abgebildet waren, entdeckte ich ein Bild, das mich elektrisierte: „Da würde ich gerne hin!" Das Foto zeigte ein auf Stelzen im Wasser gebautes Holzhaus ohne Wände und einige kleine Leute mit schwarzen, glatten Haaren.

„Das sind die Warao, ein Naturvolk", erklärte meine Wirtin. „Sie leben im Osten Venezuelas im gigantischen Flussdelta des Orinoco. Nach dem Amazonas der zweitgrößte Fluss Südamerikas." Das lag also mitten im Urwald, weit entfernt von jeglicher Zivilisation und Infrastruktur.

Eine Weile bei einem wirklichen Ureinwohnerstamm im Dschungel zu leben reizte mich ungemein. In Europa sind wir ja die „Ureinwohner" – aber von Ursprünglichkeit und Naturverbundenheit ist bei uns im Allgemeinen nicht mehr viel zu spüren. Ich war daher sehr neugierig darauf, eine Lebensweise kennenzulernen, die noch auf alle Errungenschaften der Industrialisierung verzichten kann. Außerdem wirkte die Aussicht darauf, die Flora und Fauna des echten Amazonas-Regenwalds hautnah zu erleben, für einen Entdecker-Geist, der sonst nur die norddeutschen Wälder kennt, wie ein Magnet! Bei den Warao kam für mich einfach alles zusammen: Das Abenteuer der natürlichen Lebensweise eines Naturvolks mitten im Regenwald und am und im Wasser, das für mich immer schon ein sehr anziehendes Element war. Jackpot!

Ich bekam eine Menge Tipps, wie ich nach Caracas gelangen konnte, der Hauptstadt Venezuelas, und von dort weiter nach Ciudad Bolívar, das näher am Delta des Orinoco lag. Eine sichere Zone, im Gegensatz zu einigen anderen Teilen des Landes, die aufgrund politischer Unruhen besser gemieden werden sollten. Denn nun hatte ich ein neues Ziel: Die Warao!

Cartagena
Caracas
Curiapo
Panama
Georgetown
Cuyuni River
Bartica
Parai-Tepui
Chimborazo
Manaus
Cuzco
Lima
La Paz
Cochabamba
Santa Cruz
Uyuni
São Paulo
Rio de Janeiro
Salta

2. Etappe: Südamerika

Dschungelleben unter Ureinwohnern, Drogen – Mörder – Sex, Goldrausch, Rettung in letzter Sekunde und der peinlichste Moment meines Lebens

März 2014 - April 2015

Ich trampte an Bord eines Lebensmitteldampfers nach Caracas und kam dort mitten in der Nacht an. Dennoch herrschte an der U-Bahnstation *Gato Negro* reges Leben. Händler verkauften auf ausgebreiteten Decken ihre Waren oder Essen aus Töpfen und vom Grill. Die Leute waren gut und sauber gekleidet, aber abseits von Bus und Metro sah Caracas ziemlich ramponiert aus. Vielerorts lagen Schutt und Gesteinsbrocken am Straßenrand, und nicht wenige der Gebäude sahen verfallen aus. Hochhäuser gab es nur vereinzelt, und Touristen habe ich keinen einzigen gesehen. Vor diversen Geschäften sah ich lange Schlangen – offenbar erlebte ich die „sozialistische Wartegemeinschaft" gleich im ersten so geprägten Land, das ich bereiste, live und in Farbe.

Die Infrastruktur war jedoch komplett intakt und sogar modern und komfortabel. „*Made in France 2006*", las ich im Inneren eines Bahnwaggons. Daneben hing Propaganda der sozialistischen Partei des Präsidenten Nicolás Maduro. Dieser hatte noch ein Jahr zuvor selbst als Busfahrer gearbeitet und war nach dem Ableben des vorangegangen Präsidenten Hugo Chávez plötzlich in das Amt des Staatsführers erhoben worden. Ohne jegliche Erfahrung oder Qualifikationen. Ein Mann aus dem Volk!

Ich entschied mich diesmal für den Bus. Zum einen, weil mir aus Sicherheitsgründen stark vom Trampen abgeraten worden war. Zum anderen, weil die rund 600 Kilometer von La Guaira nach Cuidad Bolívar mich insgesamt gerade mal 4 Euro gekostet hatten. Metro, Bus, Nachtbus und ein Taxi mit einberechnet. Und für 4 Euro mein Leben zu riskieren, das konnte ich meinen Eltern wirklich nicht antun.

Das Busfahren war unter anderem deshalb günstig, weil Benzin in Venezuela fast nichts kostet. Das meine ich wortwörtlich – umgerechnet bekommt man für einen Euro rund 44.000 Liter! Die Inflationsrate dort ist allerdings ebenso schwindelerregend: Aktuell liegt der Gegenwert für einen US-Dollar bei 136.000 Bolivares – als ich dort war, waren es noch 70 Bolivares!

Weil Benzin so günstig ist, geht man entsprechend verschwenderisch damit um. Ich hatte unterwegs zugesehen, wie Boote im Hafen betankt wurden. Man hielt es nicht für nötig, den Hahn des langen Schlauches zuzudrehen, sondern dieser wurde voll aufgedreht einfach zum Nachbarboot gereicht. Jedesmal liefen dabei etliche Liter in den Fluss, dessen Oberfläche weiträumig in allen Regenbogenfarben zu schillern begann. Umweltschutz ist für viele Ohren dort noch ein Fremdwort, und auch für Müllentsorgung fehlt jegliches Bewusstsein.

Ich hörte mich nach einer Möglichkeit um, wie ich zu den Ureinwohnern im Delta gelangen konnte. Es stellte sich als äußerst schwierig heraus, da keine Straße und somit auch kein Verkehr dorthin führte und auch nur wenige Menschen überhaupt einen Anreiz hatten, solche Strecken auf sich zu nehmen. Ich fand schließlich einen Missionar, der mich mitnehmen würde. Innerlich notierte ich, dass die drei geeignetsten Berufsgruppen, um an sehr abgelegene Orte zu trampen, Missionare, Ärzte und Händler (bzw. Schmuggler) sind. Anthropologen müssten zwar theoretisch auch nützlich sein, blöd ist nur, dass es so wenige davon gibt.

Die Sonne war noch nicht aufgegangen, da stiegen wir in ein kleines metallenes Motorboot und fuhren sechs Stunden mit Höchstgeschwindigkeit die rund 150 Kilometer Luftlinie den Orinoco entlang.

Im Flussdelta befanden sich viele flache Inseln, und das Meer war nahe genug, um täglich den Wasserspiegel um einige Meter sinken und steigen zu lassen. Aber es war weit genug entfernt, um den Fluss noch nicht zu versalzen, und durch die regelmäßigen Fluten bewässert, spross dichte Dschungelvegetation links und rechts des Wassers.

Das Warao-Dorf Arature lag an einem größeren Flussarm und sah genau so aus, wie ich es auf dem Foto im Kochbuch gesehen hatte: Die Häuser waren auf hölzernen Stelzen über dem Wasser gebaut und hatten keine Wände, sodass man direkt hineingucken konnte. Zwischen den Häusern gab es aus Brettern gelegte Brücken, die teilweise recht unvollständig waren und einiges an Balance verlangten, um nicht hinunterzustürzen. Überall entlang des Flusses sprangen Kinder ins Wasser, spielten und paddelten in Kajaks. Es war nicht übertrieben zu sagen, dass die Kinder hier im Wasser aufwuchsen. Und da Wasser für das tägliche Leben so wichtig ist, hat es in der Sprache der Warao nur einen ganz kurzen Namen: *Ho*. Ebenso wie die aus getrockneten Palmenblättern geflochtenen Hängematten, die vom Status her schon fast als heilig gelten und die man aus Respekt vor ihrem Besitzer nicht einmal berührt. Sie werden als *Ha* bezeichnet.

Es ist eine sehr einfach zu lernende Sprache, da Verben nicht konjugiert werden und es kaum Grammatik gibt. Oder zumindest kam es mir so vor, denn man verstand mich auch, wenn ich einfach nur Wörter aneinanderreihte. Bemerkenswert fand ich auch, dass es in der Sprache der Warao kein Wort für „Liebe" gibt. Ebenso fehlt eine Entsprechung für „bitte". Und „danke" sagt man, in dem man die Situation als „Gut!" beschreibt: *Yakera*. Sehr viel reden die Warao nicht. Wichtiger als die Konversation ist das bloße Zusammensein.

Die Warao erwiesen sich nach anfänglicher Scheu als fröhlich, unbeschwert und gastfreundlich. Außerdem waren sie trotz ihres geringen Wuchses sehr athletisch und hatten einen erstaunlichen Gleichgewichtssinn. Die meisten von ihnen wählen ihre Lebensgefährten schon mit 13 bis 15 Jahren und bekommen auch nicht lange danach ihre ersten Kinder. Bevor ein Missionar ihnen von Gott erzählt hatte, hatten die Warao geglaubt, früher mal in den Wolken gelebt zu haben. Als sie dort aber alles Essbare verzehrt hatten, wären sie auf einem Regenbogen zur Erde hinuntergerutscht, da diese Nahrung in Fülle bot. In der Tat war der Fluss schier überfüllt von Fischen, und dank der von den Warao angepflanzten Yams-Wurzeln und Maniok-Knollen reichten etwa zwei Stunden Arbeit völlig aus, um den restlichen Tag mit Essen in der Hängematte verbringen zu können. Was für ein Leben!

Ich durfte in einer leerstehenden Hütte schlafen. Die Nächte im Delta waren erfüllt von den Schreien furchterregender Bestien. Jedenfalls klang es so, aber in Wahrheit waren es nur lärmende Amphibien. (Ich traf später auf zwei Argentinier, die diese Geräusche zu Tode erschreckt haben. Sie dachten, dass riesige Jaguare in der Nähe umherstreifen würden, hungrig und auf der Suche nach einem Opfer, das sie zerfleischen könnten. Vor lauter Angst sind sie immer tiefer in ihre stickigen Schlafsäcke gekrochen und fast geschmolzen. Sie waren dann einerseits beruhigt und kamen sich andererseits auch etwas blöd vor, als ich ihnen erklärte, dass die Laute nicht von blutdürstigen Raubkatzen stammten, sondern nur von harmlosen kleinen Kröten.)

Die Tage waren erlebnisreich. Ich machte kulinarische Erfahrungen wie beispielsweise das Nationaltier Cheguide, eine Art Wasserschwein, das interessanterweise nach Fisch schmeckt. Auch sehr beliebt war Leguanfleisch. Die Warao erzählten mir, dass Leguane

sich stark mit ihrer Nase orientieren. Fängt man so eine Echse, fesselt ihr die Beine und reibt sie sich unter den Achseln, sodass sie den Menschengeruch annimmt, wird sie angeblich ruhig und zahm. Beim Ausnehmen fanden wir in den Bäuchen der Leguane Eier – mehr als fünfundzwanzig pro Weibchen –, die eine sehr leckere Beilage abgaben. Überall im Dorf stieß man auf freilaufende Hausschweine, die mir einmal meine Seife wegfraßen, als ich gerade mit dem braunen Flusswasser duschte. Der künstliche Kirschduft war wohl zu verlockend für ihre hungrigen Näschen gewesen.

Übel waren die Massen von dreieckigen, schwarzen Bremsen, deren Stiche nicht nur schmerzen, sondern auch gemein jucken. Mücken gab es ebenfalls ohne Ende, wobei ich hörte, dass das in der Regenzeit noch schlimmer sein sollte. Regelmäßig habe ich mit einer Nadel Eier von einem flohähnlichen Wesen namens Nigua aus meinen Fußsohlen picken müssen. Des Öfteren hatte ich dank dieses Tierchens mit Entzündungen und einem stark angeschwollenen Fuß zu kämpfen.

Ich half beim Pflanzen und Ernten von Maniok und Yams und beim Bau eines Kanus, das am Ende durch ein kurzes, kräftiges Strohfeuer geweitet und dadurch in Form gebracht wurde. Auch ging ich häufig mit den Warao jagen oder fischen.

Immer wieder beindruckten mich die Warao mit ihren extrem geschärften Sinnen und ausgeprägten Instinkten. Einmal fuhr ich mit einem Warao-Pastor und seinem achtjährigen Sohn den Flussarm entlang. Die Vegetation links und rechts des Wassers war so undurchdringlich wie eine Wand. Mannshohe Gräser, Blätter, Schlingpflanzen, Farne …

Plötzlich hob der Pastor die Hand als Aufforderung zur Stille. Da nahm ich leise das Ruder aus dem Wasser, stützte es auf die Seite des Kajaks und beobachtete den Warao, der mit angehaltenem Atem lauschte. Ich hörte und sah gar nichts außer grünen Blättern in allen Formen. Einige Momente vergingen; dann deutete er zur anderen Flussseite. Mit langsamen Zügen bewegten wir uns zum Ufer, und lautlos holte er seinen Bogen und einige Pfeile hervor, sprang ebenso geräuschlos aus dem Kajak, ohne es nennenswert zum Schaukeln zu bringen, und verschwand im grünen Dickicht. Einige Minuten vergingen in absolutem Schweigen.

„MACHETE!" Gellend drang sein Schrei durch die Luft. Sein Sohn sprang auf, schnappte sich das lange Buschmesser und verschwand in der grünen Wand. Offensichtlich wusste er genau, wo sein Vater war – ich hätte nicht mal die grobe Richtung erahnen können. Wieder einige Minuten später teilten sich die Pflanzen am Ufer und der Pastor erschien, im Gesicht ein breites Grinsen und über den Schultern eine Art Tapir mit grau-braunem Fell, gestreiftem Schwanz und einer kurzen Rüsselnase – und in dessen Nacken steckte ein dreizackiger Warao-Pfeil.

Ein anderes Mal fuhren wir mit drei Kajaks durch kleine abgelegene Seitenarme bis tief in den Dschungel hinein. Ich streifte herabhängende Lianen beiseite und schaute fasziniert hinter den riesigen, leuchtend blauen Schmetterlingen her, die es hier in Massen gab. Immer wieder flatterten große bunte Aras kreischend über uns hinweg. Rosa Flussdelfine hoben neugierig die Köpfe aus dem Wasser und machten den Eindruck komplett, in einer Art Märchenland zu sein.

Doch ich wurde unsanft wieder in die Realität zurückgeholt, als die scharfsichtigen Warao mich auf einen Zitteraal hinwiesen, der so dick wie ein Männerarm und mehrere Meter lang war und den ich im trüben Wasser für einen dicken Ast gehalten hatte. Bei dem Gedanken, so einem Tier versehentlich im Wasser zu nah zu kommen und von ihm mit einer elektrischen Ladung geschockt zu werden, wurde mir ganz anders. Man würde paralysiert zu Boden sinken und ertrinken. Ich entschied mich, hier zukünftig nicht mehr alleine baden zu gehen.

Mehrmals mussten wir uns flach auf den Boden der Boote legen, um unter umgefallenen Baumstämmen und Gestrüpp hindurchtauchen zu können. Schließlich erreichten wir eine kleine Lichtung. Hier warteten wir, bis die Ebbe kurz vor ihrem tiefsten Punkt stand. Dann füllten wir die Kajaks bis zum Rand mit Wasser. Ich wusste nicht warum, entschied mich aber, einfach den Anweisungen zu folgen und zu beobachten, was geschehen würde. Ein mitgebrachtes Holzstück wurde in kleine Stücke zerteilt und diese im in den Kajaks stehenden Wasser ausgewrungen. Aus dem Holz trat Saft aus, der sich mit dem Wasser zu einer milchig-weißen Flüssigkeit vermischte.

Ein fragender Blick in die Runde, ein einvernehmliches Nicken, und zusammen stülpten wir alle im selben Moment die Boote um, nahmen Speere und Messer in die Hand und folgten der sich langsam Strom abwärts bewegenden weißen Flüssigkeit. Wo auch immer sie mit einem Fisch in Berührung kam, schwamm dieser mit dem Bauch nach oben und orientierungslos an der Oberfläche, wo man ihn mit dem Speer nur noch aus dem Wasser picken brauchte. Etwa 20 Minuten dauerte es, bis das Gift aus dem Holz so stark verdünnt war, dass es keinen Effekt mehr zeigte. Zeit genug, um einige Dutzend der betäubten Fische einzusammeln. Der Rest der Tiere würde nach einer Weile aus seinem kurzen Schlaf wiedererwachen und weiterschwimmen.

Ganz schön gewitzt, diese Warao.

April 2014

Als sich nach insgesamt etwa drei Wochen in Arature spontan eine Möglichkeit für mich bot, zu dem mit einem Motorboot nur eine Stunde entfernte Händlerdorf Curiapo zu gelangen, verabschiedete ich mich von meinen neuen Freunden.

Der Warao-Pastor schenkte mir seine hölzerne Jagdwaffe, die ich ohne Sehne von nun an als Wanderstab bei mir trug. Er bewährte sich später immer wieder als Kletterhilfe auf steilen Pfaden, als Stütze beim Warten mit Rucksack und zur Abwehr von aufdringlichen Hunden.

Englisch-Guyana war das nächste Ziel meiner Reise, und von Curiapo aus fuhren viele Leute dorthin, um Benzin zu schmuggeln. Zudem ist es bis auf wenige Kilometer die gleiche Route, die das kolumbianische Kokain nimmt, bevor es den Atlantik nach Europa überquert. Von Curiapo gelangte ich per Benzinschmugglerboot in den Norden Guyanas und wurde von einem Dampfschiff, das Lebensmittel transportierte, bis zur Hauptstadt Georgetown mitgenommen.

Obwohl der Staat von der Fläche her vergleichbar mit seiner ehemaligen Kolonialmacht England ist, leben in Georgetown nur rund 135.000 Menschen, und diese machen schon rund ein Fünftel der Gesamtbevölkerung aus. Ethnisch stammen die meisten aus Indien, der zweitgrößte Anteil wird von Menschen mit afrikanischen Wurzeln gebildet, den drittgrößten stellen Ureinwohner dar und dann folgen Chinesen und schließlich Weiße in so geringer Anzahl, dass mir nie einer begegnete.

Von Georgetown aus wollte ich über die Goldminengebiete am Cuyuni River wieder nach Venezuela kommen. Wenn ich schnell genug war, konnte ich vielleicht noch rechtzeitig zum Finale der bald beginnenden Fußball-WM in Brasilien sein.

Zunächst landete ich in der ziemlich heruntergekommenen kleinen Stadt Bartica. Bartica liegt an einem Flusskreuz und war ein Verkehrsknotenpunkt, von dem aus man in diverse Minengebiete gelangte. Entsprechend emsig organisierten Händler hier die Versorgung, und große Minengesellschaften rekrutierten ihre Arbeiter, die hier auch nach ihrer Rückkehr ihr Einkommen mit Prostituierten und Drogen verprassten oder sich von Malaria erholten.

Ein Büro der Minengesellschaft war mein erster Anlaufpunkt. Dort erfuhr ich, dass Militärtrucks von Zeit zu Zeit über unbefestigte Wege im Urwald zu den größeren Minengebieten vordrangen, um Diesel für die dortigen Bagger und Pumpen zu bringen, und dass ich vermutlich mit einem solchen Truck mitfahren könnte.

Kurz nach meiner Ankunft freundete ich mich mit zwei schwarzen Frauen Anfang 20 an, die mir anboten, bei ihnen zu übernachten. „Wir wohnen aber mitten im Ghetto", warnten sie mich vorab, und ich sagte nur, dass mir das nichts ausmachte.

Als wir die geteerte Straße hinunterliefen, wurden die Häuser um uns herum immer baufälliger und verfallener. Die Gräben am Rande des wüsten Asphalts rochen streng nach Abwasser, und unterwegs passierten wir einen freilaufenden Esel. An einer roten Imbissbude bogen wir schließlich in eine schmale Seitengasse ab, die uns zu einem sandigen Hinterhof führte. In der Mitte des Platzes thronte auf hohen Stelzen ein düsteres Holzhaus. Darunter, zwischen den Pfeilern, standen schimmelige Sofas, auf denen finstere Gestalten rasselnd an Metallröhrchen zogen. Crack-Pfeifen.

„Wir bringen deine Sachen lieber in die Wohnung der Nachbarin. Nimm nur deine Hängematte mit. Hier wird gestohlen", riet mir eine der beiden.

In der hinteren Ecke des Grundstücks stand ein zweites kleines Häuschen, das einer Prostituierten gehörte, die alle nur „Black Woman" nannten, und auf einer Bank drängten sich abgehalfterte Gestalten. Kaum waren wir angekommen, fing ein Streit zwischen einer der Frauen, die mich mitgebracht hatten, und dem Vater ihres Kindes an, sodass ich lieber für eine Weile Abstand hielt.

Ich ging zurück zu dem roten Imbisswagen und setzte mich auf einen Plastikstuhl. Von einer auf einem Hügel liegenden Moschee sang ein Muezzin über Lautsprecher auf Arabisch, und ich erinnerte mich, einige Straßen weiter einen knallig bunten Hindu-Tempel gesehen zu haben.

„Diesen Lärm machen die Affen jeden Abend!" Ein Mann mit dünnem, seitlich herabhängendem Rastazopf und ansonsten kurz rasiertem Haar lehnte sich mit verschränkten Armen auf die Theke des Imbisswagens. Die Frisur ließ ihn etwas albern wirken, aber er war ansonsten gutaussehend und modisch gekleidet. „Und, Goldlöckchen, was verschafft mir die Ehre?“

Wir kamen ins Gespräch. Er stammte ursprünglich aus Barbados, angeblich als Sohn einer Arztfamilie. Wie ich später herausfand, war es schwierig zu sagen, wann er über sich Geschichten erfand und wann er die Wahrheit sagte. Aber seine gute Bildung und sein scharfer, wenn auch leicht verworrener Verstand machten seine Herkunft glaubhaft.

„Was verkaufst du hier?“, erkundigte ich mich bei ihm. Nach Würstchen, Burgern oder überhaupt irgendetwas, was mit einer Imbissbude zu tun haben könnte, sah es jedenfalls nicht aus.

Der Mann schaute sich sorgfältig um und knallte dann eine Tüte mit kleinen weißen Würfeln und einem Metallröhrchen darin auf den Tisch. Er schob einen der kleinen Würfel auf eine Art Gitter in dem Röhrchen und zündete es an. Als es in das Gitter geschmolzen war, nahm er das andere Ende des Röhrchens in den Mund und inhalierte. Dann musterte er mich mit angehaltenem Atem eine knappe Minute, bevor er wieder ausatmete. „Ich verkaufe Eintrittskarten ins Wunderland. Haben die anderen dir nicht gesagt, was das hier ist?“

„Ein Ghetto?“, versuchte ich es.

„Errr! Der Ableger von einem Kartell. Du erinnerst dich an das Mädchen, das dich zu uns gebracht hat, oder? Ihr Bruder ist einer der großen Drogenlords von Guyana, und Schwesterchen vertickt hier stellvertretend seine Kostbarkeiten.“

„Und du?“

„Ich poppe die Mutter ihrer besten Freundin und bin der Aufpasser.“ Er deutete mit zwei Fingern zuerst auf seine Augen und dann auf die Straße. „Mir entgeht nichts. Wenn die Bullen kommen, mache ich noch zehnmal mehr Krach als die Muslime auf ihrem Türmchen. Und die anderen verduften durch den Hinterausgang.“

„Und die Polizisten verhaften dich nicht?“

„Klar. Aber ich kenne die Gesetze dieses Landes besser als ihr Oberschimpanse. Nebenbei habe ich sie alle geschmiert und auf Tape. Wenn sie mich hopsnehmen, dann können sie sich genauso gut selbst einschließen. Money talks, bullshit walks.“

Schließlich kehrte ich zum Innenhof zurück, wo sich mittlerweile viele zombiehafte Figuren stumm über den Platz verteilt hatten. Das war der Ort, an dem ich meine Hängematte aufspannte und die nächsten Nächte verbringen würde. Hin und wieder hörte man das Rad eines Feuerzeuges drehen, ein kleines Licht flackerte auf und dann ertönte das leichte Pfeifen der Metallröhrchen. Wenn ich meinen Arm ausgestreckt hätte, hätte ich den nächsten Junkie von meiner Hängematte aus berühren können. Aber das war nicht der Grund, warum ich nicht einschlafen konnte. Es war der Schwarm von Mücken, der an den anderen nicht interessiert zu sein schien, mich aber gefühlt bei lebendigem Leib verspeiste. Und mein Mückenspray war für mich unerreichbar in meinem Rucksack bei den Nachbarn.

Der Not gehorchend nahm ich eins von „Black Womans" Bettlaken von der Wäscheleine und wickelte mich darin ein – endlich Ruhe. Black Woman hatte am nächsten Tag glücklicherweise kein Problem damit. Und wenn sich später jemand gefragt haben sollte, warum ich mit einem rosa Blümchenbettlaken reiste – es war ein Geschenk des Drogenkartells.

Als ich meinen neuen Freundinnen von meiner Begegnung mit dem Aufpasser erzählte, warnten sie mich: „Der Kerl ist ein Psychopath. Jederzeit kann er seine Pistole zücken und sie dir an den Kopf halten, einfach weil ihm danach ist. Er war bereits dreizehn Jahre wegen Mordes im Gefängnis."

Tatsächlich verstanden der Aufpasser und ich uns aber ausgezeichnet. Überhaupt wurden die Mitglieder des Drogenkartells rasch wie eine zweite Familie für mich. Die Situation war absurd und doch spannend: Alle aus dem Kartell kümmerten sich wirklich umeinander und hielten fest zusammen. In ihrem Dunstkreis lebten auch einige Minderjährige, die keine Familie mehr hatten und denen diese etwas schräge Schicksalsgemeinschaft ihren einzigen Halt gab. Der Drogenboss spannte diese Jugendlichen für seine Dienste ein – aber dennoch war ihr Leben so vermutlich besser, als wenn sie allein auf der Straße hätten leben müssen.

Andererseits sah ich auch täglich hautnah, was die Drogen, die meine neuen Freunde verkauften, mit den Konsumenten machten. Sie wurden rasch zu einer Art Zombies, die mehr tot als lebendig wirkten, und aus diesem Teufelskreis würden sie wohl auch nie mehr herauskommen. Wenn es mir nicht ohnehin schon klar gewesen wäre, hätte ich spätestens jetzt begriffen, dass Drogenkonsum Leben ruiniert.

„Komm, White Boy, heute Abend zeigen wir dir die Stadt!", sagte eine der Frauen eines Abends zu mir und nahm mich mit zum Feiern.

Ich hatte nicht vorgehabt, mich zu betrinken, aber da ich bereits seit Wochen keinen Alkohol mehr zu mir genommen hatte, verschätzte ich mich etwas und landete, ohne es wirklich gewollt zu haben, im Bett einer attraktiven, halb guyanischen, halb brasilianischen Frau meines Alters. Da blonde Haare und blaue Augen in Lateinamerika selten sind und häufig mit Hollywood-Schauspielern in Verbindung gebracht werden, hatte sie es von Anfang an auf mich abgesehen. Weil ich sie nicht verletzen wollte, hatte ich ihre Annäherungsversuche zunächst abgelehnt und deutlich klargestellt, dass ich bald aus Bartica verschwinden würde und sie mich nie wiedersehen würde. Sie sagte, das sei ihr egal. Somit hatte der Abend seinen Lauf genommen. Ein klassischer One-Night-Stand. Dachte ich.

In der Nacht darauf wurde ich plötzlich geweckt. Schlaftrunken blinzelte ich in ein über mir schwebendes braunes Augenpaar und versuchte dieses im Dunkeln zuzuordnen.

„I loves you so much!"

Ein Junkie war das nicht ... konnte es das Mädchen von letzter Nacht sein? Aber woher wusste sie, wo ich schlafe?

„I loves you so much! I want to be with you! I want to come with you!"

Ei ei, nun wurde es problematisch. Und das, obwohl ich doch eigentlich vorher die Fronten geklärt hatte. „Ich begleite dich nach Hause. Unterwegs reden wir."

Ich fühlte mich mies. Es war wohl die Erfahrung, die mir noch gefehlt hatte, um zu dem Entschluss zu kommen: Es gibt keinen mit Sicherheit konsequenzenlosen Sex. Die Chancen stehen im Gegenteil leider viel zu hoch, jemanden zu verletzen. Sich selbst, die andere Person, einen eifersüchtigen Partner, einen Elternteil, einen Ruf ... Natürlich mag es viele Fälle geben, bei denen alles so läuft, wie man es sich vorgestellt hatte, aber man kann es vorher einfach nicht sicher wissen. Ich wollte nicht mehr so egoistisch sein, andere Leute zu verletzen, nur weil ich mich nicht beherrschen konnte. Und kam zu der Überzeugung, dass man so etwas nur mit *einer* Person im Leben teilen sollte. Ich entschied mich also, von da an mit Intimitäten zu warten, bis ich diese eine Person gefunden hatte.

Endlich war ich unterwegs zu den Goldgräbergebieten. Gegen 4:00 Uhr morgens hatte ich einen Militärtruck abgepasst, von dem mir Einwohner der Stadt berichtet hatten, und der Fahrer hatte mich freundlicherweise auch mitgenommen.

Über 18 Stunden praktisch pausenloser Fahrt verbrachte ich auf den schmierigen Dieselfässern der Ladefläche sitzend. Der ölige Kraftstoff hatte sich schnell durch meine Hose gezogen und scheuerte mein Gesäß wund. Neben der Wärme, die die ersten Sonnenstrahlen mit sich brachten, erfreute mich der unbezahlbare Anblick des in mystisch anmutendem Nebel liegenden Regenwalds. Manche vollgelaufenen Schlammlöcher oder Bäche, die wir durchfuhren, waren so tief, dass sie in einem Schwimmbad wohl gerade nicht mehr unter den Nichtschwimmer-Bereich gefallen wären. Immer wieder sprang ich an steilen und rutschigen Böschungen ab und half dem Fahrer dabei, ein Kabel seiner Drahtseilwinde zu einem großen Baum zu zerren. Mit dessen Hilfe konnte sich der Truck dann das unüberwindbare Wegstück hochziehen.

Bei Nacht erreichten wir endlich ein brasilianisches Minencamp. Ich fühlte mich, als würde ich für einige Wochen nicht mehr sitzen können, war außerdem dreckig, durchgeschwitzt und hungrig, denn ich hatte den ganzen Tag über nichts essen können. Die Brasilianer sprachen zwar nur

Portugiesisch, waren aber so gastfreundlich, mich zu einer Regentonne zum Waschen und zu einem Platz für meine Hängematte unter eine Baracke zu führen. Außerdem wurde ich gewarnt, mich in der Dunkelheit nicht ohne Taschenlampe zu bewegen.

Gleich am nächsten Morgen entdeckte ich dann an einem Baumstamm, etwa drei Meter von meinem Schlafplatz entfernt, den Grund für die Warnung: eine Schlange.

„Ein Biss – und innerhalb von zwei Stunden segnest du das Zeitliche. Wir haben ein Funkgerät, um Hilfe über Luft anzufordern. Aber verlass dich nicht darauf, dass die rechtzeitig eintreffen, um dich noch lebendig vorzufinden", ernüchterte mich einer der Männer, nahm einen langen Stock und zerschlug der nur etwa armlangen, grau-braun gestreiften Schlange den Kopf. „Am besten trägst du Gummistiefel. Fast alle Schlangen beißen auf Knöchelhöhe und rutschen an dem Gummi ab. Sollte dich trotzdem mal eine Schlange erwischen, bleib ruhig, merk dir ihr Aussehen und halte deinen Puls niedrig. Das verbessert deine Überlebenschancen."

Am nächsten Morgen lief ich auf der Suche nach Arbeit durch die vom jahrelangen Schürfen verwüstete Minenregion. Es gab hier keine Stollen wie beim klassischen Bergbau, sondern die Hügel wurden mit Feuerwehrschläuchen ausgewaschen und der Schlamm dann über eine Art Teppiche gespült, in denen sich das Gold fing, das schwerer war als Schlamm und Steine. Diese Art, den Boden zu bearbeiten, machte aus der ehemals blühenden Landschaft eine Wüste aus braunen Seen und aufgeschütteten roten Erdhaufen mit vereinzelten abgeknickten Bäumen und Baumstümpfen dazwischen. Es würde ewig dauern, bis sich die Natur von dieser Misshandlung wieder halbwegs erholt hatte.

Ein freundlicher, modische Rastalocken tragender Mann willigte glücklicherweise ein, mich für eine Woche einzustellen. Ich bekam in einer der

Baracken für die Arbeiter ein Bett mit Moskitonetz zugewiesen, und für die drei täglichen Mahlzeiten sorgte ein Koch. Freie Tage gab es für die Leute hier bis auf Weihnachten und Sonntagnachmittage nicht.

Meine Aufgabe war es, zusammen mit einigen anderen die lehmigen Erdmassen mit Wasserwerfern zu verflüssigen und Äste und größere Steine, die die Pumpe blockieren könnten, beiseite zu räumen. Einige andere bedienten sogenannte *Crusher*, die mit dicken Eisenhämmern die Gesteinsbrocken zerschmetterten, aus deren Überresten dann wieder das enthaltene Gold gewaschen wurde.

„Die Nächsten", ordnete der Boss an. Zwei Männer packten die beiden grünen Kunststoff-Teppiche, hievten sie auf die nächsthöhere Holzrampe und schlugen sie dort aus. Der auf die Bretter klatschende Matsch wurde von dem sachte fließenden Wasser langsam wieder nach unten getragen, wo er an einem Querbalken gestoppt wurde. Die beiden erfahrensten Arbeiter mischten ihn dort mit seitwärts gerichteten Streichbewegungen ins überschwappende Wasser und schoben das zurückbleibende Sediment von Zeit zu Zeit wieder nach oben.

Der Aufseher, der am oberen Ende der Rampe saß, holte aus seiner Tasche ein Fläschchen Quecksilber hervor und mengte dem Schlamm einen Spritzer des flüssigen Schwermetalls hinzu, das wie kleine Perlen mit dem Wasser hinabrann. Nach und nach bildete sich an der nach oben geschobenen Masse ein klumpiger silberner Rand, der zu schwer war, um von dem entgegenströmenden Wasser wieder zu den Händen der Arbeiter gespült zu werden. Es war das Gold, das von dem Quecksilber zusammengehalten wurde.

Als alle Teppiche von ihrer Last befreit waren, wurde das Gold mit einem Löffel in einen Plastikbehälter gefüllt, den der Aufseher mit einem Quad zum Camp brachte. Dort wusch er es gründlich aus, verdampfte mit einem Brenner das Quecksilber und verhalf zum Schluss mit etwas Säure dem puren Gold zu Glanz. Am Abend würden wir Arbeiter dann unseren Anteil abgewogen bekommen.

Zu unser aller Glück fiel unser Gehalt aufgrund der außergewöhnlich hohen Ausbeute doppelt so hoch aus wie sonst, und mein Anteil betrug rund 13 Pennyweight (etwa 20 Gramm Gold). Weit mehr, als ich mir erhofft hatte.

Juni 2014

Zufrieden, aber mit einem dank des schmutzigen Schlamms infizierten und heftig pochenden Zeh und immer noch einigen eiternden Wunden am Hintern, suchte ich nach einer Mitfahrgelegenheit zurück nach Venezuela. Eine Gruppe junger venezolanischer Diesel-Schmuggler sicherte mir zu, dass ich sie begleiten könne, sobald sie die verbliebenen 40 ihrer 100 Fässer gegen Gold eingetauscht hätten. Der Bedarf schien groß zu sein, denn nur eineinhalb Tage darauf legten wir mit den langen Blechbooten mit den nun leeren blauen Hartplastik-Fässern bereits ab.

„Was machst du hier?", fragte mich am Bootssteg irgendwo im Nirgendwo ein dünner guyanischer Mann mit kurzem Haar und hochgeschobener Sonnenbrille. Die weißen Socken in seinen Adidas-Schuhen waren eine gute Handlänge über die Waden gezogen, und über seine Schulter hatte er eine schwarze Sporttasche gehängt.

„Ich suche nach einem Boot nach Venezuela."

Der Fremde nickte. Er stammte zwar aus Guyana, lebte und arbeitete aber eigentlich in New York als Kaufberater für Edelmetalle. „El Dorado ist keine gute Idee", riet er mir von meinem Plan ab, weiter flussaufwärts zu fahren. „Wenn du möchtest, kannst du mit mir mit nach Kaikan kommen. Das ist viel weiter südlich und bringt dich näher an dein nächstes Ziel, Roraima. Und da gibt es einen Versorgungshelikopter, der dich nach Venezuela mitnehmen könnte."

Ich hatte keine Karte, aber *Helikopter* klang spannend. „Alles klar, wann geht's los?"

„Jetzt." Der Mann zeigte auf ein heransausendes Schnellboot.

Eine Stunde und einige Flussbiegungen später hielten wir an einem großen dunkelroten schwimmenden Stahlponton. Die Arbeiter des Kaufberaters aus New York hatten hier am Uferrand mit einem Bagger Gold gesucht und verluden die schwere Maschine nun wieder, die sich mit ihrem kräftigen, hydraulischen Arm selbst auf den Ponton hob. Wir spannten eine Plane als Sonnen- und Regenschutz auf, hängten unsere Hängematten darunter und beobachteten, wie das Motorboot uns die nächsten 24 Stunden langsam stromaufwärts zog. Am Ufer konnte man von Zeit zu Zeit Kaimane und andere Tiere beobachten. Einmal sah ich eine Anaconda, die so riesig war, dass ich zunächst an eine Sinnestäuschung glaubte. Doch die Arbeiter bestätigten mir, dass meterlange, laternenpfahldicke Exemplare dieser Würgeschlangen hier keine Seltenheit waren.

Am Vormittag erreichten wir den Fuß des Berges Arau, und der Kaufberater, einer seiner Arbeiter und ich kletterten zu einem von Savannengras bewachsenen Hochplateau mit einem Ureinwohnerdorf hinauf. Nicht nur die Aussicht über den Regenwald, sondern auch die Landschaft hier oben war von atemberaubender Schönheit. Der Kaufberater hatte dafür allerdings keine Augen, denn für ihn stand einiges auf dem Spiel: Er hatte weit über eine Million amerikanische Dollar investiert, um als Erster einen Bagger nach Kaikan zu bringen, wo das Gold so hochkonzentriert lag, dass man selbst mit einfachsten Mitteln wie Schaufeln und Spaten große Gewinne erzielen konnte. Wie viel mehr erst würde er mit seinem Bagger verdienen! Außerdem wollte er eine Straße bauen und mit den darüber transportierten Gütern zum Hauptversorger der anderen Goldsucher werden.

Nur die Bewohner des Dorfes standen ihm noch im Weg – und da wollten sie auch bleiben. „Mit dem Gold kommen Kriminalität, Alkohol und Prostitution. Nichts davon wollen wir hier. Dann zerstört ihr in wenigen Jahren unser Land und verschwindet wieder, während wir mit der Verwüstung noch lange danach leben müssen."

Auch wenn diese Situation mich sehr an den Wilden Westen der Vereinigten Staaten und den Umgang mit den Indianern erinnerte, besitzen im Gegensatz zu den damaligen amerikanischen Ureinwohnern die indigenen Völker Guyanas viele Rechte. Deshalb stehen die Chancen gut, dass sie die Pläne des reichen Investors aus New York doch noch zum Scheitern bringen konnten.

„Morgen ist Vatertag. Bleib doch noch ein bisschen", lud eine freundliche Dorfbewohnerin mich nach einem kurzen Gespräch ein.

Und so wechselte ich im übertragenen Sinne die Fronten. Zunächst wurde ich deshalb auch von einigen Dorfbewohnern verdächtigt, ein Spion des Kaufberaters zu sein. Obwohl ich die Geschehnisse mit Interesse verfolgte, sollte ich den Ausgang des Konfliktes nie erfahren.

Ich war beeindruckt festzustellen, dass die Dorfbewohner, da sie sich in einem Umkreis von mehreren Tagesreisen bewegten, neben ihrer Muttersprache Areguna noch einige andere Dialekte sowie Englisch, Spanisch und sogar etwas Portugiesisch sprachen.

Die Hütten waren schlicht und aus Holz und Zweigen gebaut und der Boden sandig. In der Dorfmitte gab es eine hölzerne, weiß gestrichene Kirche, die siebzig Jahre zuvor von einem US-amerikanischen Missionar erbaut worden war und in der ich zusammen mit den Vätern des Dorfes mit festlichen Speisen bedient wurde.

Neu für mich waren roter Saft aus Kartoffeln und Kochbananen-Porridge. Außerdem gab es das unvermeidliche Farinha, trockene Maniok-Kügelchen, die wirklich zu allem gegessen werden. Anfangs konnte ich mich dafür gar nicht begeistern, aber später wurden sie zu dem Nahrungsmittel, das ich am meisten vermisste.

Meinem Einwand, dass ich eigentlich kein Vater sei, wurde mit „ ... aber du hast doch vor, mal Vater zu werden, oder etwa nicht?", gastfreundlich widersprochen, und schon wurde mein noch halb voller Teller wieder bis an den Rand aufgefüllt.

In den darauffolgenden Tagen revanchierte ich mich, indem ich den Kindern etwas von meinem Seil schenkte und ihnen Seemannsknoten beibrachte. Den Erwachsenen half ich beim Goldsuchen.

Zu einer wegen der Pläne des Kaufberaters einberufenen Dorfversammlung kam auch der Häuptling einiger anderer Dörfer. Auf seinem Rückweg würde er auch St. Juan passieren – den Ort, in dem von Zeit zu Zeit der Hubschrauber landete. Deshalb bat ich darum, mich ihm anschließen zu dürfen.

Der Häuptling war Mitte 50, von Kopf bis Fuß in Camouflage gekleidet und ließ sich einen Salvador-Dalí-Schnurrbart stehen. Obwohl er nicht mehr der Jüngste war, eine Machete und einen 8-Liter-Dieselkanister bei sich trug, ging er so rasch durch das bergige Gelände, dass ich mit meinem über 35 Kilo schweren Rucksack nur mit Mühe Schritt halten konnte.

„Haben wir es eilig?", keuchte ich nach einiger Zeit, als ich merkte, dass ich wirklich Schwierigkeiten bekam.

„Ja, deswegen", erklärte er und deutete auf die Regenwolken, die den Berg oberhalb von uns verdeckten. „Durch den Regen wird der Fluss, den wir überqueren müssen, bald so reißend sein, dass tagelang kein Hinüberkommen mehr möglich ist. Also los, weiter!"

Ich biss die Zähne zusammen und eilte weiter hinter dem Häuptling her. Zwar war ich mir ziemlich sicher, dass ich dieses Tempo nicht lange durchhalten konnte, aber ich wollte auch nicht schuld daran sein, dass der Häuptling es nicht mehr rechtzeitig über den Fluss schaffte. Und ihn vorgehen lassen und allein und orientierungslos in der Wildnis zurückzubleiben war auch keine Option. Deswegen bin ich so an meine körperlichen Grenzen gegangen wie sonst selten in meinem Leben. In sage und schreibe zweieinhalb Stunden ohne Pause legten wir eine Strecke von 16 Kilometern zurück – ich mit 35 Kilo Zusatzgewicht auf dem Rücken und über Stock und Stein.

Als wir den Fluss erreichten, über den wir mit einem Boot nach St. Juan übersetzen würden, fiel ich auf die Knie und steckte meinen Kopf ins Wasser wie ein Kamel. Das von Pflanzen dunkel gefärbte, aber klare Wasser schmeckte herrlich frisch und war für meine durstige Kehle sogar noch zehn Mal besser als eine kühle Limonade.

In St. Juan angekommen stöberte ich den Ortsvorsteher auf und fragte ihn nach dem Hubschrauber. Er machte mir durchaus Hoffnungen: „Auf dem Hinweg transportiert der Pilot Kraftstoff, Essen und andere Güter. Auf dem Rückweg nimmt er dann manchmal Leute mit."

„Und wann kommt er?"

„Eigentlich ist er schon überfällig. Halte also deine Sachen bereit, denn wenn er kommt, bleibt er nicht länger als ein paar Minuten", empfahl er mir.

Obwohl ich ständig in Bereitschaft war, verstrich ein Tag nach dem anderen, ohne dass der Hubschrauber eintraf. Neben vielen Gesprächen mit den Einwohnern, denen ich bei ihren verschiedenen Tätigkeiten half, nutzte ich die Wartezeit auch für etwas anderes: Ich hatte eine kleine Taschenbibel mit auf die Reise genommen, mit dem Vorsatz, sie unterwegs einmal komplett durchzulesen. Es interessierte mich einfach, warum die Bibel das meistgelesene Buch der Welt ist, und ich fand, es sei ein Stück Allgemeinbildung, zu wissen, was eigentlich darin steht. Warum fanden berühmte Denker wie Immanuel Kant darin „unendlich mehr Klarheit und tiefere Wahrheit als in allen Schriften aller Philosophen zusammen"?[1]

Ich fing also an zu lesen – zuerst im Neuen Testament, weil mir das leichter verständlich schien. Aber entweder haben sich Kants Philosophen sehr unklar ausgedrückt, oder ich war noch nicht weit genug. Denn statt tiefer Wahrheiten fand ich neben einigen Weisheiten und Widersprüchen vor allem Fragen, die ich mir alle aufschrieb.

Nach neun Tagen mischten sich in das Geprassel des am Morgen einsetzenden leichten Regens endlich auch Rotorengeräusche.

„Ist das ...?"

„Ja, das ist der Helikopter. Beeil dich!", rief ein Kolumbianer, der mich zum Frühstück eingeladen hatte. Ich hatte ihm in den vergangenen Tagen beim Goldsuchen geholfen. Wir umarmten uns schnell, und ich rannte durch den Regen zum Landeplatz.

Trotz des Regens war die Aussicht über den unberührten Dschungel unfassbar beeindruckend! Von dem Lärm der Propeller überdeckt rutschten mir euphorische „Oh" und „Wow!"-Ausrufe heraus, bis wir nach etwa 20 Minuten in einem kleinen Dorf in Venezuela wieder landeten.

„Pass gut auf dich auf. In dieser Gegend gibt es gefährliche Leute“, hatte mich der Pilot noch gewarnt.

Es mochte angesichts dieser Worte unangemessen gewirkt haben, aber noch immer klebte mir ein breites Grinsen im Gesicht. Mit einem Helikopter über so eine tolle Region zu fliegen war einfach zu genial gewesen!

Außerdem war ich inzwischen gegen solche Warnungen schon ziemlich immun geworden. Denn in so ziemlich jedem Ort, in dem ich bisher gewesen war, hatte man mir erklärt, dass es in der nächsten Stadt „sehr gefährlich“ sei. In Venezuela wurde ich davor gewarnt, bloß nicht nach Brasilien zu reisen, in Brasilien schlug man die Hände über dem Kopf zusammen, weil ich nach Bolivien wollte, und in Bolivien war man überzeugt, dass nur Lebensmüde freiwillig nach Peru fahren würden. Tatsächlich bin ich aber auf meiner gesamten Reise nicht ein einziges Mal ernsthaft bedroht, ausgeraubt oder gar angegriffen worden.

„Alles, was du in den Hosentaschen hast, auf den Tisch, Gringo!“, bellte mich der Kontrolleur der Guardia in einem kleinen Seitenraum an.

Wie auch schon zuvor hatte ich in Venezuela aufgrund der schon fast vernachlässigenswert günstigen Preise den Bus genommen. Doch dann war ich auf dem Weg nach Santa Elena, einer kleinen Stadt an der Grenze Brasiliens, von dem Kontrolleur aus dem Bus gezogen und in das Wachhäuschen gebracht worden.

Die anderen Dinge keines Blickes würdigend griff der Polizist nach meiner Geldbörse und zählte den Inhalt. „Mehr hast du nicht?!“

„Brauche ich denn mehr?“, wich ich aus. Auf so eine Nummer war ich vorbereitet gewesen und hatte mir alle größeren Scheine in eine eingenähte Tasche in meiner Unterhose gesteckt.

Grummelnd blätterte der Beamte meinen Pass durch, und mir rutschte das Herz in die Hose. Da ich ja über die Grenze „hubschraubergetrampt“ und dieser mitten im Niemandsland gelandet war, hatten wir nun mal keine venezolanischen Grenzposten passiert, bei denen ich mein Visum hätte abstempeln lassen können. Ich befand mich also notgedrungen illegal im Land, und das konnte je nach Laune des Grenzpostens ziemlich unschön für mich ausgehen.

Doch der Mann hatte entweder wirklich keine Ahnung, wonach er schauen musste, oder es war ihm egal – auf jeden Fall wurde ich mit einem kurzen „Gut, das war's!“ schnell entlassen und konnte wieder einmal mein Glück kaum fassen.

Juli 2014

Mein nächstes Etappenziel in Brasilien war der Roraima, ein Tafelberg, der den berühmten Autor Arthur Conan Doyle (der auch der geistige Vater von Sherlock Holmes war) zu dem Buch *Die verlorene Welt* inspiriert hatte. Über Jahrtausende hinweg von der restlichen Welt isoliert hatte sich auf dem Hochplateau des Roraima eine einzigartige Tier- und Pflanzenwelt entwickelt. Alle Beschreibungen dieses Berges klangen so beeindruckend, dass ich dafür meine ursprüngliche Idee aufgegeben hatte, das Fußballweltmeisterschaftsfinale in Brasilien anzuschauen.

Ich deckte mich also mit mehreren Kilo Haferflocken und Linsen ein und brach zum Roraima auf. In Parai-Tepui, dem letzten größeren Ort vor dem Berg, suchte ich mir einen Guide, und dort schloss sich uns noch ein junger Brasilianer namens Felipe an, der ebenfalls auf den Roraima wollte.

Um drei Tage auf dem Berg verbringen zu können, legten wir die Distanz von zwei Tagesetappen am Stück zurück. Es regnete viel, und was von unserem Zeug die Schauer nicht durchnässt hatten, schafften dann die vom vielen Niederschlag angeschwollenen Flüsse, die wir passieren mussten. Trotz allem war die Landschaft ein Traum.

Als ich bei einer Anhöhe die Aussicht genoss, lief im Abstand von wenigen Zentimetern ein Ameisenbär an mir vorbei. Zum einen war ich begeistert, dieses Tier aus nächster Nähe zu erleben, und zum anderen völlig belustigt, weil der Kopf fast so aussieht wie das Ende.

„Heute spielt Brasilien gegen Deutschland“, schnaufte Felipe hinter mir.

Ich drehte mich zu ihm um. „Und, was meinst du, wer gewinnt?“

„Wenn es Deutschland wird, kannst du den Abstieg vergessen!“, gab er grinsend zurück.

„Sieben zu eins für Deutschland“, antwortete uns eine entgegenkommende Gruppe auf die Frage nach dem Ergebnis des WM-Spiels.

Felipe und ich brachen in Gelächter aus. „Nee, nun mal ehrlich. Was war das Ergebnis?“

„Sieben zu eins für Deutschland“, wiederholten sie.

Ich spähte zu meinem brasilianischen Freund hinüber, der mit offenem Mund dastand und aussah, als arbeitete er gerade an einer schwierigen Matheaufgabe. „Always look on the bright side of life“, setzte ich scherzhaft singend noch einen obendrauf und klopfte ihm aufmunternd auf die Schulter.

Sowohl Felipe als auch der Guide hatten viel zu wenig Verpflegung mitgenommen; da konnte ich mit meinen Haferflockensäcken zum Glück Abhilfe schaffen. Für die Linsen mit einer pikanten, lokalen Ameisensoße, von denen ich die vorangegangenen Tage praktisch gelebt hatte, fehlte uns ein Kocher, und die Witterungsverhältnisse erlaubten es nicht, ein Feuer im Freien zu machen. Dreimal täglich aßen wir also Haferflocken und anschließend für den Geschmack etwas Thunfisch oder Sardinen von Felipe als Dessert. Wasser und Gelegenheiten, die Trinkflaschen aufzufüllen, gab es überall mehr als genug.

Der Regen dauerte an, doch wir kraxelten auch am nächsten Morgen gut gelaunt weiter. Je höher wir gelangen, desto kühler wurde es, und auf dem kleinen bewachsenen Streifen, der uns den Aufstieg ermöglichte und „die Rampe" genannt wird, durchquerten wir dichte morastige Vegetation mit bleichen, von moosbewachsenen Bäumen herabhängenden Pflanzen.

Kurz nach Mittag gelangten wir über den Rand hinweg auf die Hochebene, und wie zum Willkommensgruß zeigte sich für einige Minuten die Sonne. Der Anblick war einfach außerhalb von dieser Welt, als wäre man auf einem anderen Planeten gelandet! Die Hochebene war wild, mit hohen Felsen und tiefen Spalten in einzigartigen Formationen, durch die sich kleine Bäche ihren Weg zu den hinter dem Abgrund lauernden Wolken bahnten. Dazwischen kleideten sich sumpfartige Gräser und Blumen in durch die starke Sonneneinstrahlung begünstigte dunkle, aber kräftige Farben von Grün über Gelb bis Orange, Rot und Schwarz.

Es war mucksmäuschenstill, und auf unserem Weg zu einer hochgelegenen offenen Höhle, in der wir vor Regen geschützt unser Lager aufschlugen, begegneten uns lediglich ein paar winzige Frösche und Skorpione. Frierend und bis auf die Knochen durchweicht verbrachten wir den restlichen Nachmittag damit, unsere Sachen zu trocknen und uns aufzuwärmen.

Felipe und ich machten uns trotz des Wetters auf den langen Weg zum Punto Triple, wo sich auf dem Roraima die Grenzen Brasiliens, Guyanas und Venezuelas treffen. Und wir wurden nicht enttäuscht!

Zwar beschränkte trotz des Regens dichter Nebel unsere Sicht auf gerade einmal etwa 30 Meter im Umkreis, aber die vielen wie aus dem nichts auftauchenden Bäche, Krater, Grotten und weiß schimmernden Bergkristallgärten waren der Hammer! Darüber vergaß man fast, dass sich uns das alles in etwa 2.500 Metern Höhe darbot.

„Und jetzt habe ich eine kleine Überraschung für dich ...", lächelte mich Felipe an, während sich die Gruppe der Dorfbewohner wieder auflöste.

Am Vorabend waren wir wieder nach Parai-Tepui zurückgekehrt und hatten gerade mit etwa 15 Indios gemeinsam um einen winzigen Röhrenfernseher gedrängt das Fußballweltmeisterschaftsfinale angeschaut. Und obwohl alle anderen ausnahmslos Argentinien favorisiert hatten, hatte ich mein Heimatland aus voller Kehle unterstützt, was mir aber zum Glück niemand übelnahm.

„NEIN! NEIN! WEG MIT EUCH!", schoss Felipe plötzlich brüllend an mir vorbei den Hügel hinunter und scheuchte die in seinen Rucksack verbissenen Hunde weg. „Das schöne Brot! Ich habe es extra unauffällig bei den Indios eingekauft, um dir damit eine Freude zu machen!"

Das in seiner Tasche klaffende, etwa handgroße Loch schien ihn gar nicht zu interessieren. Schimpfend sammelte er die zerstreuten Brotreste vom Boden auf.

„Immer noch besser als nichts", sagte ich und schnappte mir meine Wasserflasche, um den Sabber der Vierbeiner abzuwaschen. Zwar schmeckte das Maniok-Brot eigentlich ziemlich fade, aber nach fünf Tagen dreimal täglich Haferflocken mit Wasser dachte ich nicht im Traum daran, etwas davon wegzuwerfen.

„Mach am besten einfach alles nass. Dann wissen wir nicht mehr, was die Hunde im Maul hatten und was nicht", schlug Felipe vor, und wenig später saßen wir nebeneinander, kauten die labbrig-feuchte Speise und berieten, wie es weitergehen sollte.

Felipe hatte vor, nach Mexiko zu trampen; inspiriert von meinen Geschichten wollte er dort nun seinerseits nach einer Bootspassage durch das Karibische Meer suchen. (Drei Monate später gelang es ihm dann auch). Ich wollte zum Amazonas aufbrechen und mich über den Nordosten Brasiliens nach Süden bewegen, um dann bis Ende Oktober über Bolivien nach Peru zu gelangen. Wilfried, der Couchsurfer aus Paris, mit dem ich seither Kontakt gehalten hatte, wollte dort für zweieinhalb Wochen zu mir stoßen.

„Wenn du nach São Paulo kommst, kannst du bei meiner Familie wohnen!", lud mich Felipe stellvertretend ein. „Meine Mutter liebt es, Leute zu bekochen."

„Dann mache ich das todsicher!", lachte ich, drückte mir den letzten Bissen in den Mund und schlug mir die nassen Krümel von den Händen.

August 2014

Der Amazonas war bei Manaus ganz anders, als ich ihn mir vorgestellt hatte. Statt unberührten Regenwald, wie ich ihn in Venezuela und Guyana erlebt hatte, gab es hier vor allem eines: Wasser. So viel davon, dass die andere Uferseite häufig außer Sicht geriet und man meinen konnte, man befände sich auf dem Meer. Wenn ein weiterer, anders gefärbter Fluss auf den ersten traf, bildete sich zwischen den beiden eine deutlich sichtbare Grenze, die wie ein Riss in der Wasseroberfläche aussah.

Es war stickig, und entweder schwitzte man in langer Kleidung wie in einer Sauna – oder man ließ sich von den im Sumpf bestens gedeihenden Stechmückenwolken „ganzkörpertätowieren".

Gott sei Dank hatte ich inzwischen ein rosafarbenes Moskitonetz geschenkt bekommen. Das passte zwar nicht zu dem Camouflage-Muster meiner Hängematte, mit der ich das Moskitonetz zum Schlafen kombinierte, aber dafür umso besser zum Blümchenbettlaken – und es hielt die Plage fern.

Auf dem südamerikanischen Kontinent machte ich viele interessante Essens-Erfahrungen. Unter anderem probierte ich zum ersten Mal Gürteltier und Seekuh. Vor allem aber lernte ich immer neue Früchte in den fantasievollsten Farben und Formen kennen, die ich nie zuvor und nie wieder danach gesehen oder geschmeckt habe. Viele davon konnte man auch außerhalb der Saison in Form von Eiscreme genießen. Unglaublich, wie viele Dinge unsere Erde zu bieten hat, von denen ich nicht die leiseste Ahnung gehabt hatte!

Doch nicht nur kulinarisch, auch in Sachen Gastfreundschaft hatte ich in Südamerika generell und in Brasilien ganz besonders komplett neue Maßstäbe kennengelernt. Obwohl die Leute hier aufgrund des stärkeren urbanen Einflusses schon ein bisschen weniger offen gegenüber Unbekannten waren, als ich es auf dem Land erlebt hatte, waren sie noch immer derart warmherzig, dass sie jeden Fremden sofort zu sich nach Hause einluden.

„Não vai não rapaz. Fica um pouco mais!" (*Geh nicht, Junge. Bleib noch ein wenig!*), wurde zu einem Satz, den ich in Brasilien häufig hörte und mit dem meine Gastgeber mich überredeten, noch eine Woche länger zu bleiben, dann noch eine und noch eine, bis ich schließlich einen kompletten Monat dort war, obwohl ich ursprünglich nur drei Tage hatte bleiben wollen.

Dieser vertrauensvolle und familiäre Umgang ist im Norden Brasiliens einfach Teil der Kultur. Und zwar einer, den ich ganz klar auch übernehmen wollte. Wir Deutschen neigen ja eher zu Misstrauen und Zurückhaltung, was Fremde angeht – aber spätestens in Südamerika ist mir eines ganz klar geworden, was sich im weiteren Verlauf meiner Reise immer wieder bestätigen sollte: Die allermeisten Menschen auf der Welt sind nett und wollen einfach nur ein gutes Leben leben. Natürlich gibt es auch Schurken, aber die sind ganz eindeutig in der Minderheit.

Wenn man also Fremden gegenüber allzu ablehnend ist, ist die Wahrscheinlichkeit, dass man eine tolle Begegnung mit einem netten Menschen verpasst, viel größer als die, an einen fiesen Typen zu geraten und einen Nachteil zu haben.

Das soll natürlich keine Aufforderung zum Leichtsinn sein. Ich kann aber die Gelegenheiten an einer Hand abzählen, bei denen mir jemand komisch vorkam. Dann habe ich mich meist mit dieser Person eine Weile unterhalten und mit Hilfe von einigen gezielten Fragen schnell ein Gefühl dafür entwickelt, ob derjenige etwas im Schilde führte.

„Wo kommst du her?“, fragte mich einmal ein Fremder auf der Straße, als ich gerade die Tür einer Apotheke hinter mir zuzog. Ich hatte mich mit Moskitospray eingedeckt, da die Malaria-Prophylaxe nur gegen jeweils einen von insgesamt fünf verschiedenen Malaria-Typen wirkt. Moskitonetze, lange Kleidung und Mückenspray sind da viel effektiver – wer nicht gestochen wird, hat nichts zu befürchten.

Obwohl die Frage des Fremden nach einer „Ich möchte dir was verkaufen“-Einleitung klang, ließ ich mich auf das Gespräch ein.

„Oh, Deutschland. Ich habe einen Freund, der aus Deutschland kommt“, sagte er und reichte mir eine Zigarette.

„So? Wo denn aus Deutschland?“

„Aus ... der Hauptstadt ...“

„Frankfurt?“, testete ich ihn.

„Ja, aus Frankfurt!“

„Und wie heißt er?“

„Wie war noch gleich sein Name ...“, grübelte er und mir war bereits klar, dass die Mein-Freund-aus-deinem-Land-Nummer der ungeschickte Versuch war, mich einzuwickeln.

„Hier ist es gefährlich. Du musst aufpassen, dass du nicht ausgeraubt wirst“, lenkte er ab.

In meinem Inneren leuchtete nun ein gelbes Warnblinklicht auf. Schon der zweite Versuch, vertrauenerweckend zu erscheinen. Fehlte nur noch, dass er sich als religiös ausgab, und er hätte alle Standard-Maschen gebracht.

„Ich bring dich zu meiner Schwester. Da kannst du wohnen, wir zeigen dich herum und passen auf dich auf.“

Meine Warnleuchte veränderte sich von Gelb zu Rot. Er forderte mich auf, ihm zu folgen, und betonte wieder, dass ihm angeblich viel an meiner Sicherheit läge. Doch das kaufte ich ihm nicht ab. „Und wo wohnt deine Schwester?“

„Nur einige Straßen weiter. Komm mit.“

Als ich wieder ablehnte, wurde er immer aufdringlicher und aggressiver. Schließlich packte er mich am Arm und wollte mich mit sich zerren. Ich blieb höflich, wurde aber laut, bis er mich losließ und fluchend davonzog.

September 2014

Dem Tipp eines Einheimischen folgend sah ich mir noch den berühmten Strand von Jericoacoara an, der wegen des geringen Niederschlags nicht das Kokospalmen-Strandparadies war, das ich mir vorgestellt hatte. Was ihn aber absolut einzigartig machte, war die Umgebung. Traumhafte Lagunen reihten sich aneinander, in denen Seepferdchen und Kugelfische lebten, und dahinter lagen die berühmten Wanderdünen, von denen die größten die Möglichkeit boten, über hundert Meter mit einem Snowboard herunterzufahren. Von dort aus trampte ich in sechs Tagen die Ostküste hinunter nach Rio de Janeiro, in dessen Ausläufern ich an einem frühen Morgen ankam.

Während der langen Zeit ohne Kontakt zur Außenwelt, in der ich mich in den Goldgräbergebieten Guyanas befunden hatte, hatte meine Mutter bereits zum zweiten Mal die Angst ausgestanden, mich vielleicht niemals lebend wiederzusehen. Besorgt hatte sie einem brasilianischen Bekannten einen GPS-Tracker mitgegeben, den er mit nach Rio nahm. Diesen holte ich mir nun zusammen mit einem Extrapaar Socken ab und konnte von da an über Satellit meine Familie wissen lassen, ob es mir gut ging oder ob ich Hilfe brauchte.

Was die meisten von uns aus dem Fernsehen von Rio de Janeiro kennen, ist lediglich die Stadt am Eingang der Bucht selber, während es in Wahrheit ein dicht besiedelter Staat von der Größe Niedersachsens ist. Größtenteils besteht er aus „Favelas“, den Armenvierteln, deren baufällige Hütten innen meist mit Fernseher, Kühlschrank, Herd und nicht selten sogar Klimaanlagen ausgestattet sind. Die ersten Favelas sollen entstanden sein, als im 19. Jahrhundert die freigelassenen Sklaven sich an den als unbewohnbar geltenden Steilhängen ansiedelten.

Das deutsche Fußballnationalteam hatte sich im Rahmen der WM in Sozialprojekten engagiert und einen guten Eindruck hinterlassen, und da Brasilien und Argentinien sich ähnlich wenig leiden können wie die Düsseldorfer und die Kölner, hatte man hier nach Brasiliens Ausscheiden ausnahmslos Deutschland favorisiert, wie man mir überall erzählte.

Am Abend erreichte ich die WG, in der ich während meines Aufenthalts in Rio wohnen durfte. Von dort aus erkundete ich die Stadt, die ich schon seit meiner Kindheit einmal live und in Farbe hatte erleben wollen. Der Meerblick war unbezahlbar, und die vielen kleinen Treppenaufgänge und Gassen, in denen nachts die ganze Nachbarschaft zu Musik, Tanz und Wein oder Bier und dem extrem günstigen und beliebten Cachaça „51“ zusammenkam, sprühten vor Leben.

Oktober 2014

Obwohl ich mich bereits früh auf den Weg gemacht hatte, musste ich an einer Tankstelle an der Schnellstraße 116 nach São Paulo ganze zehn Stunden warten, bevor mich ein Truck bis zur nächsten Metropole mitnahm. Hätte mich das zu Beginn meiner Reise noch ziemlich fertiggemacht, war ich mittlerweile in Geduld geübt und ganz sicher: *Irgendwann kommt schon einer.* Und so war es auch.

In São Paulo nahm mich tatsächlich die Familie von Felipe auf, mit dem ich auf dem Roraima gewesen war. Felipes Befürchtung: „Meine Familie ersetzt mich sicher einfach durch dich!", bestätigte sich dabei nur zum Teil. Zumindest seinen Sitzplatz am Küchentisch nahm ich ein. Damit, dass seine Mutter das Kochen liebte, hatte Felipe jedoch uneingeschränkt recht. Sie brachte sogar mich mit meinem „Magen ohne Boden" zur bedingungslosen Kapitulation!

Mit Unmengen Proviant eingedeckt setzte ich schließlich zu der längsten Reise per Anhalter an, die ich je an einem Stück machen sollte. In elf Tagen würde Wilfried aus Paris in Peru eintreffen, und ich musste bis dahin die rund 3.700 Kilometer von São Paulo nach Cuzco zurücklegen. Was immerhin fast ein Zehntel des Erdumfangs ist und rund ein Drittel der Entfernung nach Deutschland.

Von dort hatte ich außerdem gerade die unschöne Nachricht erhalten, dass ich umgehend nach Hause kommen müsste, was mein Ziel einer Weltumrundung ohne Flugzeug massivst gefährdete. In meiner Abwesenheit hatte meine Familie das Haus meiner Kindheit verlassen und war an einen anderen Ort umgezogen. Das allein machte mir schon ein wenig zu schaffen, da ich mein ganzes Leben in diesem Haus verbracht hatte. Für mich war es untrennbar mit dem Begriff „Heimat" verbunden, und wenn ich an „zu Hause" dachte, hatte ich immer dieses Haus vor Augen.

Doch das Kappen dieses letzten Bandes mit Deutschland wurde jetzt unverhofft zu einem größeren Problem, denn auch mein Wohnsitz musste bei den betreffenden Gemeinden umgemeldet werden. Dies ging laut Rechtsberater leider nur mit meiner persönlichen Anwesenheit. Für eine Vertretung durch eine bevollmächtigte Person sei eine Reise keine zulässige Begründung, hatte man meinen Eltern mitgeteilt. Bei Nichtbeachtung würden hohe Geldstrafen fällig, und das Zeitfenster sei begrenzt. Immerhin aber groß genug, um das Problem noch bis Peru aufzuschieben.

Nur noch neun Tage bis zum Treffen in Peru. „Du könntest bei mir zu Hause duschen", schlug mir der Besitzer eines Kleinwagens vor, der mich näher an die Grenze brachte. Ich schaute an mir herab und es stand außer Zweifel, dass ich eine Dusche mehr als nötig hatte! Bei seinem Angebot hatte mein geschniegeltes Gegenüber in seinem himmelblauen Polo-Shirt mich aber derart lasziv angestarrt, dass ich seine Hintergedanken beinahe lesen konnte.

„Schon okay, danke!“

„Bist du sicher? Mein Badezimmer hat noch einiges mehr zu bieten ...“ Und noch bevor ich darauf was erwidern konnte, fuhr mir seine Hand mit einer raschen Bewegung in den Schritt. Und griff zu.

„HEEY!“ Ähnlich schnell, wie seine Hand dort hingekommen war, schlug ich sie wieder zurück. Es war leider nicht das erste Mal, dass mir so etwas in Brasilien passierte, und für diesen unverschämten Übergriff hätte ich ihm früher ohne nachzudenken sofort eine gezimmert. Aber mittlerweile hatte ich mich schon etwas mehr mit dem Thema Glauben auseinandergesetzt und war mir ziemlich sicher, dass das nicht die Botschaft der Nächstenliebe gewesen wäre, nach der ich leben wollte. Deswegen verließ ich bei nächster Gelegenheit mit einem höflichen Wort des Abschieds das Auto und suchte mir ein anderes Fahrzeug.

„Bienvenido en Bolivia“, begrüßte mich ein großes blaues Straßenschild, und keine hundert Meter weiter am Bürgersteig, in den Schatten zweier Bäume gehängt, stärkte ich mich wie gewohnt mit einer Portion Haferflocken und Wasser. Die Leute sahen schon hier bereits komplett anders aus als die Brasilianer. *Fast wie die Warao,* dachte ich. Das war nicht sehr verwunderlich, denn über 60 Prozent der bolivianischen Bevölkerung stammen von den Ureinwohnern ab. Mir fiel auf, dass viele Leute mit dick angeschwollenen Wangen herumliefen, und das erregte mein Mitleid. Die zahnmedizinische Versorgung musste ja in Bolivien wirklich grauenhaft sein!

Ich hatte mir eine Stelle ausgesucht, an der viele Fernfahrer Pause machten. Die Distanzen in Südamerika sind normalerweise so groß, dass die Einwohner für kurze Strecken entweder Reisebusse oder für längere Flugzeuge nehmen, aber kaum einer mit einem Privatauto fährt. Weil es nur sehr wenige Bahnstrecken gibt, wird die Logistik fast ausschließlich über LKWs abgewickelt, die deswegen in Südamerika die beste Möglichkeit darstellen, per Anhalter zu fahren.

Da die Trucks erst am Abend eintreffen sollten, versuchte ich ein Nickerchen zu machen, um die heißeste Tageszeit zu überdauern. Während ich in der Hängematte so vor mich hindöste, hielt direkt neben mir ein 12 Meter langer weißer Transporter zwecks Fahrerwechsel. Ich nutzte die Gelegenheit, die zwei Insassen nach einer Mitfahrgelegenheit nach Santa Cruz zu fragen, und sie akzeptierten. So startete ich mit einem der beiden, einem Mitte 40-jährigen Brasilianer namens Paulo, zu der über 700 Kilometer langen Etappe. Er hatte einen Umzug geladen und den Auftrag des anderen als Vertretung übernommen.

Die an uns vorbeiziehende Landschaft war recht dünn besiedelt und mit Buschwerk bewachsen, gelegentlich ragten daraus Felsplateaus hervor.

„In diesem Gebiet haben die Koka-Bauern ihre Plantagen." Damit deutete Paulo auf einige von grünem Gestrüpp geschützte Felder. Wenn auch die Pflanzen und Blätter in diesem Land legal sind, so bleibt der Handel mit dem daraus gewonnenen Kokain verboten. Was aber aufgrund der Korruption schwer zu kontrollieren ist. Die Droge ist deswegen trotz allem so günstig zu haben, dass die brasilianische Seite fast schon zu so etwas wie einer Pilgerstätte der Junkies geworden ist und Suchtopfer, die herumschreien und völlig den Verstand verloren haben, zum ganz normalen Alltagsbild gehören.

Auf die Kokaplantagen folgte eine sehr flache und eintönige Steppenlandschaft, durch die wir stundenlang fuhren. Riesige Schilder am Straßenrand warben für Soja-Saatgut und Düngemittel. Nach einer gefühlten Ewigkeit hielten wir an einer Tankstelle, und dort hatte ich eine denkwürdige Begegnung.

Auf einer kleinen Mauer saß wartend ein hellhäutiger junger Mann mit grauer langer Stoffhose, rot-weiß kariertem Hemd und HSV-Hosenträgern. Ich musste bei seinem Anblick mehrmals blinzeln, so sehr fühlte ich mich in ein Dorf in Norddeutschland versetzt. Zu allem Überfluss sprach er mich dann auch noch mit der vertrauten plattdeutschen Begrüßungsfloskel „Moin, moin!" an, was die Skurrilität der Situation noch krasser machte. Es klang nur ein bisschen anders, als man diesen mittlerweile aussterbenden Dialekt bei uns benutzt. Er erzählte mir, dass seine Urgroßeltern um den Zweiten Weltkrieg herum zusammen mit anderen Landwirten nach Mexiko und von dort nach Bolivien ausgewandert waren, wo sie in bäuerlichen Kolonien ihre Traditionen pflegten. Sie trugen weiter norddeutsche Kleidung, heirateten meist unter sich, fuhren in Pferdekutschen herum und legten sogar bei der Architektur ihrer Höfe Wert auf eine deutsche Note. Ich assoziierte sie gedanklich mit den Amischen, aber der junge Mann erklärte mir, bei ihnen hätte das Ganze mit Religion nichts zu tun. Ich denke trotzdem, dass es sich bei seinen Leuten um Mennoniten gehandelt haben könnte. Einfach unfassbar, dass es komplett norddeutsche Städte bis heute noch mitten in Südamerika gibt. Zu meinem Erstaunen waren sie sogar um einiges norddeutscher als ich. Sie trugen typisch norddeutsche Kleidung und sprachen wesentlich besser Plattdeutsch. Nur lebten sie im falschen Land. Weit weg von Deichen, Leuchttürmen und Wattenmeer. *Ach, Norddeutschland, eines Tages sehe ich dich wieder.*

Hundert Kilometer vor unserem Ziel machten wir Pause, um zu schlafen, und fuhren zwischen vier und fünf Uhr in der Frühe im Dunkeln wieder weiter. Aus irgendeinem Grund verblasste nach und nach das Licht der Scheinwerfer, bis es schließlich so schwach war, dass wir auf dem Seitenstreifen anhalten und bis zum Morgengrauen abwarten mussten.

Als Paulo dann den Motor starten wollte, tat sich nichts. „Das glaube ich ja wohl nicht! ‚*Es ist alles einwandfrei. Du musst dich nur reinsetzen und losfahren*'", äffte Paulo seinen Kollegen nach, von dem er den Transporter übernommen hatte.

Wir winkten einen anderen Truck heran, der uns half, die Batterie mit seiner zu überbrücken, und erfreuten uns gerade wieder einer Viertelstunde Fahrt, da leitete uns ein Polizist in eine Straßenkontrolle. „Sieht alles okay aus“, sagte der Beamte nach einem Blick auf die Papiere und spähte flüchtig durch das Fenster ins Innere. „Das macht dann 70 Bolivianos (umgerechnet etwa 9 Euro).“

Das ist ja nett von ihm, so direkt den nötigen Bestechungspreis zu nennen, überlegte ich, auch wenn er sicherlich noch einen Ausländeraufschlag genommen hatte. Denn in dem ansonsten teureren Brasilien kaufte man die Verkehrspolizisten für 20 Real (etwa 7 Euro) sogar noch ein wenig günstiger.

Nachdem wir bezahlt hatten, fuhr Paulo an und ... würgte den Motor ab. Gezwungenermaßen warteten wir abermals eine halbe Stunde, bis ein Schwertransporter mit Flachzange kam, der uns Starthilfe leisten konnte.

Als sich nur 30 Kilometer weiter an einer Baustelle der Spaß wiederholte, war zum Glück ein Bagger nahe, um Abhilfe zu schaffen. „Wir sind ja nicht etwa unter Termindruck“, knirschte Paulo sarkastisch mit den Zähnen, als uns schon wieder eine Polizeikontrolle herauszog.

„ … und wo ist der Erste-Hilfe-Kasten?“

Wir fanden keinen.

„Mitkommen.“ Zackig geleitete uns der Bolivianer zum Wachhäuschen, und ich beobachtete, wie Paulo hinter mir versteckt an seiner Hose herumfummelte. „Das ist ein schwerwiegender Verstoß gegen die Verkehrsordnung, zweitausend Bolivianos sind als Strafe noch ein Gefallen von mir!“

„Zweitausend?!“, jammerte mein Fahrer und erklärte, dass er doch nur einen kranken Mann hatte vertreten wollen. Er erzählte auch von der anderen Polizeikontrolle, und als er beim Problem mit der Elektrik angekommen war, hatte er schon fast Tränen in den Augen. „Man hat mir gerade genug Geld für ein Mittagessen mitgegeben.“

„Und was ist mit dem da?“, zeigte der Beamte schroff auf mich.

Zur Antwort steckte ich ein paar Finger durch die Löcher in meinem Oberteil.

„Der schläft auf der Straße, von dem können Sie nichts erwarten“, verteidigte mich Paulo. „Ich habe nur Geld für unser Mittagessen ...“

Hatte. Denn unser Gegenüber griff nach der Geldbörse und eignete sich alles an, was darin war. Dann kritzelte er etwas auf ein Blatt Papier und entließ uns. Wohlgemerkt ohne eine Rechnung oder Beleg.

„Wenn du Haferflocken magst, ich ...“

„Behalt dein Essen", unterbrach mich Paulo, als wir in den Wagen stiegen, und kramte in seiner Gesäßtasche. Als er die daraus hervorgeholten Scheine wieder zurück in sein Portemonnaie legte, war von der trauererfüllten Miene keine Spur mehr zu sehen. *So ein gewiefter Kerl!*

Nach langem taktischem Einkreisen erreichten wir endlich den Zielort in Santa Cruz.

„Wo waren Sie denn so lange?!", beschwerte sich der Empfänger, ein Ende 30-jähriger, sehr feminin wirkender Brasilianer.

„Lange Geschichte", seufzte Paulo. „Wie machen wir das mit der Ladung?"

„Die bringen Sie mir ins Haus! Ihre Firma hat mir vertraglich zugesichert, dass Sie ..."

„*Calma, calma* – ganz ruhig bleiben. Ich regele das." Paulo zückte sein Mobiltelefon und entfernte sich etwas, um zu telefonieren.

Wartend gesellte sich der eben noch so aufgebrachte Brasilianer zu mir und begann geradeheraus mit mir zu flirten. Auch wenn ich ihm da nicht helfen konnte, bemühte ich mich, höflich und nett zu sein.

„Ich habe den Chef informiert. Er kommt selbst her und kümmert sich morgen um alles." Paulo wandte sich an mich. „Meinst du, du könntest so lange auf den Lastwagen aufpassen? Ich muss in zwölf Stunden in Brasilien bei der Arbeit sein."

„Geht klar." Ich blieb mit den Schlüsseln und dem Truck zurück und machte es mir zwischen dem Trittbrett und einer Straßenlaterne in meiner Hängematte gemütlich. Neben mir befand sich eine hohe, rot gestrichene Mauer, die zu einem privaten Wohnbezirk gehörte, dessen bewachter Eingang nur 50 Meter entfernt war. Der Mann vom Wachdienst hatte sich in einer Plastiktüte grüne Blätter mitgebracht, die er sich nach und nach in den Mund schob und in seiner Wange aufbewahrte, die dabei auf eine beachtliche Größe anwuchs. Die Leute hatten also gar keine Zahnprobleme!

„Was ist das für eine Pflanze?", fragte ich den Bolivianer mit den typischen glatten schwarzen Haaren.

„Das sind Koka-Blätter", nuschelte er und strich mit dem kleinen Finger ein weißes Pulver an den grünen Klumpen in seinem offenen Mund. „Das

Backpulver saugt das Kokain heraus und das macht wach und munter. Ohne Backpulver oder andere Katalysatoren wirkt es kaum, aber ältere Leute essen die Blätter auch pur gegen Magenbeschwerden."

Später erfuhr ich, dass Koka auch gegen Höhenkrankheit wirken soll, gut für die Zähne sei und so viele positive Effekte ohne Nebenwirkungen hätte, dass es einen fast skeptisch macht. Ursprünglich hatten die Priester der Inkakultur es für religiöse Zwecke benutzt, und es ist auch noch heute fester Bestandteil der schamanischen Riten in Peru und Bolivien. Einige lesen in den Kokablättern wie bei uns Wahrsager auf dem Jahrmarkt in Tarotkarten. Andere bieten Touristen alte Rituale wie *Salla Huaska* zusammen mit psychoaktiven Substanzen wie das aus einem Kaktus gewonnene *San Pedro* illegal als „organische Drogentrips" an, und in Jugendherbergen ist der unbedenkliche Koka-Tee ein absoluter Renner.

Ich hörte, dass die Koka-Pflanze erst in den Alltag integriert wurde, als die Kolonialherren feststellten, dass die Sklaven länger durchhielten und sich weniger beschwerten, wenn sie Koka kauten. Sozusagen das Ecstasy der Kolonialzeit!

Als auch am übernächsten Morgen der angekündigte Mann noch nicht eingetroffen war, entschloss ich mich, den Truck zurückzulassen und weiterzuziehen.

Da weder der Empfänger der Ladung noch der Typ vom Sicherheitsdienst gewillt war, den Schlüssel des Trucks an sich zu nehmen, schrieb ich eine Nachricht auf Portugiesisch und klebte sie von innen an die Scheibe. Darauf stand, dass sich der Schlüssel *unter dem Problem des Trucks* befände. In der Hoffnung, dass einerseits die Spanisch sprechenden Leute in Bolivien nicht schlau genug waren, um den mit Absicht kompliziert verfassten Text zu entziffern, und andererseits der zuständige Brasilianer pfiffig genug wäre, um darauf zu kommen, dass ich den Schlüssel unter der defekten Batterie platziert hatte.

Ganz wohl fühlte ich mich dennoch nicht, als ich meinen Rucksack schulterte und den Truck zurückließ. Wie diese Geschichte mit dem Lastwagen letzten Endes ausging, werde ich wohl nie erfahren.

Am Ortsrand von Santa Cruz bestieg ich den Bus von Buenos Aires in Argentinien nach Cochabamba in Bolivien. Nach einigen Stunden begann die erste Steigung, und die staubige Steppe verwandelte sich in tropische Wälder. Langsam wanden wir uns in Serpentinen höher in die Berge und stießen bald in die nebligen und verregneten Höhen der Anden vor, deren karge und felsige Landschaft kurze Gräser und Nadelbäume zierten. Ich fand den Anblick geradezu magisch und konnte mich nicht mehr von der Scheibe abwenden.

Von Cochabamba ging es weiter nach La Paz. Der Himmel ging gerade von Schwarz zu Stahlblau über, als wir dort ankamen, und gemeinsam mit einer in wollene Kleidung eingepackten Frau zog ich ihre klobigen weißen Plastiksäcke aus dem Gepäckfach des Busses. Über den dunklen Zöpfen trug sie auf dem Kopf eine kleine Melone, die unter den Frauen als Statussymbol gilt und *Chola* heißt. Je höher der Hut und je feiner das Material, desto besser. Im Anklang daran werden die ländlichen Frauen, die diese Kopfbedeckungen tragen, generell als *Cholita* – kleine Chola – bezeichnet. Unter den westlich-modern gekleideten Leuten im Zentrum der Städte hat diese Bezeichnung aber einen abwertenden Beigeschmack.

Unter dem weiten Rock endeten ihre langen Strümpfe in schwarzen Schnallenschuhen. Die Frau bedankte sich mit einem Lächeln, bei dem einige Goldzähne hervorblinkten, und ich setzte meinen Rucksack auf und machte mich auf die Suche nach der Ausfahrt zur Grenze Perus.

Ohne dass ich es bemerkt hatte, hatte sich mein Atem beschleunigt und flach sog ich die kühle, nach Stein und Rauch schmeckende Höhenluft ein.

La Paz ist mit einer Höhe von 4.300 Metern die höchstgelegene Hauptstadt der Welt. Wobei die Stadt Sucre, in der die meisten Regierungsgebäude stehen, ebenso den Anspruch erhebt, eine Hauptstadt zu sein.

Der historische Stadtteil von La Paz liegt in einem Kessel, während das große moderne Gebiet auf dem höhergelegenen Rand, dem *Alto* liegt, was übersetzt *Hoch* heißt. Ich bestaunte die teilweise sehr bunten, in aberwitzigen Formen erbauten Fassaden, die an eine Mischung aus „Star Wars“-Kulisse und 70er-Jahre-Architektur erinnerten. So etwas hatte ich wirklich noch nie zuvor gesehen, und es ist einzigartig für Bolivien! Auf den flachen Dächern dieser abgefahrenen Gebäude, die meist als Warenhandel gebraucht werden, bauen sich die Besitzer dann gern noch ein westlich aussehendes Haus, das so gar nicht in die Gegend passt.

Von La Paz aus ging die Reise weiter in Richtung Peru. An uns vorbei glitten handbestellte Äcker, auf denen die Bauern Kartoffeln, Mais und Quinoa anbauten, ein ursprüngliches Getreide mit sehr hohem Nährstoffgehalt. Die spanischen Eroberer betrachteten es als „Arme-Leute-Essen“ und verfütterten es an die Tiere, weswegen die Einheimischen sich jahrzehntelang sträubten, es als Grundnahrungsmittel beizubehalten. Mittlerweile ist es in Europa schwer angesagt als „Healthfood“.

Zur Rechten erstreckte sich der still daliegende Titicacasee, und am Horizont leuchteten schneebedeckte Gebirgsgipfel. Die Straßen waren matschig, und niemand hielt sich an irgendwelche Verkehrsregeln. Wer zuerst bremst, und das meist nur wenige Zentimeter vor einem Zusammenstoß,

gewährt Vorfahrt. Wie später die Tuk-Tuks in Thailand waren auch hier die Taxis überdachte Motordreiräder oder sogar Fahrräder. Die Menschen hatten große Ähnlichkeit mit den Leuten aus Bolivien, wenngleich die Frauen hier keine Cholas trugen. Dafür aber bunt gestreifte Tücher namens *Aguallos*, in denen sie sowohl ihre Einkäufe als auch ihre Kinder auf dem Rücken transportierten.

Am Morgen nahm mich ein Trucker mit durch die atemberaubende Landschaft Perus bis auf hundert Kilometer an Cuzco heran. Zunächst war das Land noch karg und weit, ohne Bäume, mit großen Wiesen, auf denen Lamas oder Alpakas grasten. An die Wände der Häuser und die Mauern kleiner Dörfer war gemalte Werbung für Parteien gepinselt, und vereinzelt sah man große Brennöfen, in denen Leute ihre eigenen Ziegel herstellten.

Oktober 2014

Ich erreichte Cuzco rechtzeitig für das Zusammentreffen mit Wilfried, der nun für zweieinhalb Wochen gemeinsam mit mir unterwegs sein würde.

Cuzco ist ein beliebter Anlaufpunkt für Touristen, die von dort aus die alte Inkastadt Machu Picchu besuchen. Das wollten wir natürlich auch machen, ich hatte aber auch noch eine besondere Mission zu erfüllen: In Manaus hatte ich eine brasilianische Straßenkünstlerin kennengelernt. Als ich ihr meine geplante Reiseroute schilderte, hatte sie gesagt: „Oh, in Cuzco lebt ein alter Freund von mir, Wolwer. Den habe ich seit Jahren nicht mehr gesehen! Wenn du dort bist, grüß ihn doch bitte von mir.“ Und ich hatte ihr versprochen, die Grüße auszurichten.

Ein kleines Problem dabei war, dass Cuzco etwa 350.000 Einwohner hat, und alles, was ich von dem Mann wusste, war der Vorname: *Wolwer.* Aber ich hatte ihr mein Wort gegeben, und zugegebenermaßen reizte mich die Herausforderung auch, den Typ zu finden. Ist es möglich, eine Person ohne die Hilfe von sozialen Medien aufzustöbern? Ich wollte es herausfinden.

Ein Anhaltspunkt war, dass er vielleicht ebenso ein Straßenkünstler oder Hippie sein könnte wie die junge Frau. Wilfried und ich ließen unser Gepäck also vorübergehend im Touristenbüro am *Plaza de Armas* („Waffenplatz“, so heißen die zentralen Plätze in so ziemlich jeder südamerikanischen Stadt) und begaben uns nach San Blas, dem Alternativenviertel der Stadt. Dort fragte ich mich durch und sprach jeden an, der so aussah, als könnte er oder sie sich in der Szene auskennen.

„Meinst du vielleicht Golber? Den Typ mit den zwei Huskys?“, schlug mir bald ein Kunsthandwerker vor.

Hm – klingt zumindest ähnlich, dachte ich. Je nach Akzent konnte man B und W tatsächlich manchmal nicht klar auseinanderhalten und G oder W könnte ich auch missverstanden haben. „Vielleicht. Wo finde ich ihn?“

„Er wohnt oben in den Ruinen von Sacsayhuaman. Kommt aber regelmäßig herunter, um in dem Laden *Maracuyea* zu arbeiten. Versuch’s dort gegen Abend.“

Genau das tat ich auch. In dem nach Räucherkerzen duftenden Laden standen einige afrikanische Trommeln und ein Didgeridoo herum, an den Wänden hingen bunte T-Shirts und Hosen, und auf niedrigen Tischen lag aus Knochen und Halbedelsteinen angefertigter Schmuck. Und tatsächlich stieß ich hier auch – weitaus schneller als gedacht – auf den besagten Golber, der sich als junger Trapezkünstler entpuppte. Ich überbrachte ihm die Grüße von seiner alten Bekannten.

„Hey, danke! Find ich ja echt krass!", sagte Golber und zwinkerte mir dann zu. „Du bist ein Chaski, wie?"

„Ein Chaski?"

„So hießen die Nachrichtenüberbringer der Inka. Die sind auf ihren zwei Beinen durchs Land gezogen, wie du. Sie hatten auch solche Rucksäcke dabei!"

Irgendwie gefiel mir der Gedanke.

Neben der Besichtigung von Machu Picchu stand auch die Besteigung des 6.000 Meter hohen erloschenen Vulkans Chachani auf unserem Programm. Umgeben von der eisigen, sauerstoffarmen Luft in dieser Höhe fühlte sich jede Bewegung fünfmal anstrengender an als sonst. Doch als sich auf der Kuppe das Land unter uns dem Horizont entgegenstreckte, wurde das zu einem der seltenen Momente, die man sich ein Leben lang erhalten möchte.

Als Wilfried nach Ablauf unserer gemeinsamen Zeit wieder zurück nach Europa geflogen war, arbeitete ich noch eine Weile als Tourguide in der größten Salzwüste der Welt, *Uyuni*, in Bolivien. Von Riesenkakteen über Flamingos, blubbernde Geysire und Baby-Lamas gab es dort viele Dinge zu bestaunen.

Einige Tage vor Weihnachten begab ich mich dann auf den Weg nach Salta im Norden Argentiniens, wo ich mit Freunden von Wilfried die Festtage verbringen wollte.

Der LKW-Fahrer trat auf die Bremse, und ratternd kamen wir zum Stehen. Er warf einen kurzen Blick durch das staubige Seitenfenster hinaus. „Wir sind da. Atocha."

Es war bereits nach Mitternacht, und die bolivianische Kleinstadt sah finster und verlassen aus. „Bist du sicher, dass du hier raus willst?"

„Ja, hier ist super. Danke!" Ich griff nach meinem Rucksack, schwang die Tür auf und sprang hinaus. „Gute Weiterfahrt!", verabschiedete ich mich und klopfte zweimal kurz auf die Motorhaube.

Dann stapfte ich den breiten Sandweg hinunter. Es war kalt, und der blasse Schein des Mondes fiel auf die aus Lehm gebauten Häuser. Aus dem Schatten einer Gasse löste sich eine geduckte Gestalt.

„Guten Abend!", machte ich auf mich aufmerksam. Der Mann fuhr herum. Er war etwa einen Kopf kleiner als ich und trug einen alten Fahrradhelm, um den einige Meter Wollschnur und Plastikmüll gebunden waren. *Normal ist das nicht*, dachte ich, versuchte es aber trotzdem: „Entschuldigung, kennst du einen Ort hier, wo ich schlafen kann?"

Eine gefühlte Minute lang starrte der Mann mich an, ohne ein Wort zu sagen. Ich wiederholte meine Frage. „Ari, Ari!", nickte er nun, wobei die Müll-Mobiles an seinem Fahrradhelm hin und her baumelten. Gut möglich, dass dies ein Ergebnis von langjährigem Drogenmissbrauch war.

Zusammen gingen wir durch die nächtliche Kleinstadt. Nach einer Weile gelangten wir an einen großen befestigten Platz. Schmutzige Straßenlaternen tauchten die Umgebung in ein schwaches Gelb.

„Hier ist es gut?", fragte ich.

Der Helmträger nickte und wackelte weiter, bis er in der Dunkelheit hinter einer Hausecke verschwand. Ich stand vor einer Wellblech-Überdachung voller Abfallsäcke. *Nicht gerade 5 Sterne, aber für ein paar Stunden Schlaf sollte es reichen.*

Ich breitete meine Isomatte mit Schlafsack schräg vor eine Ecke aus. In diese stellte ich den Rucksack, sodass man erst einmal über mich drübersteigen müsste, um an ihn heranzukommen. Als weitere Diebstahl-Prävention diente eine über die Tasche gestülpte schwarze Mülltüte. Nicht nur sah mein

Gepäck so weniger wertvoll aus, sondern die Tüte knisterte auch laut, wenn sich jemand daran zu schaffen machen sollte. *Dann mal gute Nacht.*

Kaum war ich eingeschlafen, weckte mich ein Rascheln wieder. Der Helmträger? Ich richtete mich auf und blickte in ein knappes Dutzend Augenpaare. Straßenhunde! Ein eisiger Schreckensschauer lief mir über den Rücken. Der mir am nächsten stehende Köter neigte seinen Kopf und knurrte tief. Sofort stimmten die anderen ein. Ihre Lefzen hatten sie angehoben, die Zähne leuchteten im Halbdunkeln. Die Hunde waren hager und ausgezehrt, hier und da fehlten ihnen Fellbüschel. *Jagdhunde*, schätzte ich nach ihrer Statur. Bis auf ein paar Ratten gab es in dieser Wüstenregion keine Hoffnung auf Beute. Sie mussten total ausgehungert sein.

In Bolivien erzählt man sich Geschichten von streunenden Hunden, die nachts Kinder anfallen. Ich mochte zwar kein Kind mehr sein, aber liegend hatte ich etwa die gleiche Höhe. Hastig überschlug ich meine Chancen. Da war nicht viel, was ich tun konnte. Meine Füße steckten in meinem Schlafsack, unfähig durchzustarten. Und selbst wenn ich hätte wegrennen können, wären die Hunde dreimal schneller gewesen als ich. Und sie waren in der vielfachen Überzahl. Sollte das Rudel mich angreifen, stünde es mehr als schlecht um mich.

Zugegebenermaßen hatte ich schon ein wenig Angst. Ich schickte ein Stoßgebet zum Himmel und hoffte, dass Gott wieder mal auf mich aufpassen würde. Zwar war ich mittlerweile mehr denn je überzeugt davon, dass mich nach dem Tod ein unvorstellbar viel besseres Leben im Himmel erwartete, doch jetzt gerade merkte ich, dass ich doch ziemlich an meinem kleinen Erdenleben hing.

Einige weitere Hunde, die wohl eben noch an den Abfallsäcken gestöbert hatten, kamen hinzu und füllten die Lücken des angedeuteten Viertelkreises.

Der Weg war versperrt. Noch hatten sie keinen Angriff gewagt. Vielleicht ließen sie sich ja etwas einschüchtern?

„SALE!", rief ich mit lauter Stimme auf Spanisch und versuchte dabei so autoritär zu klingen, wie nur irgend möglich. Tatsächlich zuckten einige Hunde zusammen. Drei von ihnen wichen sogar ein wenig zurück. Dann bellten und knurrten sie aber gefährlich und kamen noch näher als zuvor. Doch keine so gute Idee, das mit dem Einschüchtern.

Noch immer wagte sich keiner der Streuner näher als zwei Meter an mich heran, sie verharrten aber in Angriffshaltung. *Sind sie unsicher?* Möglich. Es dürfte ja das erste Mal sein, dass sie hier einen Weißen im Schlafsack antrafen.

DÄNG!

Die Hunde fuhren herum. Ein freilaufender Esel hatte sich in eine der Plastiktüten am Müllhaufen verbissen und schüttelte sie auf und ab, wobei sich der Inhalt über den Boden verteilte. Sofort vergaßen mich die Streuner und rannten mit empörtem Bellen dem Neuankömmling entgegen. Anstatt Reißaus zu nehmen, legte dieser aber seine Ohren an, senkte den Kopf und ging zum Gegenangriff über. Mit offenem Mund beobachtete ich, wie das Lasttier die Hunde im Galopp über den Platz scheuchte. Ich musste mir in den Arm kneifen, um sicherzugehen, dass ich wirklich wach war. Es war einfach zu verrückt! Bis zum Morgengrauen bekriegten sich der Esel und das Rudel und blieben mir fern.

Was für eine schräge Nacht! Gerettet von einem Esel! Das glaubt mir niemand!

Januar 2015

Über den Norden Chiles gelangte ich zurück nach Cuzco in Peru. Da war ja noch das „kleine" Problem mit meiner Ummeldung beim Einwohnermeldeamt, das ich noch irgendwie lösen musste.

Meine Eltern hatten sich telefonisch im Rathaus erkundigt, ob es die Möglichkeit einer Ummeldung gäbe, ohne dass ich extra zurückreisen musste. Doch die Antwort war ein klares „Nein" gewesen. In gut begründeten

Ausnahmefällen wäre dies zwar mit einer unterschriebenen Vollmacht möglich, aber dazu zählten nur Dinge wie längere Krankenhausaufenthalte oder beruflich erzwungene Abwesenheit. Eine Privatreise gehörte definitiv nicht dazu. Im Falle einer Missachtung der Ummeldung wäre weiterhin ein Bußgeld bis zu mehreren tausend Euro fällig. Viel mehr, als ein Flug nach Deutschland kostete.

Die Situation wirkte also ziemlich hoffnungslos. Für mich jedenfalls. Meine Mutter freute sich nämlich schon darauf, mich Weihnachten wieder zu Hause zu haben. Und doch machte mir das erstaunlich wenig Sorgen, denn ich hatte das starke Gefühl, dass es trotzdem irgendwie funktionieren würde. Die unzähligen glücklichen Umstände, unter denen ich bis hierher gekommen war, konnten doch nicht einfach nur so passiert sein.

Einer Eingebung folgend schickte ich meiner Familie also per Post meinen Personalausweis und eine Vollmachtserteilung nach Hause. Begleitet von einem Telefonat, in dem ich ihnen schilderte: „Irgendwie habe ich das Gefühl, dass es trotzdem klappt. Geht einfach mal zum Einwohnermeldeamt hin und versucht es."

„Aber die haben doch gesagt, du musst persönlich erscheinen", widersprach meine Mutter am anderen Ende der Leitung.

„Ja, ich weiß. Trotzdem ... probiert es doch einfach mal", bat ich sie so lange, bis sie sich dazu bereiterklärten, es dennoch zu versuchen.

Sobald mein Paket in Deutschland eingetroffen war, brachte mein Vater also die Dokumente zum Bürgerbüro. In der festen Erwartung, dass dies ein unnützes Unterfangen war und man ihn dort abweisen würde. Gerade als er an der Reihe war und das Bürgerbüro betrat, drängte ein mit einem Karton beladener Techniker lauthals in den Raum. „Ich habe die Lösung für all eure Probleme", kündigte er den beiden Sachbearbeiterinnen lachend an.

Wie sich herausstellte, hatte der Büro-Drucker und Kopierer schon seit dem Vortag nicht mehr funktioniert, und die beiden Damen warteten schon sehnsüchtig auf eine Reparatur. Der Techniker verwickelte sie in ein angeregtes Gespräch, während er sich an dem Drucker zu schaffen machte. Alle Aufmerksamkeit auf ihn gerichtet, tippte die zuständige Beamtin eher beiläufig meine Ummelde-Daten in ihr System. Ohne zu merken, dass das eigentlich nicht einwandfrei gültig war. Dann stempelte sie das Formular ab und reichte es ohne Rückfragen zurück an meinen Vater.

Ich war umgemeldet!

Um eine große Last erleichtert trampte ich an die Westküste Südamerikas zur peruanischen Hauptstadt Lima. Freunde von Freunden, die ich in Rio de Janeiro kennengelernt hatte, versorgten mich dort mit einem Platz zum Schlafen und zeigten mir die Gegend.

Als die Hausherrin, eine Frau mittleren Alters, mich an einem dieser Abende mit zu der Aufbahrung einer verstorbenen Arbeitskollegin nahm, stolperte ich ahnungslos in das wohl peinlichste Erlebnis meines Lebens.

Der Sarg war aus hellem Holz gezimmert, und der Deckel stand offen. Schleifen und Vasen verdeckten das Gestell, und die etwa 70 Besucher hatten Karten und Blumen dazugelegt. Ansonsten war der Raum im zweiten Stock des Beerdigungsunternehmens schlicht gehalten. Vor den kahlen Wänden reihten sich Plastikstühle aneinander, und der dunkle Fliesenboden glänzte matt. Am Eingang luden drei gedeckte Tische zu Häppchen und Kaffee ein, aber die Stimmung wirkte bedrückt und schwer.

„Los, wir reden mit den Angehörigen“, sagte meine Gastgeberin und stellte mich dem Witwer und seinen erwachsenen Kindern vor. Ich reichte allen die Hand und bekundete ihnen mein Beileid.

„Meine Frau hätte sich sicher gerne mit Ihnen unterhalten …“, lächelte der Witwer schmerzlich. Dann deutete er auf den offenen Sarg. „Bitte.“

Mit gesenktem Blick traten wir zur Lade und schauten hinein. Auf roten Samt gebettet lag eine Frau in ihren 50-ern darin. Die glatten, schwarzen Haare waren gekämmt und ihre Augen geschlossen. Die roten Lippen deuteten ein Lächeln an, und ihre Hände lagen friedlich in ihrem Schoß.

„Herzinfarkt“, raunte mir meine Begleitung zu.

Ich fasste mir mitfühlend an die Brust, nickte und setzte mich dann auf einen der Stühle am Rand. Ich fühlte mich hilflos und mies, umgeben von so viel Leid und Trauer und unfähig, etwas zu tun. Aus reiner Verlegenheit zog ich eine spanische Taschenbibel hervor – ein Geschenk aus Bolivien – und begann darin zu lesen.

„Entschuldigung?“

Ich sah auf. Der Witwer stand vor mir. „Hätten Sie vielleicht einige Worte für uns?“ Damit deutete er auf die Bibel.

„Ähm, ja, natürlich“, entgegnete ich und blätterte zu einer Stelle, die ich als passend für so eine Situation erinnerte. Innerlich war ich froh, doch noch irgendwie von Nutzen zu sein. Als ich sie vorgelesen hatte, nickte er zufrieden und gab seinen Kindern ein Zeichen. Sofort begannen diese, die Leute zusammenzurufen. Gespannt schaute ich zu, wie sich die Besucher in einem Halbkreis um den Sarg aufstellten. *Was soll das werden? Wird jetzt jemand eine Rede halten? … Moment mal … Er meint doch nicht etwa …*

Verunsichert blickte ich den Witwer an und erwartungsvoll blickte er zurück. *Schluck!*

Meine Gesichtsfarbe verblasste, als mir das Ausmaß dieses Missverständnisses bewusst wurde. Die Leute mussten mich für einen Missionar oder so etwas halten, der jetzt den geistlichen Teil der Veranstaltung übernehmen würde! Aber das konnte ich doch unmöglich machen! Wieder sah ich in die hoffnungsvollen Augen des Witwers.

Oh nein! Ich bringe es nicht übers Herz, ihn zu enttäuschen. Innerlich redete ich mir gut zu: Komm schon! Ein paar Verse aus der Bibel und ein Gebet – was soll da schon groß schiefgehen?

Ich stand auf. Es wurde still. Mein Herz pochte. *Jetzt gibt es kein Zurück mehr!* Ich hieß die Anwesenden herzlich willkommen. Schilderte knapp, wer ich war, öffnete meine Bibel und las dieselbe Stelle von eben noch einmal vor. *So weit, so gut. Und nun?* Meine Hände zitterten vor Aufregung. *Muss man nicht irgendwie noch einen Bezug zur Verstorbenen herstellen? Und einige Dinge über ihr Leben sagen?*

Unbehaglich räusperte ich mich. Dann hob ich an: „Es ist immer traurig, wenn ein Mensch stirbt …“ *Ja, weiter so!* „… und wir alle sind traurig, dass …“, *ach du Schande! … Wie war noch gleich ihr Name?* „… die … also …“, meine Augen suchten panisch die Gesichter der Leute ab. *HILFE!* Keiner verstand, wonach ich suchte. „… sind traurig, dass die Tote … gestorben ist.“

Ich hätte mir mit der flachen Hand vor den Kopf hauen können. *Autsch!!!* Mir fehlten vor allem die nötigen spanischen Vokabeln. So hatte ich auf die stumpfeste Bezeichnung überhaupt zurückgegriffen. Mit wild pochendem Herzen stammelte ich weiter: „Viele von Ihnen erinnern sich an ganz persönliche Erlebnisse mit …“ Hektisch suchte ich mit den Augen die Karten an den Blumen ab. *Da muss doch irgendwo ihr Name zu finden sein!* „… mit …“ *Nichts, nichts und wieder nichts.* „… mit der Toten.“

Was für eine Katastrophe! Ich muss das abbrechen! „Lasst uns also unsere Hände zum Gebet falten. Herr, bitte gib der Familie … äh, der Familie von

… der Toten … und ihren Freunden … Trost…“ Mir war selbst schon zum Heulen zu Mute! „Wir bitten dich … die Tote … bei dir aufzunehmen und ihr deinen Frieden zu geben … Amen.“

Die Trauergemeinschaft starrte mich entsetzt an. Ich fühlte mich wie der Steuermann, der gerade die Titanic gegen den Eisberg gerammt hatte. Warum war da nicht ein großes Loch im Boden, in dem ich einfach hätte versinken können?! Mit starrem Blick durchschritt ich den Raum und stellte mich neben meiner Begleitung in die Menge.

„Du hast ihren Namen vergessen!“, flüsterte sie mir schockiert das Offensichtliche zu. Der Witwer versuchte die Situation halbwegs zu retten und hielt seinerseits eine kurze Ansprache. Es war ihm sichtlich sehr peinlich, was ich da verzapft hatte. Als er geendet hatte, zog mich meine Begleitung eilig aus dem Raum. Eigentlich hätte ich des Anstands wegen gerne noch Auf Wiedersehen gesagt. Aber wahrscheinlich war es besser, eine Konfrontation zu vermeiden.

Eins ist jedenfalls sicher: Diese Leute werden mich wohl nie vergessen!

Januar 2015

Mit dem Bus fuhr ich in den Norden Limas und postierte mich an einer Tankstelle, um nach Ecuador zu trampen. Es war nur wenig Verkehr in meine Richtung unterwegs, und lange Zeit fand ich niemanden, der mich mitnehmen wollte. Als ich aber an einer Reihe von LKWs, die auf dem sandigen Mittelstreifen geparkt hatten, nach einer Mitfahrgelegenheit fragte, meinte einer der Fahrer zu mir: „Wir müssen erst einmal verladen. Aber wenn du mit anpackst, nehmen wir dich mit!“

Klingt fair. Die Ladung bestand aus allerlei Pflanzen in Töpfen, Tüten und Bündeln, die auf dem Mittelstreifen abgestellt waren.

Ich griff nach zwei kleinen Sträuchern und hievte sie mit Schwung auf die Ladefläche. Dann die nächsten beiden. „Je schneller wir fertig sind, desto eher geht's los!", meinte einer der Arbeiter und ergriff einen Stapel Blumen. In flottem Tempo arbeiteten wir uns voran. Die Sonne brannte heiß vom Himmel. Stück für Stück füllte sich die Ladefläche.

Erst als der Tag sich bereits dem Ende zuneigte, warfen wir die Klappen des LKWs wieder zu. Ich zog mein T-Shirt aus und fächelte mir Luft zu. *Geschafft*. Ein paar der Leute kletterten in den Transporter, dann rollten die Räder los.

Die wollen doch nicht etwa ohne mich losfahren?! Sofort sprintete ich los, dem noch langsam fahrenden Wagen hinterher, bis ich auf gleicher Höhe war. „Hey, wartet! Ihr habt mich vergessen!"

Der Fahrer hielt Kurs, steckte aber seinen Kopf aus dem Fenster. „Sorry. Wir haben keinen Platz mehr."

Fassungslos blieb ich stehen und schaute dem Lastwagen hinterher.

„Auch das gehört zum Leben dazu. Lerne daraus", hätte mein Vater in so einer Situation zu mir gesagt. Das war weise, und er hatte recht. Ich sollte eigentlich froh sein, dass es nur ein Nachmittag Arbeit und nicht mehr gewesen war. Aber wirklich tröstlich war das nicht. Es relativierte meine schmerzliche Erfahrung, nahm sie aber nicht weg.

Dann fiel mir etwas anderes ein, was ich in der Bibel gelesen hatte: dass man seine Feinde segnen soll. Der Fahrer war zwar nicht direkt mein Feind, aber er hatte sich durchaus mies mir gegenüber verhalten. Nur: Wenn ich ihm das nachtrug, war ich derjenige, der sich abschleppte. Ihn würde das wohl eher nicht stören.

Statt mich also weiter über dieses Erlebnis aufzuregen, beschloss ich, die Sache loszulassen und dem Fahrer innerlich alles Gute zu wünschen. Im ersten Moment fiel mir das nicht ganz leicht, doch dann machte sich ein zufriedenes Grinsen auf meinem Gesicht breit und ich ging beschwingt los, um mir eine andere Mitfahrgelegenheit zu suchen.

In Ecuador verbrachte ich gerade mal eine Woche, die aber so ereignisreich und voller neuer Freundschaften war, dass ich rückblickend nicht glauben kann, dass die Zeit dort nur so kurz gewesen ist. So lieferten wir uns beispielsweise mit einigen Studenten auf dem Chimborazo, einem erloschenen Vulkan, eine Schneeballschlacht direkt am Äquator. In 5.000 Metern Höhe. Nochmal: Eine Schneeballschlacht am Äquator! Wie cool ist das denn bitte?!

Gerne wäre ich noch länger in diesem Land geblieben, ich musste aber so bald wie möglich nach Panama, um nicht die Segelzeit über den Pazifik zu verpassen. So reiste ich von Ecuador weiter nach Kolumbien. Man hatte mich vor dem Guerilla-Krieg dort gewarnt, und in der Tat wurde ich schon am zweiten Tag mit den Folgen konkrontiert: Auf der Wegstrecke hatte ein Rebellentrupp eine Brücke in die Luft gesprengt; immerhin war niemand verletzt worden, aber viele Stunden bewegte sich gar nichts mehr.

Oberflächlich betrachtet ist die Ursache für solche Anschläge ein politischer Konflikt. In Wahrheit geht es aber um Kokain. Weswegen man wenig zu befürchten hat, solange man die Anbaugebiete im Landesinneren meidet. Wer ihnen zu nahe kommt, spielt allerdings mit seinem Leben. Ein Gramm kolumbianisches Kokain bekommt man im Land für umgerechnet etwa 5 Euro. In Europa oder den Vereinigten Staaten wird dieses Gramm dann für 100 Euro verkauft. Ein Millionengeschäft, für das die Drogenhändler bereit sind, über Leichen zu gehen. Abgesehen davon sind die Kolumbianer aber genauso gastfreundlich wie die Venezolaner und Ecuadorianer, und es herrscht ein fröhlich-lockerer Latino-Lebensstil.

Durch das dichte Dschungelgebiet zwischen Panama und Kolumbien war bisher noch keine Straße erschlossen worden, auf der ich hätte weiterkommen können. Ich machte mich also auf den Weg in die historische Hafenstadt Cartagena, um dort Arbeit auf einer Jacht nach Panama zu finden.

Ich war also wieder auf Bootssuche. Der Jachtclub in Cartagena ließ mich zwar nicht zu den Docks hindurch, aber ich postierte mich einfach an der weißen Mauer neben dem Eingang. So würde ich früher oder später dennoch mit allen Bootsbesitzern reden können.

„Und, mein Junge, schon was Neues in Sachen Überfahrt nach Panama?“, fragte mich ein stämmiger Kanadier mit Glatze, den ich am Vorabend im Jachtclub kennengelernt hatte und der jetzt mit seiner Bullterrier-Hündin

Gassi ging. Er lebte auf seinem Boot, und so war ich ihm bei seinen Landgängen schon öfters begegnet. Eigentlich kam er aus Quebec. Viele Jahre war er dort Manager eines Strip-Clubs gewesen, handelte aber nun mit Immobilien. Ein humorvoller Mann, der aber sicherlich unangenehm werden konnte, falls man ihm Probleme machte.

„Noch nicht. Aber ich versuche es ja erst seit gestern", sagte ich hoffnungsvoll.

„Wo hast du heute Nacht eigentlich geschlafen?"

„Dort drüben", ich deutete die Promenade entlang, „auf der Baustelle habe ich meine Hängematte zwischen einem Bagger und einer Palme aufgehängt. Die Nachtwache hat es mir erlaubt."

„Suite mit Meerblick, was?", schmunzelte der Kanadier und bot mir dann an, gegen etwas Mithilfe auf seinem Boot zu wohnen. Nur zu gern schlug ich ein.

Schon am nächsten Tag kam ich an den Docks mit einem großgewachsenen Schweden ins Gespräch. Nachdem ich ihm von meiner Bootssuche erzählt hatte, war eine seiner ersten Fragen: „Kannst du kochen?"

Ich zog eine Augenbraue hoch. *Ich? Kochen? Na ja …*

„Meine Köchin ist beim Probekochen durchgefallen. Hat sogar den Reis anbrennen lassen … in einem Teflon-Topf!"

Es ist noch gar nicht lange her, da ist mir das auch passiert. Wobei ich mich inzwischen gebessert habe. Aber als professioneller Koch arbeiten?, dachte ich und sagte ausweichend: „Also, Reis krieg ich hin."

„Sehr gut. Die Charterfahrt über die San Blas-Inseln nach Panama dauert eine Woche. Hier ist der Menüplan. Wir sind zu sechst."

Der Schwede überreichte mir einen langen Zettel. Hastig überflog ich ihn. Die meisten Gerichte hatte ich noch nie zuvor zubereitet. *Thai Chicken Curry, Pasta Puttanesca, Lobster, Roasted Chicken. Da kriegt man ja schon beim Lesen Hunger!* „Wie lange habe ich Zeit, um mir das zu überlegen?"

„Eine Stunde. Bis dahin brauch ich deinen Pass. Morgen früh legen wir ab.“ Schon eilte er mit zügigen Schritten davon und fügte noch über die Schulter hinzu: „Wir treffen uns hier in einer Stunde!“

Hin und her gerissen fuhr ich mir durchs Haar. Es wäre so eine gute Gelegenheit! Wenn ich doch nur ein wenig besser kochen könnte! *Was nun?* Es bräuchte schon ein Wunder, damit ich eine komplette Woche unter diesen Anforderungen bestehen könnte. Zügigen Schrittes ging ich zu meinem kanadischen Gastgeber und stürmte in die Kajüte hinunter.

„Ich hätte eine Gelegenheit, um morgen früh mit einer Charterjacht nach Panama zu fahren ...“, platzte ich heraus. Der glatzköpfige Besitzer schaute von seinem Smartphone auf. „ ... aber ich glaube, ich lehne besser ab.“

„Wieso? Ist das nicht genau das, was du willst?“

„Schon. Aber das ist eine Position als Koch. Und ich kann nicht gut kochen.“

„DAS NIMMST DU AN!!!!“ Der Kanadier schlug mit einem plötzlichen Knall seine flache Hand auf den Tisch. Erschrocken zuckte ich zusammen: „ICH WAR MAL CHEFKOCH! Hast du die Menüliste da?“

Ich reichte ihm den Zettel. „Ha! Kein Grund, sich in die Hose zu machen! Das ist doch alles kinderleicht! Wir setzen uns zusammen und gehen alles durch. Das wird eine super Woche!“

Er erklärte mir schon gleich einige Sachen, und voller Vorfreude brachte ich meinen Pass zu dem Schweden. Danach saß ich mit dem Kanadier bis spät in die Nacht zusammen und lernte von ihm alles übers Kochen.

„Die drei obersten Kochgebote: Erstens, schmeck alles eifrig ab. Zweitens, das Auge isst mit. Drittens, servier das Essen heiß.“

Wir gingen vom Zubereiten zum Dekorieren und Anordnen der Speisen über. Schließlich mischte er mir sogar schon einige Gewürze zusammen, die er mir mitgab. Insgeheim hatte ich selbst nach diesem ausführlichen Crashkurs noch meine Bedenken. Aber der Kanadier sollte recht behalten.

„Meine Güte, das schmeckt ja besser als bei Oma!", stellte einer der Touristen im Lauf der Woche erstaunt fest, und auch der Schwede meinte am Ende zu mir: „Falls jemand nach einer Empfehlung für deine Pazifiküberquerung fragt, soll er mich anrufen!"

Ich hatte dem Kanadier nicht nur diese gelungene Überfahrt zu verdanken, mit deren Verlauf alle Beteiligten sehr zufrieden waren, sondern auch noch eine wichtige Erkenntnis fürs Leben: Ich wollte in Zukunft auch möglichst oft als „Ermöglicher" für andere aktiv werden, so wie er es für mich getan hatte. Es ist ja eigentlich meist ganz einfach, jemandem dabei zu helfen, dass er Schritte gehen kann, die er allein nicht hingekriegt hätte. Ein paar gute Ratschläge geben, einen wichtigen Kontakt herstellen oder auch nur ein paar ermutigende Worte zu jemandem sagen – es muss gar nicht viel Aufwand und Zeit sein, die man in die Zukunft eines anderen Menschen investiert, und doch kann man mit solchen kleinen Steinen eine ganze Lawine ins Rollen bringen.

Februar 2015

Die San Blas-Inseln zwischen Kolumbien und Panama waren genau das, was man sich unter der Karibik vorstellt: Viele kleine, traumhaft idyllische Inseln mit hellen, feinen Sandstränden und Hunderten von Kokospalmen. Drumherum türkisblaues Wasser, bunte Riffe und gelegentlich sogar Schiffswracks zum Schnorcheln. Wie aus dem Bilderbuch!

Bewohnt werden die Inseln von dem Naturvolk der Guna Yala. Die Guna leben traditionell vom Fischen, sind aber inzwischen auch sehr von dem Handel mit Touristen abhängig. Zu ihren Handelswaren zählen Kokosnüsse und kunstvolle Stickereien, die sie „Mola“ nennen. Einige der begehrtesten Molas werden von Transvestiten gefertigt.

Interessant fand ich, dass die meisten Transvestiten nicht aufgrund ihrer sexuellen Ausrichtung solche waren, sondern von der matriarchalisch geprägten Gemeinschaft dazu erzogen wurden. Wenn in einer Familie der Guna längere Zeit kein Mädchen geboren worden ist, wählen sie einen kleinen Jungen aus, den sie von da an wie ein Mädchen behandeln. Sie ziehen ihm Mädchenkleider an, bringen ihm bei, mit hoher Stimme zu sprechen, und geben ihm die Aufgaben von Mädchen.

Der gleiche Brauch begegnete mir später auch im Pazifik auf Samoa oder den Französisch-Polynesischen Inseln. Bei den Polynesiern aber ist es der größte und stärkste Junge in der Familie, der wie ein Mädchen erzogen wird, um der Mutter im Haushalt zu helfen. Diese Kerle sind meist an die zwei Meter groß, stämmig und öfter sogar schlecht rasiert – tragen aber Frauenkleider und Lippenstift und sprechen mit hoher Stimme. Unter den Polynesiern nennt man sie „Rae-Rae“. Zum Rae-Rae erwählt zu sein ist eine große Ehre in der Gemeinschaft. Da aber nur die wenigsten Rae-Rae tatsächlich homosexuell sind, bleiben sie üblicherweise ein Leben lang ohne Partner bzw. Partnerin. Wer sich als Tourist bei den stämmigen Rae-Rae schnellen Sex wie mit den Ladyboys in Thailand erhofft, riskiert eine Zahnlücke. Die Polynesier, ob mit Blumen im Haar oder ohne, haben ihre Fäuste locker sitzen.

„Oh, wie schön ist Panama“ heißt eine Kindergeschichte von Janosch, die ich als Dreikäsehoch geliebt habe. Die beiden Hauptcharaktere der Geschichte, ein Bär und ein Tiger, finden im Fluss eine hölzerne Bananenkiste mit der Aufschrift „Panama“. Vom Fernweh gepackt wollen sie dorthin reisen. Sie laufen aber, ohne es zu merken, im Kreis. Und als sie nach langer Zeit wieder ihr Zuhause erreichen, erkennen sie es nicht mehr. Die Pflanzen sind wild gewuchert und das Haus völlig heruntergekommen. Als die beiden dann auf dem Boden die Überreste der Bananenkiste finden, auf der noch immer „Panama" steht, sind sie überglücklich: Sie glauben endlich am Ziel angekommen zu sein! So richten der Tiger und der Bär das verfallene Haus wieder her und leben fortan voller Freude an dem Ort ihrer Träume.

Eine wirklich süße Erzählung! Und wie in den meisten guten Kindergeschichten ist auch etwas für die Erwachsenen dabei: Dem Tiger und dem Bär hatte nur eins zu ihrem Glück gefehlt, nämlich in Panama zu sein. Dabei waren sie am Ende ja eigentlich nicht wirklich in Panama, sondern noch immer im selben gewöhnlichen Zuhause, in dem sie schon immer gelebt hatten. Nicht ein Wechsel der äußeren Umstände hat sie letztlich glücklich gemacht, sondern ein Wechsel der inneren Perspektive. Das Alte mit neuen Augen sehen.

Von dem spätromantischen Schriftsteller Nikolaus Lenau stammt der sehr weise Spruch: „Viele suchen ihr Glück, wie sie ihren Hut suchen, den sie auf dem Kopf tragen." Wir meinen oft, wir bräuchten noch irgendetwas, um glücklich zu sein. *Wenn ich mehr verdienen würde, ein paar Kilo weniger wiegen würde, einen liebevolleren Partner hätte, dann wäre ich zufrieden!* Was wir bereits haben, ist vielleicht gut ... aber noch nicht gut genug.

Selbst die Ärmsten unter uns Europäern leben in größerem Luxus, als man ihn in der Geschichte der Menschheit je hatte. Im Supermarkt um die Ecke können wir aus tausenden Artikeln wählen. Cordon Bleu, daneben Schokoladen-Eiscreme und etwas weiter die Bananen aus Übersee. Vor nicht mal 100 Jahren wären bei diesem Angebot selbst Könige neidisch geworden! Fernseher, Smartphones, Heizung, fließendes Wasser, Elektrizität, Autos, Sportplätze, Medizin, Waschmaschinen. Das Leben war noch nie so einfach und bequem wie heute! Müssten wir nach so vielen Verbesserungen nicht viel glücklicher sein als die Menschen früher? Und was ist mit den unzähligen Menschen in anderen Ländern, die diese Dinge nicht haben? Warum sind die nicht alle kreuzunglücklich? Im Gegenteil, ich bin auf meiner Reise unzähligen Leuten begegnet, die in ihren Bambushütten glücklicher und zufriedener waren als so mancher Porsche-Fahrer in Deutschland.

Auch eine Weltreise wie meine macht noch nicht automatisch glücklich – aber ich habe unterwegs neu gelernt, das Leben mit dankbaren Augen zu sehen und das wertzuschätzen, was ich erleben darf. Und so betrachtet habe ich dann doch ein ganz schön großes Stück vom Glück gefunden.

Oh, wie schön ist Panama!

Und Panama ist wirklich schön! Portobelo, *der schöne Hafen,* nennt sich die historische Kleinstadt in der Bucht Panamas, wo ich die Charterjacht wieder verließ. Mit seinen moosbewachsenen Ruinen aus Felssteinen, den herumstehenden alten Kanonen und den heruntergekommenen Kolonialgebäuden hat man das Gefühl, einen geheimen Piratenunterschlupf entdeckt zu haben. Drumherum gibt es nur Berge und sattgrünen Regenwald.

Wieder mal konnte ich kaum fassen, dass ich jetzt tatsächlich hier war! Als Kind war Panama für mich so unvorstellbar weit weg gewesen, dass ich mir zeitweise nicht einmal sicher war, ob es wirklich existierte. Lag Panama nicht vielleicht so ungefähr bei Timbuktu? So hatte ich es mir damals unbedarft vorgestellt.

Timbuktu, dieser sagenumwobene Ort, von dem jeder mal gehört hat, den aber keiner kennt, ist eine afrikanische Stadt, die an die Sahara angrenzt, wie ich später erfuhr. Das war von Panama ja nur ein Drittel des Erdballs entfernt. Knapp daneben also.

Von Portobelo trampte und wanderte ich weiter nach Shelterbay, ein abgelegener Jachthafen am Eingang des Panama-Kanals. Jedes Jahr kommen hier über hundert Segelboote vorbei, um erst den Kanal und dann den Pazifik zu überqueren. Da musste doch auch eines für mich dabei sein! Und genau jetzt, Ende Februar und dann den ganzen März über, war die beste Zeit für die Ozeanüberquerung. Der Ost-Passatwind ist in diesen Wochen relativ stabil, und wer jetzt ablegt, kann die längste Zeit auf den südpazifischen Inseln verbringen, ohne fürchten zu müssen, in einen tropischen Sturm zu geraten.

In der ersten Nacht schlief ich mit meiner Hängematte am nahegelegenen einsamen Strand. Hier und dort huschten kleine Krebse auf der Suche nach Nahrung über den feuchten Sand. Der Wind wehte mir den Geruch des karibischen Meeres entgegen, und dort, wo der Nachthimmel das Wasser berührte, glitzerten die Lichter mehrerer Dutzend Containerschiffe. Alle warteten sie darauf, zu den Schleusen des Kanals durchgelassen zu werden. Der Himmel war klar, und unzählige Sterne leuchteten auf mich herab.

Die Größe und Komplexität unseres Universums ließ mich wieder mal regelrecht in Ehrfurcht erstarren! Wie viel weiter es noch geht, als wir uns hier unten auf der Erde bewusst sind! Zu sagen, dass dies das Werk eines Genies gewesen sein muss, ist noch weit untertrieben. Was es da draußen wohl noch alles gibt?

Mein kleines Erdenleben jedenfalls war gerade ganz wunderbar. Ich war voller Zuversicht, bald eine Mitfahrgelegenheit zu finden, denn es gab jede Menge Boote und wenig Konkurrenz. Auf die Pazifik-Überquerung freute ich mich schon sehr, und dann hatte ich auch noch einen Schlafplatz gefunden, an dem ich mich fühlte wie Robinson Crusoe höchstpersönlich!

Bei Tagesanbruch versteckte ich meinen Rucksack im Gebüsch und lief mit meiner besten Kleidung und einem Notizblock die Docks ab. Ich vermerkte die Boote, mit deren Besatzung ich noch nicht geredet hatte, und die Namen derer, die bereits von mir und meinem Anliegen wussten. Je mehr Leute meine Kontaktdaten hatten, desto höher stiegen meine Chancen, dass jemand jemanden kannte, der Hilfe suchte oder mir weitere Empfehlungen geben konnte.

Dabei fragte ich aber nicht nur nach Mitfahrgelegenheiten, sondern es machte mir auch ganz allgemein Spaß, gute Beziehungen zu den Leuten aufzubauen, die ich auf der Reise traf. Meine ganze Art zu reisen war ohnehin komplett von Beziehungen zu anderen Menschen abhängig. Wie übrigens auch alles andere im Leben – auch wenn uns das nicht immer bewusst ist.

Am ersten Tag fand ich schon ein Boot, das über den Pazifik wollte und nach Besatzung suchte. Ein Ehepaar und deren kleiner Sohn, die nach Australien segelten. Da die Mutter allerdings noch vor der Reise einen medizinischen Eingriff durchführen lassen musste, würden sie erst in einem Monat zur Überfahrt ansetzen. Kein Problem für mich. Ich war ja nicht unter Zeitdruck. Wir sagten einander also verbindlich zu, und wie es aussah, war es das schon. Das war ja schon fast zu einfach gewesen!

Im folgenden Monat half ich einer panamaischen Freundin, die ich schon auf den Kanarischen Inseln kennengelernt hatte. Sie leitete in Panama eine Agentur, die sich um die Kanaldurchquerungen und andere Serviceleistungen für Jachten kümmerte. Ich durfte bei ihr in einem Gästezimmer wohnen und verdiente mir zusätzlich ein wenig Geld, indem ich als „Leinen-Handhaber“ Segelboote durch den Panamakanal brachte. Wird nämlich das Wasser in die Schleusen herein- oder herausgelassen, so müssen die Segelboote mit vier Seilen in der Mitte des Beckens gehalten werden. Ansonsten würden die entstehenden Strudel das Boot gegen die Wand werfen und großen Schaden anrichten. Das zu verhindern war also meine Aufgabe. So kam es, dass ich den Kanal ganze sechsmal durchquerte, dreimal auch darin schwamm und zweimal mit Sondererlaubnis hindurchsegelte.

Der Panamakanal wird manchmal auch das achte Weltwunder genannt. Er zählt zu den größten Bauprojekten der Weltgeschichte und hat bei der Konstruktion mehr als 30.000 Menschen das Leben gekostet. Überwiegend starben sie allerdings nicht durch Unfälle, sondern durch tropische Krankheiten.

Inzwischen hat der Kanal schon mehr als eine Million Mal Seeleuten den Umweg um den „größten Schiffsfriedhof der Welt“ erspart: Das gefürchtete Kap Hoorn an der Südspitze Südamerikas wurde Schätzungen zufolge schon mehr als 800 Schiffen zum Verhängnis. Zudem bedeutet die einzige Alternative zum Panamakanal selbst heute noch eine mehr als zweiwöchige Fahrt.

Panama ist aber nicht nur für den Kanal bekannt, sondern erfreut sich seit einiger Zeit auch vermehrter Beliebtheit bei Steuerhinterziehern und Geldwäschern. Eine Briefkastenfirma und Wohnsitz sind in dieser

Steuer-Superoase im Handumdrehen besorgt. Die Daten über die Finanzinhaber und deren Geld bleiben anonym. Die Bewohner Panamas und die Regierung wissen das natürlich und gehen offiziell auch dagegen vor. Aber im Privaten heißen sie das ganze System weiterhin willkommen und werden mit Sicherheit so bald nichts daran ändern. Sind diese Umstände doch mitverantwortlich für die rasche Entwicklung der beeindruckenden Skyline von Panama City. Der Dienstleistungssektor ist der Träger der panamaischen Wirtschaft, und neben dem Kanal zählen dazu vor allem auch Banken und Handelsbetriebe. Luxuriöse Häuser, das warme Klima und günstige Lebenshaltungskosten machen das Steuerparadies vollkommen.

März 2015

Nur wenige Tage, bevor die Reise mit der Familie über den Pazifik losgehen würde, bekam ich von ihnen eine E-Mail. Inhaltlich besagte sie in etwa: „Freunde von uns haben uns vor einigen Tagen zugesagt. Wir nehmen lieber sie mit. Für dich haben wir jetzt leider keinen Platz mehr. Alles Gute und viel Glück!"

Ich las die E-Mail ein zweites Mal. *WIE BITTE?!* Wie eine Wolke legte sich eine bedrückende Schwere auf mich. Es war niederschmetternd. Mein Lächeln verlor sich in Kopfschmerzen und Müdigkeit. Ich musste den Kopf buchstäblich mit beiden Händen abstützen, um ihn zumindest nach außen nicht hängen zu lassen.

Wie soll es jetzt weitergehen?

Ich zwang mich, einige Male tief Luft zu holen. Nicht die Absage an sich traf mich so schwer, sondern vor allem der Zeitpunkt. Die mit Abstand beste Zeitspanne, um ein Boot über den Pazifik zu finden, war Ende Februar bis Ende März. Und jetzt war es Ende März. Die ideale Zeit hatte ich also gerade mit dem Warten auf das australische Boot so gut wie verpasst. Dabei hatte ich mich in Ecuador und Kolumbien noch so abgehetzt, um rechtzeitig in Panama anzukommen und genau diese Wochen nicht zu versäumen. Meine Aussichten, jetzt noch einen Platz zu finden, waren kümmerlich geworden. Ich raufte mir verzweifelt die Haare.

In meinem Kopf hallten die Worte des australischen Mannes wider, die er mir noch kurz nach unserem Handschlag gesagt hatte: „Ich habe deine Bewerbungsnotiz vom Nachrichtenbrett abgenommen. Die brauchst du ja jetzt nicht mehr." Dennoch hatte ich extra gefragt, ob ich mehrere Eisen im Feuer halten sollte. „Nein, das ist nicht nötig."

Bei all dem nicht ein Sterbenswörtchen davon, dass sie eventuell nicht mich, sondern Freunde mitnehmen würden. *Verlogene* ... Ich stockte. Auch wenn alles in mir danach schrie, sie zu verfluchen, wollte ich nicht meine frisch gewonnenen Vorsätze brechen. Ich hatte mich fest dazu entschieden, niemandem mehr Böses zu wollen! Ausnahmslos. Aber irgendwie musste der Ärger hinaus. Fluchen wollte ich nicht, also überschüttete ich sie mit Segensworten: *Gute Reise! Habt Glück! Sonnenschein! Gesundheit! Sicherheit! Kokosnüsse! Frieden ...*

Es war schon fast zum Lachen, und ich musste sehr aufpassen, nicht zynisch zu werden. Aber tatsächlich, es half. Es ist wohl einiges dran an dem Spruch, dass man erntet, was man sät. Nicht nur in Beziehungen oder Lebensumständen, sondern auch innerlich. Ich merkte, wie meine mühsam adoptierten Worte langsam auf mein Inneres abfärbten. Im Prinzip war es so einfach. Und doch läuft sich der Weg bergab so viel leichter als bergauf ...

„Ich bin wieder auf Bootssuche", erklärte ich meiner panamaischen Freundin, warum ich wieder in Shelterbay war.

„Tut mir leid, das zu hören."

„Schon okay. Bestimmt wartet noch etwas Besseres auf mich."

Diese Antwort gab ich ihr nicht aus einem optimistischen Gefühl heraus. Denn im Gegenteil wusste ich, dass die Chancen ziemlich schlecht standen, und fühlte mich dementsprechend auch eher unsicher. *Aber nicht zu zweifeln an dem, was man nicht sieht – auch wenn man sich gerade nicht danach fühlt: Das ist doch dann wohl echter Glaube! Das Bibellesen färbte langsam auf mich ab.*

Um den dichten Verkehr zu vermeiden, nahm ich noch vor Sonnenaufgang den Bus zur Nordseite Panamas. Am Vormittag fing ich dann wieder da an, wo ich vor genau einem Monat aufgehört hatte. Und meine Befürchtungen erwiesen sich als berechtigt: Waren zuvor noch täglich fünf Segeljachten von hier aus durch den Kanal gefahren, so waren es jetzt nur noch ein oder zwei pro Tag. Und viele mit anderen Zielen als ich, wie Mexiko oder Chile.

Aber es erwartete mich auch Gutes – ich traf einige alte Bekannte. Darunter ein Schwede in meinem Alter, den ich schon auf Gran Canaria kennengelernt hatte und der auf einer ähnlichen Reise war wie ich. Er saß gerade im Schatten eines kleinen Häuschens auf einem Gartenstuhl und schaute auf die Docks. Ursprünglich war er von Skandinavien aus mit dem Fahrrad bis nach Portugal gefahren und von dort mit einem Boot nach Gran Canaria getrampt.

„Ich möchte den Amazonas mit einem Kajak hinauffahren", hörte ich den dicklichen blonden Jungen in meinen Erinnerungen noch sagen. „Fitnessstudios sind nichts für mich. Ich brauche ein richtiges Ziel."

Nie im Leben packt der das!, hatte ich ehrlich gesagt gedacht. *Es ist schon ein halbes Wunder, dass er es bis Gran Canaria geschafft hat.*

Aber aus dem molligen unreifen Jungen war ein drahtiger junger Mann geworden. Sein blondes schulterlanges Haar, die gebräunte Haut und der lockige Vollbart erinnerten mich an einen Wikinger. Er sah richtig gut aus. Kernig und überhaupt nicht mehr kindlich. Den Amazonas war er zwar nicht hinaufgepaddelt, aber immerhin von Ecuador aus mit einem selbst gebauten Kajak bis nach Brasilien gefahren. *Alle Achtung!* Und wie er über den Atlantik gekommen war, war noch um einiges waghalsiger gewesen.

Nachdem der junge Schwede auf Gran Canaria kein Boot hatte finden können, hatten er und vier weitere Tramper mit 1.000 Euro die Polizei bestochen und ein halb zerfallenes, rostiges 15 Meter langes Segelboot gestohlen, das vor Jahren von der Küstenwache beschlagnahmt worden war. Ohne Motor, ohne Funkgerät, ohne Licht und so gut wie ohne Segelerfahrung brachen sie dann auf, um über den Atlantik zu fahren. Selbst in meinen Augen war das komplett lebensmüde. Zur Navigation dienten ihnen ein Taschen-GPS und grobes Kartenmaterial.

Etwa auf halber Strecke, also in der Mitte des Ozeans, passierte dann das Unglück: der Mast brach. Nun kamen sie noch schleppender voran als vorher, und es wurde fraglich, ob sie es noch bis zur anderen Seite schaffen würden. Um Kurs zu halten, improvisierten sie mithilfe des viel kleineren Spinnakerbaums ein neues Hauptsegel und dümpelten so weiter. Etwa 600 Kilometer vor der Küste Französisch-Guyanas gingen ihnen trotz strikter Rationierung ihre letzten Vorräte aus. Da sie ja kein Funkgerät hatten, konnten sie aber auch nicht um Hilfe funken.

Als der Hunger zu groß wurde und noch immer kein Land in Sicht war, griffen sie auf eine drastische Maßnahme zurück: Mit Schnapsflaschen und allem, was sich sonst noch halbwegs eignete, machten sie ein Signalfeuer auf ihrem Boot. Das erste und einzige Mal, dass ich jemanden getroffen habe, der freiwillig sein Boot in Brand gesteckt hat!

Zu ihrem unglaublichen Glück entdeckte sie ein venezolanisches Fischerboot. Der Kapitän des Kutters setzte sie dann in Trinidad und Tobago ab, wo sie aber nun Probleme mit der Immigrationsbehörde bekamen. Wie auf allen selbstverwalteten karibischen Inseln muss man zum Aufenthalt entweder auf einem Boot registriert sein oder ein Rückflugticket in das Heimatland vorweisen können. Um hereingelassen zu werden, kaufte sich also jeder von ihnen ein Flugticket nach Martinique. Die Insel ist ein vollintegrierter Teil des französischen Staates, damit auch Teil der Europäischen Union und somit für Europäer das nächste Stück Land unter EU-Recht.

Als sie schließlich Südamerika erreichten, waren sie nicht nur knapp mit dem Leben davon gekommen, sondern hatten unterm Strich sogar jeder weit mehr Geld ausgegeben, als sie ein stinknormales Hin- und Rückflugticket von Gran Canaria nach Südamerika gekostet hätte.

Ich konnte mir ein fassungsloses Kopfschütteln nicht verkneifen. „Wie lange suchst du nun schon nach einem Boot über den Pazifik?“, fragte ich ihn.

„Ein paar Wochen.“

„Und?“

„Nichts“, entgegnete er.

„Du kannst einem ja echt Mut machen“, lachte ich. Vielleicht entsprach es nicht den Umständen, aber ich war positiv gestimmt.

„Schachmatt!“, lächelte mich mein Gegenüber an.

Gleichstand. Die letzte Partie würde entscheiden. Unsere Finger huschten über das Spielfeld und rückten die Figuren wieder an ihre Plätze.

„Wie lange werdet ihr noch hierbleiben?“, fragte ich meinen Spielpartner, der aus Belgien stammte, von der flämischen Seite. Obwohl er erst Mitte 30 war, wich sein kurzes braunes Haar bereits ein wenig zurück. Zum Ausgleich trug er einen schnittigen Anker-Bart. Er schien nicht unbedingt übermäßig viel Wert auf sein Äußeres zu legen, war aber durchaus attraktiv. Er war gemeinsam mit einem südafrikanischen Kapitän auf dessen Jacht auf Weltreise.

Hinter uns schaukelten die Jachten sanft auf dem Wasser von Shelterbay. Die Leute am Tisch neben uns bestellten gerade ihr Mittagessen. Später am Abend würde man auf der Terrasse des Marina-Restaurants vergeblich nach einem freien Platz suchen.

„Nicht mehr lange!" Wir drehten das Spielbrett und der Belgier eröffnete mit einem Springer. „Ich bin ja jetzt nicht mehr nur zum Spaß unterwegs, sondern verbinde das Schöne mit dem Beruflichen. Weißt du, ich filme mich selbst für eine TV-Doku. ‚In 80 Dates around the World', so wird sie heißen. Meine Mutter meinte, ich sollte mich so langsam mal nach einer Partnerin fürs Leben umsehen. Da kam mir die Idee, einmal rund um die Welt nach geeigneten Kandidatinnen zu schauen und das auch für die Nachwelt zu dokumentieren."

Ich musste so lachen, dass ich beim Ziehen beinah einige Figuren umgestoßen hätte. *Ob sich seine Mutter das so vorgestellt hat …* „Und meinst du wirklich, dass du deine zukünftige Frau unter diesen Bedingungen finden wirst?"

Er grinste breit. „Nö. Aber es ist ein guter Grund, um zu reisen, und es deckt die Kosten. Letztlich weiß sowieso niemand, was die Zukunft bringt. Und du, wie finanzierst du deine Reise?"

Ich grübelte kurz. Nicht wegen seiner Frage, aber wenn ich jetzt nicht aufpasste, würde er meinen Turm schlagen. „Mit allen möglichen Gelegenheitsjobs, die ich kriegen kann. Ich mache eigentlich fast alles. Putzen, Kochen, Reparaturen. In Venezuela habe ich bei der Militärpolizei die Badezimmer renoviert, in Guyana Gold geschürft, in Rio de Janeiro Obstsalat am Strand verkauft, in Peru als Tankwart Kraftstoff nachgefüllt und hier Booten durch den Panamakanal geholfen. Ob das Geld reicht, hängt gar nicht so sehr davon ab, wie viel man verdient. Es hängt davon ab, wie viel man ausgibt. Du kannst Millionär sein, aber wenn deine Ausgaben höher sind als deine Einnahmen, gehst du trotzdem pleite."

„Schon", nickte er zustimmend und schlug meinen Turm, „aber trotzdem müssten doch allein Unterkunft und Essen mehr kosten, als du mit solchen kleinen Jobs verdienst?"

Nein, wie dumm von mir!, bedauerte ich den Verlust meines Turms. „Was die Unterkünfte angeht, schlafe ich meist in meinem Zelt, meiner Hängematte oder – wenn ich dazu eingeladen werden – als Gast bei anderen. Die meisten Strecken trampe ich. Das kostet mich also auch nichts, und häufig schließt man dabei sogar tolle Bekanntschaften. Dann ist es ein beidseitiger Gewinn. Außerdem esse ich nie im Restaurant und verzichte auf Bars."

Jetzt musste er lachen und kickte nebenbei auch noch meine Dame zur Seite. „Ich verstehe dein Geheimnis: Lass das Bier weg und das Geld reicht."

„So in etwa", zwinkerte ich ihm zu, überflog den Spielstand und kippte dann meinen König. Verloren. *Ich rede zu viel!*

Zufrieden grinsend lehnte der Belgier sich zurück. Dann schlug er vor: „Schau doch heute Abend bei uns auf der Jacht zum Essen vorbei. Wie wär's?"

Der Kapitän der Segeljacht war ein weißer Geschäftsmann aus Südafrika. Er und der Belgier hatten sich vor fast 12 Jahren in Venezuela kennengelernt. Damals hatte der Geschäftsmann den Belgier gefragt, ob der ihn um die Welt begleiten würde, wenn er sich ein Boot kaufte.

„Öhm, ja, na klar!", hatte dieser zu der Zeit geantwortet. Sie hielten losen Kontakt, und zehn Jahre später klingelte beim Belgier das Telefon: „Hi, ich habe mir ein Boot gekauft. Bist du noch dabei, mit mir um die Welt zu segeln?"

„Öhm, ja, na klar!", war auch diesmal seine spontane Antwort. Und so hatten die beiden vor einem Jahr im Mittelmeer begonnen, auf dem Wasser die Welt zu umrunden, und würden die Reise nach zwei vollen Jahren in Afrika beenden.

Vollzählig wurde die Besatzung mit einem jungen Afrikaaner, der einige Tage zuvor für die Pazifiküberquerung aus Kapstadt eingereist war. Während Afrikaner eine dunkle Hautfarbe haben, sind Afrikaaner (oder Buren) weiß – die Nachfahren niederländischer Bauern und Seeleute, die sich vor über 300 Jahren am Kap der Guten Hoffnung angesiedelt hatten.

Die Überfahrt wird auf dieser Jacht sicher großartig! Schade, dass sie bereits genug Mann an Bord sind, dachte ich. Alle drei waren sie tolle Kerle! Und auch wenn bei der Bootssuche noch nichts in Sichtweite gekommen war, war die Zeit doch gewinnbringend für mich gewesen. Ich hatte an diesem Abend das erste Mal Ingwerbier getrunken. *Was es nicht alles gibt.* Und vor allem hatte ich neue Freundschaften geschlossen.

Am nächsten Tag spielten der Belgier und ich wieder Schach; der Kapitän und ich gingen schwimmen und vertieften uns in Gespräche über Südafrika. Bei Sonnenuntergang machten wir am Strand einen Braai – die Afrikaans-Bezeichnung fürs Grillen. Als Bänke dienten uns dicke Holzstämme, die wir um das Lagerfeuer gelegt hatten, und über der knisternden Glut rösteten wir Hähnchen und Kartoffeln. Ab und an fuhr der Wind in die Flammen und ließ einen Schwarm Funken in den Nachthimmel sprühen. Aufs Meer hinaus, wo die Lichter der Containerschiffe leuchteten wie die Gebäude einer Stadt.

„Christopher." Der Kapitän und der Belgier hatten sich ein wenig abseits unterhalten und winkten mich nun herüber.

Ich erhob mich. *Was sie wohl wollen?*

„Wir können verstehen, wenn du vielleicht was anderes vorhast. Aber möchtest du mit uns über den Pazifik segeln?"

WAS ANDERES VORHABEN?! IM LEBEN NICHT! „Natürlich!", erwiderte ich aufgeregt und hatte dabei ein Lächeln im Gesicht, das von einem Ohr zum anderen reichte. Ich machte einen kleinen Freudenhüpfer. *Morgen ist es sieben Tage her, dass mir die Australier abgesagt haben. Und trotz aller Unsicherheiten IST es besser gekommen!*

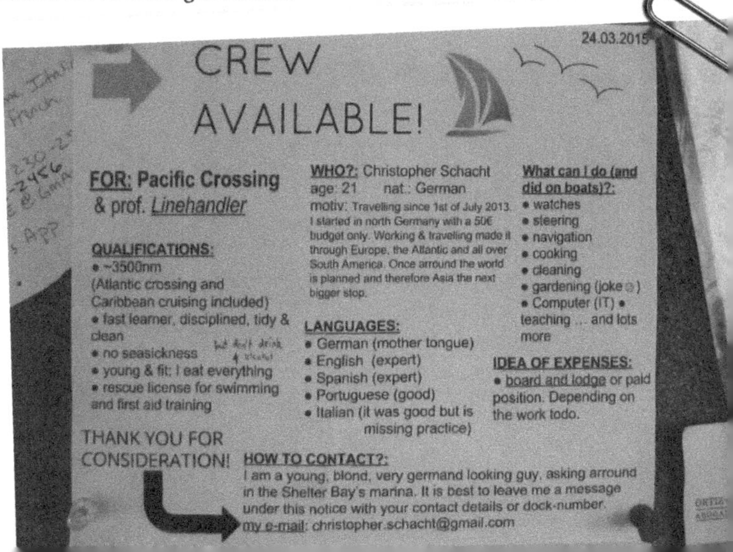

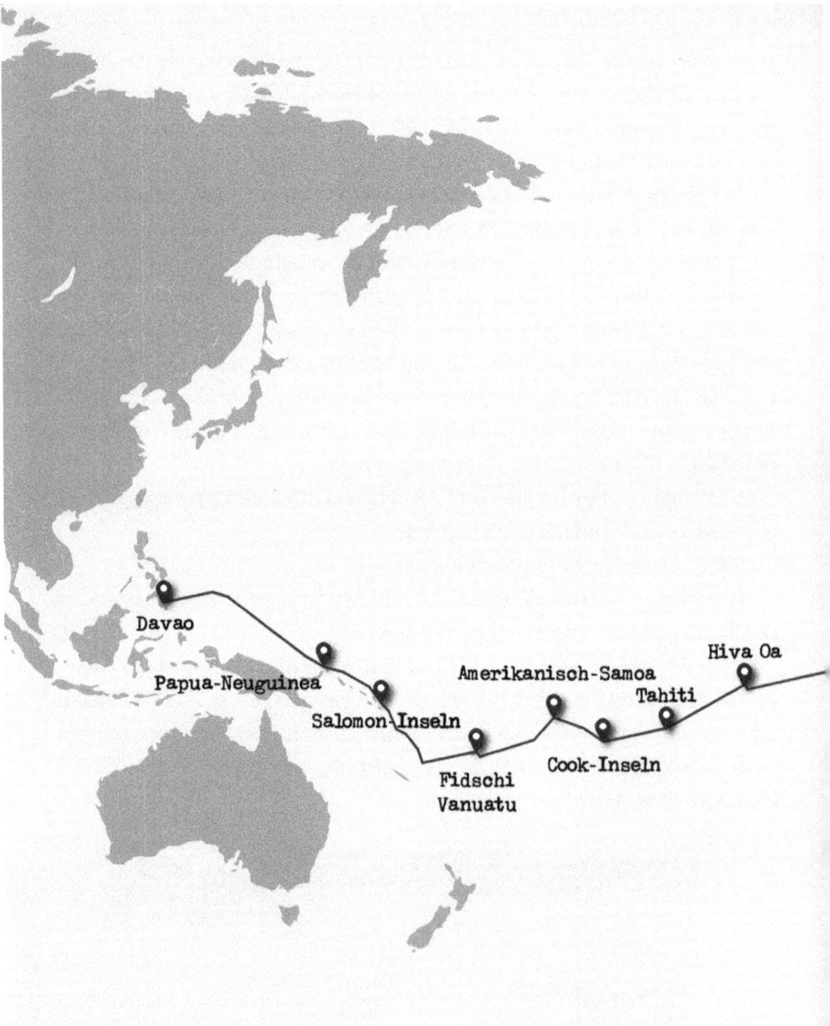
Davao
Papua-Neuguinea
Salomon-Inseln
Fidschi
Vanuatu
Amerikanisch-Samoa
Cook-Inseln
Tahiti
Hiva Oa

3. Etappe: Pazifik und pazifische Inseln

Endlose Weiten, stinkige Äquatortaufe, Schweine als Währung, kurioser Cargo-Kult am Krater des Vulkans

April 2015 – November 2015

Am Ostermontag berührten unsere Füße das letzte Mal festen Boden. Denn am Mittag desselben Tages hissten wir die Segel und steuerten ins Blaue. Hinaus auf den Pazifik, den größten und tiefsten Ozean unseres Planeten. Wenn man Leute danach fragt, haben die meisten den Eindruck, dass der Pazifik so in etwa ein Viertel des Erdumfangs misst. Tatsächlich umfasst er aber annähernd die Hälfte!

So kommt es, dass beispielsweise Japan tatsächlich näher an Deutschland liegt als an Panama. Das heißt anders ausgedrückt: Wer von Deutschland aus nach Japan reist, hat einen kürzeren Weg vor sich im Vergleich mit dem, der nun vor mir lag, „nur", um zum Ufer des nächsten Kontinents zu gelangen.

Mein Herz schlug höher. Denn wenn es noch irgendwo Inseln geben sollte, deren Bewohner vom Rest der Welt so gut wie isoliert lebten, dann wohl hier!

An Bord begannen wir sofort damit, Drei-Stunden-Schichten einzuteilen. Zuerst waren der Kapitän und ich drei Stunden verantwortlich für die Segel und das Ruder. Dann würden wir von dem Belgier und dem Afrikaaner für ebenfalls drei Stunden abgelöst. So bekam jeder zwar nur höchstens drei Stunden Schlaf am Stück, aber man hatte zu jeder Zeit jemanden, mit dem man das Boot gemeinsam auf neue Wetterverhältnisse ausrichten konnte. Und für den Fall, dass einer über Bord fiel, war noch ein anderer da, um die Rettungsaktion einzuleiten.

Wobei die Überlebenschancen in so einer Situation finster aussehen würden. Laut Statistiken der amerikanischen Küstenwache USCG enden zwei von drei Mann-über-Bord-Fällen in einer unfreiwilligen Seebestattung. Ein Kapitän, unter dem ich gesegelt bin, hat es mal so ausgedrückt: „Auf meinem Boot gibt es nur eine einzige Regel: Keiner fällt über Bord!“ Dabei sterben nur die wenigsten bei Sturm, denn da achtet natürlich jeder sehr auf seine Sicherheit. Nein, die allermeisten Leute ertrinken bei ruhigem Wetter und am hellllichten Tage. Wenn eben niemand damit rechnet. Egal, was einem weit draußen auf dem Ozean passiert, Hilfe erreicht einen dort nicht. Sogar Rettungshubschrauber schaffen mit ihrer Tankfüllung nur eine begrenzte Strecke, bevor sie wieder umkehren müssen. Außer in Küstennähe ist man auf sich allein gestellt. Eine Blinddarmentzündung oder eine tropische Krankheit, derer man sich auf dem Festland noch nicht bewusst war und die plötzlich ausbricht – solche Dinge können auf den Weltmeeren schnell das Ende bedeuten. Viele Segler lassen sich deswegen tatsächlich den Blinddarm vorsorglich entfernen. Ich habe meinen behalten. Das mag eines Tages tödlich enden, aber keinen zu haben ebenso. Denn sicher ist: Das Leben endet tödlich. Immer.

Die freien Stunden unserer Überfahrt verbrachten wir im Schatten des Sonnensegels mit Schachspielen, Lesen oder tiefsinnigen Gesprächen. Einmal kam es zwischen dem Belgier und mir dabei zum Streit. Es war nur eine einfache Meinungsverschiedenheit; nichts Ernstes. Trotzdem führte das für mich zu einer der wertvollsten Lektionen, die ich auf meiner Reise lernen durfte.

Denn als der Belgier sich in seiner Kajüte aufs Ohr gelegt hatte, wies mich unser Kapitän zurecht: „Lass so etwas Unnützes in Zukunft sein. Denk doch mal nach! Wie gut deine Argumente sind, ist völlig egal. Wenn du nicht zuerst das Herz des anderen gewinnst, wirst du ihn nie überzeugen. Wenn du weiterkommen willst, dann musst du Diskussionen nicht nur mit dem Verstand führen. Sondern auch von Herz zu Herz."

Mein Kapitän merkte, dass dies mich nachdenklich gestimmt hatte, und fügte hinzu: „Die meisten unserer Entscheidungen treffen wir nicht auf Basis unserer Vernunft, obwohl viele sich das einreden, sondern aufgrund unserer Gefühle. Deswegen machen Firmen auch keine Werbung mit langen Pro-und-Kontra-Listen, sondern mit glücklichen Gesichtern. Was das Herz nicht erreicht, bleibt nutzlose Theorie."

Er schaute mir ernst in die Augen. „Wir haben dich nicht mitgenommen, weil wir noch unbedingt einen extra Mann brauchten, weißt du? Drei Leute hätten ausgereicht. Aber ich wollte dich dabei haben, weil du etwas Neues an dir hast. Etwas, das mich interessiert hat."

„Wie meinst du das?"

„Du hast in Panama unter freiem Himmel gelebt und dreimal täglich Brötchen und Bananen gegessen. Die meisten deiner paar Klamotten sind abgetragen und aus zweiter Hand. Seit bald zwei Jahren hast du deine Familie nicht gesehen. Und von deinen Zielen bist du noch immer weit entfernt."

Ich schmunzelte. *Hört sich an, als wollte er sagen: Dein Leben ist bemitleidenswert.*

„Aber trotzdem bist du immer gut gelaunt und mit dir selbst im Frieden. Man hat den Eindruck, als gäbe es für dich keine echten Sorgen. Du weißt, wer du bist, wo du herkommst und wo du hinwillst …" Er zögerte. „Diese Gewissheit fehlt mir."

„Ich glaube, du überschätzt mich ein wenig … was aber stimmt, ist, dass meine Sorgen und Probleme kleiner aussehen, wenn ich daran denke, dass dieses Leben nicht alles ist. Und wenn ich mir dann noch bewusst mache, wie gut es mir eigentlich geht, habe ich das Gefühl, dass das Problem schon zur Hälfte gelöst ist."

Zwei Tage später erreichten wir bei knapp 85° West den Punkt, an dem 0° Nord zu 0° Süd wird. Den Äquator. Den Gürtel der Welt.

Es war früher Vormittag, der Himmel klar und die Brise hatte aufgefrischt. Unser Boot schnitt weich durch die Wellen. In drei Worten: Es war traumhaft!

Für den jungen Afrikaaner und mich war es das erste Mal, dass wir über diesen Breitengrad segelten. Nach Seemannstradition erwartete uns demnach eine Äquatortaufe. Eine kleine Foltermaßnahme, die das Aufnahmeritual in den Kreis erfahrenerer Seeleute darstellt. Seit längerer Zeit schon hatten der Kapitän und der Belgier darüber gewitzelt, was uns dabei alles Schlimmes passieren könnte. Vielleicht bekämen wir einen neuen Haar-Verschnitt? Ein Piercing an unangenehmer Stelle? Müssten wir Toilettenwasser trinken? Ja, diese Überlegungen machten ihnen sichtlich Spaß!

Sobald unser GPS anzeigte, dass wir den Äquator überquert hatten, schlugen unser Kapitän und der Belgier sich lachend ins Fäustchen. Dann bereiteten sie sich im Bootsinneren vor, um einige Minuten später wieder an Deck zu klettern. Der Belgier hatte eine Schwimmbrille aufgesetzt, sich ein langes, kräftiges Seil über den nackten Oberkörper geworfen und trug einen Eimer mit verschiedenen Folter-Utensilien darin. Ihm folgte der Kapitän, der sich ein weißes Bettlaken wie eine griechische Toga um Taille und Schulter geschlungen hatte. Seine finster dreinblickenden Augen umrahmte eine schwarze Tauchermaske, neben der der zugehörige Schnorchel baumelte.

„AUF DAS VORDECK MIT DEN WICHTEN!“, brüllte er.

Der Belgier schubste uns unsanft in Richtung Bug. Wie es ihnen gelang, dabei so ernst zu bleiben, war erstaunlich! Der Belgier ließ den Strick von seiner Schulter gleiten und zurrte uns am inneren Vorstag fest.

„WER SIND DIE EINDRINGLINGE?!“, brüllte unser Kapitän weiter und nahm seinen imaginären Thron auf dem Beiboot uns gegenüber ein.

„Neue Anwärter, oh allererhabenster Neptun“, stellte der Belgier uns vor.

„ICH BRAUCHE NIEMANDEN MEHR! WIR HABEN GENUG!“

„Euer Exzellenz urteilt recht! Doch seht: Aus fernen Landen kommen sie, nur um Euch zu dienen, oh mächtiger Neptun. Wir haben hier einen aus Südafrika.“

„AFRIKA? DAS LAND MIT DEN ZEBRAS? ICH WOLLTE SCHON IMMER MAL EIN ZEBRA HABEN! ABER WO HABEN DIESE BEIDEN IHRE STREIFEN?!"

„Die Streifen? Ach ja, Herr … Die Streifen! Sofort, oh allerbarmender Neptun!" Der Belgier griff in den Eimer und holte eine Spraydose hervor. Er schüttelte sie kurz und sprühte uns dann von unten bis oben dicke, weiße Striche auf die nackte Haut. Wegen der Hitze trugen wir ohnehin nur kurze Hosen.

„WAS FÜR HÄSSLICHE ZEBRAS!", gluckste Neptun. „VIEL ZU MICKRIG! IHNEN FEHLT DAS FEUER!"

„Aye-Aye! FEUER, oh Gewaltiger!" Die Hand des Belgiers verschwand abermals im Eimer und brachte zwei Mohrrüben und eine Flasche extra scharfe Chilisoße hervor. Er schmierte genug Soße für mindestens zehn Portionen auf die Möhren und drückte uns die triefenden Teile in den Mund.

Kann man von scharfem Essen Feuer spucken? Wenn ja, hätten wir es in dem Moment wohl getan! Unsere Köpfe liefen hochrot an, unsere Augen tränten und unsere Nasen liefen um die Wette.

„HAHAHA! ECHT SÜSS, DIE ZWEI!"

„Süß? Jawohl, oh Herr der Fische … und Zebras!" Nun schraubte der Belgier eine Flasche Ahornsirup auf und goss sie über uns.

„KÖSTLICH! HABEN WIR NOCH MEHR?"

„Sofort, oh Herrlichster aller Herrlichen!", bestätigte er und quetschte über jedem von uns noch eine Tube Tomatenmark aus.

„WAS FÜR EINE FEIER! MAN ÖFFNE UNSEREN BESTEN JAHRGANG!"

„Selbstverständlich, oh ewiger Neptun!" Der Belgier zog eine Wasserspritzpistole mit Rotwein auf und spritze ihn uns ins Gesicht.

„UND BRICH ÜBER IHN DAS ZEICHEN MEINER MACHT!"

„Mit Freuden, oh Mächtigster aller Mächtigen!“ Damit klatschte der Belgier uns je ein rohes Ei auf den Kopf.

„NUR NOCH EINS FEHLT! DER GERUCH DES MEERES!“

„Sehr gut, Duftendster aller Duftenden!“ Der Belgier öffnete eine Dose Sardinen und legte uns die öligen Fische auf die Schultern und Köpfe.

„SIEH AN! ECHTE ZEBRAFISCHE! NUN SIND SIE TEIL MEINES REICHES! MAN LASSE SIE HINEIN!“

Sie banden uns los. Mit anderen Worten hieß das, dass wir uns jetzt säubern durften. Wir rochen echt übel! Und es brauchte mehr als eine halbe Stunde festes Schrubben, um wieder einigermaßen ansehnlich zu werden. Aber die Erinnerung war es wert!

April 2015

Es war ein leicht bewölkter, aber dennoch heißer Nachmittag. Wir passierten die Galapagos-Inseln, und wie außerhalb der Hurrikan-Saison in der Äquatornähe zu erwarten war, hatten wir wenig Wind. Das Boot schaukelte langsam hin und her und die Wellen plätscherten in einem niemals endenden Rhythmus gegen den Bug.

Die Inseln, die Charles Darwin zu seiner Evolutionstheorie inspiriert hatten, konnten wir nicht sehen. Dafür erblickten wir seit fast einer Woche zum ersten Mal wieder ein anderes Boot, das sich als kleiner grauer Fleck am Horizont bemerkbar gemacht hatte.

„Tenemos pescado para regalar!“, rauschte es plötzlich auf Spanisch aus dem Funkgerät, vor dem der Belgier stand.

„English, please!“, versuchte er dem Mann am anderen Ende klarzumachen, dass er ihn nicht verstand. Aber da war ich schon aufgesprungen und nahm meinem erleichterten Segelkameraden das Mikrofon ab.

„Können Sie das bitte wiederholen?“, bat ich das Gegenüber in seiner Muttersprache.

Wie sich herausstellte, war es ein Fischkutter aus Ecuador, der einen sehr guten Fang gemacht hatte und uns daran teilhaben lassen wollte. Er listete mir eine Reihe von Fischarten zur Auswahl auf, als wäre dies die Bestell-Hotline eines Pizzaservices. Oder eben eines Fischservices. Von den Fischen erkannte ich auf Spanisch aber nur den Thunfisch.

„Das klingt super!“, gab ich unsere Lieferung in Auftrag und nahm die Anweisung entgegen, sie an unserem Heck zu erwarten. Rasch hängte ich das Mikrofon ein und eilte zu den anderen auf das Deck.

Gute Güte, die sind ja schon da! Nur einen Steinwurf hinter uns hob und senkte sich mit lautem Plätschern der Bug eines bulligen Fischerbootes, das mindestens doppelt so breit war wie das unsere und auch etwa vier Mal höher aus dem Wasser ragte. Der Stahl des Kutters war mit frischer weißer Farbe gestrichen, und dunkler Rauch wirbelte hinter dem Kahn auf, wann immer der Steuermann die Drehzahl in die Höhe jagte, um noch ein wenig näher zu uns aufzuschließen.

„Passt auf den Abstand auf!“, warnte uns unser Kapitän. „Der Stahl von deren Rumpf und unser Fiberglas vertragen sich nicht.“

Um manövrierfähiger zu werden, holten wir die Segel ein und gingen auf Maschinenantrieb über. Der Kahn kam noch dichter an uns heran.

„Wenn die wollten, dann könnten die einfach unser Boot klauen und uns über Bord werfen“, gab ich zu bedenken.

Zwar gibt es im nördlichen Teil Südamerikas tatsächlich organisierte Piraten der Neuzeit. Aber die meisten Berichte von gekaperten Schiffen erzählen von armen Fischern, die einfach eine Gelegenheit genutzt haben. Wir musterten die acht oder neun Latinos, die sich an der Spitze des Kutters drängten. Die meisten von ihnen waren in den Zwanzigern und trugen gewöhnliche Unterhemden und kurze Hosen.

„Das habe ich auch gerade überlegt“, bestätigte der Belgier. „Aber jetzt wäre es eh zu spät.“

„FANGT!“, brüllte uns einer der Fischer über den Lärm des Dieselmotors hinweg zu, und auf eine Entfernung von etwa 15 Metern schleuderte er uns eine Leine zu, die der Afrikaaner und ich mit den Händen sicherten. *Immerhin ist kein Enterhaken dran!*

Nun befestigten die Matrosen an dem Strick zwischen uns einen schwarzen Müllsack. „EINHOLEN!“, gaben sie uns Anweisung, und gemeinsam seilten wir den Sack über das Wasser hinweg zu uns herüber. Die Leine schwang wild hin und her. Vor meinem inneren Auge sah ich das Plastik bereits reißen und dessen Inhalt ins Meer stürzen.

Aber es hielt. Sobald der Sack unsere Reling erreicht hatte, hievten wir ihn in das Cockpit, machten den Knoten auf und gaben die Leine sofort wieder frei.

„Mal sehen, ob sie ihre Küchenabfälle an uns losgeworden sind", scherzte unser Kapitän.

Aber als wir das Plastik mit einem Messer aufschlitzten, fanden wir darin ein glänzendes Prachtexemplar von einem fangfrischen Thunfisch. Und als Dreingabe noch den über einen halben Meter langen und schon fertig ausgenommenen Rumpf eines Kurzflossen-Makohais. Noch immer war ich erstaunt, wie der Sack dieses Gewicht hatte tragen können.

Von wegen Piraten! In europäischen Preisen aufgewogen hatte dieses Geschenk einen Gesamtwert von mehreren hundert Euro! Entsprechend groß war auch unsere Begeisterung.

„Es gibt Sushi, bis es euch zu den Ohren rauskommt!", kündigte der Kapitän mit einer gespielt grimmigen Miene an und alle lachten.

Die Besatzung des Kutters aus Ecuador pfiff und winkte uns Lebewohl, während wir ihnen unseren Dank hinüberbrüllten. Dann drehten sie bei. Über Funk plauschte ich noch eine geraume Weile mit unseren Wohltätern, während die anderen alles Entbehrliche aus unserem Eisfach schmissen, um Platz für die frische Feinkost zu machen. *Was für eine großartige Aktion!* Die Fischer hatten einen riesigen Umweg und viel Aufwand auf sich genommen, nur um uns eine Freude zu machen!

„Du hast den heutigen Tag noch nicht gelebt, bis du nicht etwas für jemanden getan hast, der es dir niemals zurückzahlen kann", erinnerte ich mich an ein Zitat des englischen Schriftstellers John Bunyan, der vor fast 400 Jahren mit „Die Pilgerreise" eines der bekanntesten Werke der Weltliteratur verfasst hatte. Um solche einfachen Wahrheiten zu befolgen, muss man weder belesen noch reich sein. Das hatten die Fischer bewiesen. Man muss einfach anfangen, es zu tun.

Hinter den Galapagos-Inseln erfasste uns endlich der Süd-Ost-Passatwind und wehte uns auf einem Raumwindkurs Tag um Tag weiter auf das offene Meer hinaus. Nach zwei Wochen schnippelten wir das letzte frische Obst und Gemüse ins Essen. Von da an gab es auf unserem Menüplan dann nur noch trocken gelagertes Essen wie Reis und Nudeln mit Konserven.

Um Trinkwasser zu sparen, kochten wir immer zu fast einem Drittel mit Meerwasser und ließen dafür das Salz aus dem Streuer komplett weg. Auch für den Abwasch nutzten wir Salzwasser. Und so kam es, dass ich eines Morgens den Teekessel auf der Herdplatte erhitzte, um mir eine heiße Schokolade zuzubereiten. Als ich dann aber die Lippen an den verführerisch duftenden Becher Kakao legte und genüsslich schlürfte, erlebte ich eine widerliche Überraschung. Meine Augenbrauen fuhren steil nach oben und dann wieder abwärts, als ich vor Übelkeit und Ekel mein Gesicht verzog und die Brühe ausspieh. *Pfui Spinne!* Wie ich später erfuhr, war der Kessel über Nacht in das salzige Spülwasser gefallen, und irgendjemand hatte ihn zurück auf den Herd gestellt und dann dort vergessen … bis ich ihn gefunden hatte!

So witzig solche Begebenheiten im Nachhinein auch sind, muss man im Affekt aufpassen, dafür niemandem zu grollen. Denn fast jeder ertappt sich nach so einer langen Zeit auf engstem Raum mit anderen Menschen und starkem Schlafmangel bei Gedanken wie: *Das hat der doch mit Absicht gemacht!*

Tatsächlich entstammen solche paranoiden Überlegungen aber einer milden Variante von Lagerkoller. Das gehört bei langen Segelfahrten schlichtweg dazu, und wenn man damit rechnet, bleibt der Frieden bewahrt. Generell habe ich es als sehr befreiend erlebt, „im Zweifel für den Angeklagten“ zu sein. Wenn man etwas nicht ganz sicher weiß, sollte man einfach das Beste vom anderen annehmen. Klar, dabei kann man enttäuscht und manchmal sogar verletzt werden. Aber ich finde es trotzdem besser, dreimal jemanden positiver einzuschätzen, als derjenige vielleicht wirklich ist, als einmal jemandem Unrecht zu tun. Das nützt nicht nur dem anderen, sondern auch einem selbst. Denn wer von anderen Gutes annimmt, wird auch gut angenommen. Die Erwartungshaltung, dass jemand etwas Gutes tun wird, kann sogar das Gute in anderen hervorrufen. Und eine schlechte Erwartungshaltung andersherum das Schlechte.

Mai 2015

Nach 31 Tagen auf dem Ozean schälten sich bei Morgengrauen die Berge von Hiva Oa aus dem Schwarz der Nacht. Hiva Oa ist eine der Marquesas-Inseln, die zu Französisch-Polynesien gehören und auf denen Kriegerstämme leben.

Was uns so weit weg von jeder Zivilisation wohl erwarten würde? Wilde mit Pfeil und Bogen? Bunt bemalte Stammeshäuptlinge? Eingeborene mit Holzpflöcken als Piercings, Lendenschurz und Tattoos?

All das findet man auf den pazifischen Inseln, aber nicht in Französisch-Polynesien. Bis auf die Tattoos. Und trotz aller Freude darüber, endlich wieder Land zu erreichen, ertappte ich mich bei einem leichten Gefühl der Enttäuschung, als wir in die Bucht einliefen. Hiva Oa war schon längst nicht mehr so naturbelassen und traditionell, wie ich es mir nach meinen Recherchen vorgestellt hatte.

Früher einmal säumten nur die primitiven Hütten der Kannibalen die Berghänge. Tatsächlich sind von vielen der ersten Missionare nur die angebissenen Schuhe übriggeblieben. Probieren geht über Studieren. Frühe Quellen beschreiben, dass die Polynesier ihre Feinde auf Pfähle gespießt und geröstet oder in Bananen- und Brotbaumblättern in Feuergruben gebacken haben. Entweder als Zeichen ihres Triumphes – oder vielleicht auch einfach, weil es gut schmeckte.

Jetzt rollten an den Berghängen moderne SUVs und Pick-ups über die asphaltierten Straßen. Behausungen aus Pfählen und Blättern suchte man vergeblich. Und anstelle von präparierten Schädeln und Kriegskeulen zierten Strom-, Wasser- und Fernsehanschlüsse die modernen Häuser.

Die ersten Entdecker berichteten von Menschenopfern, Fruchtbarkeitsriten und Stammeskriegen. Bei unserem ersten Landgang entdeckten wir eine Bank, ein Krankenhaus, eine Polizeistation und weitere Einrichtungen, wie man sie von einer modernen Gesellschaft erwartet. Anstatt mit Kanus die Nachbarinseln zu plündern, reisen junge Leute nun mit dem Flugzeug zum Studieren nach Tahiti, der Hauptinsel der insgesamt 118 Inseln, die Französisch-Polynesien bilden. Und einige schaffen es sogar nach Paris. Ja, Paris. Denn Französisch-Polynesien gehört offiziell zu Frankreich, weswegen der Belgier und ich von den Immigrationsbehörden nicht einmal eingestempelt werden mussten. Obgleich Europa am anderen Ende der Welt liegt.

Französisch-Polynesien konnte seinen beinahe westlichen Lebensstandard nur durch Frankreichs finanzielle Unterstützung erreichen. Die Polynesier verdienen ihren Lebensunterhalt mit Landwirtschaft, Tourismus und Perlenhandel, was dafür nicht ausreichen würde. Aber ihre Kultur ist deswegen keineswegs hinterwäldlerisch – trotz des Kannibalismus, der hier einst herrschte. Schon vor über 700 Jahren, lange bevor Kolumbus mit viel Glück seinen Weg nach Amerika fand, pflegten die polynesischen Völker ein Handelsnetz im gesamten Pazifikraum und legten Distanzen von über 2.000 Kilometern mit ihren Booten zurück. Ohne die winzigen Inseln, die sie ansteuerten, nach wochenlanger Fahrt zu verfehlen. Unter dem Einfluss von Strömungen und wechselnden Winden und obwohl sie weder Kompasse noch Sextanten hatten und erst recht kein GPS. Eine Abweichung von nur 2°, und sie wären am Ziel vorbei auf das offene Meer und in den sicheren Tod gesegelt.

Zum Vergleich: Das ist in etwa so, als wollte man von Berlin nach Ankara reisen. Aber ohne Straßen, ohne Karten, ohne Schilder, ohne Navi und ohne unterwegs jemanden nach dem Weg fragen zu können. Und noch nicht mal mit Bergen, an denen man sich orientieren könnte: „Schau, der sieht aus wie eine schlafende Ente!", Wäldern oder sonstigen offensichtlichen Landmarken. Ich weiß ja nicht, wie das bei anderen ist, aber ich verlaufe mich schon bei IKEA ... trotz der Schilder!

Alles, was die Polynesier für die Navigation benutzt haben, waren Strömungen, Wellen, Sterne, die Luft und der Flug der Vögel. Und statt anhand von nautischen Karten merkten sie sich die Wege mit Hilfe von Liedern und Geschichten.

Es gibt mehrere Kulturen im Pazifik, die Gesänge als Orientierungshilfe verwendet haben. Ein anderes bekannteres Beispiel für diese Kunst sind die Traumpfade der Aborigines, auf denen die australischen Ureinwohner teils Hunderte von Kilometern durch die karge Steppe wanderten. Traumpfade sind keine sichtbaren Wege, sondern Bänder aus Gesang, die sich über das wilde Land hinweg spannen. Das Faszinierende dabei ist, dass der Text der Lieder nur eine untergeordnete Rolle spielt. Das Entscheidende sind der Rhythmus und die Stimmlage. Achtet man beim Laufen auf die Geräusche der Umgebung und beobachtet die Landschaft aufmerksam, so erkennt man das Lied wieder, das man auf dem Traumpfad singt. Und man findet damit nicht nur sein Ziel, sondern unterwegs auch Wasserstellen, Unterschlupfe und alles Weitere, was man für die Reise benötigt. Irre!

Neben ihren außergewöhnlichen Fähigkeiten in der Navigation sind die Polynesier vor allem für ihre Tätowierungen bekannt. Auf den Marquesas-Inseln zieren diese Kunstwerke häufig den gesamten Körper. Die Urheber dieses Handwerks sind sie entgegen landläufiger Meinung aber nicht. Schon Ötzi, die 5.000 Jahre alte Mumie aus den Alpen, hatte Tätowierungen.

Dennoch sind die Bewohner der Marquesas-Inseln Meister in dieser Kunst. Weil sie früher keine Schrift hatten, berichteten die feinen Muster auf ihrem Körper von ihrer Herkunft, ihren Erfolgen, ihrem Familienstand und ihrem Status. Außerdem sollen die Verzierungen spirituelle Kräfte freisetzen. Als Instrumente benutzten die Tätowierer eine Art Kämme, die sie aus Tierzähnen zurechtgefeilt hatten. Das tat wohl mindestens so bestialisch weh, wie es aussah, und die Wunden entzündeten sich natürlich aufs Übelste, weil die Werkzeuge nicht steril waren. In der Regel brauchten die Wunden ein ganzes Jahr, um abzuheilen. Manche Menschen wurden von den Infektionen aber auch schon vorher hinweggerafft. Schmerzen und Risiken, die jeder Mann auf sich nehmen musste. In geringerem Maße auch Frauen.

Das Tätowieren gehörte in Polynesien zum Arbeitsgebiet der Priester, die sich durch jahrelanges Training, präzise ausgeführte Rituale und streng eingehaltene Tabus auf diese Aufgabe vorbereiteten. Das Wort „Tabu" stammt übrigens aus dem polynesischen Sprachraum und heißt interessanterweise sowohl „verboten" als auch „heilig".

Mai 2015

Nach einer Woche auf den Marquesas segelten wir weiter zu den Atollen des Tuamotu-Archipels. Atolle sind donutförmige Inseln, in deren Mitte sich eine Lagune befindet. Sie entstanden aus Korallenriffen und liegen daher nur wenige Meter über dem Meeresspiegel. Zudem sind sie meist nur wenige hundert Meter breit.

Mitten auf dem gewaltigen Ozean solche schmalen und scheinbar verletzlichen Landstriche zu sehen hat mich sehr beeindruckt. Die Strände sind blendend weiß und malerisch geschmückt mit Kokospalmen, und das türkisblaue Wasser ist so klar, dass man mit Leichtigkeit 15 Meter tief bis auf den Grund sehen kann.

Abgesehen von der fast surrealen Schönheit der Atolle faszinierten mich auch die Perlenfarmen, die die Bewohner in den Lagunen betreiben. Ich erfuhr, dass heutzutage Echtperlen bei Weitem nicht mehr so kostbar sind, wie man denkt. Eine durchschnittliche Perle kostet kein Vermögen, sondern gerade einmal einen US-Dollar. Eine sehr wertvolle Perle etwa zehn. Eine echte Perlenkette muss demnach überhaupt nicht teuer sein. Erst die Kombination bestimmter Farben und Größen und die Verarbeitung mit Silber oder Gold gibt einem Perlen-Schmuckstück seinen hohen Wert.

Nachdem wir dieses Wissen erworben hatten, sahen wir uns bereit, in ein paar Souvenirs zu investieren. Und bald bot sich uns dazu auch die Gelegenheit: Beim Landgang auf dem Atoll Takaroa trafen wir auf eine einheimische Frau, die uns einlud, ihre handgefertigten Perlenketten zu begutachten. Zwischen Palmen führte sie uns zu ihrem Heim, das sich in dem einzigen Dorf auf der gesamten Insel befand. Wie alle Polynesier war sie stämmig gebaut, hatte dunkelbraunes, lockiges Haar, schmale Augen und ein rundes Gesicht. Sie trug ein schlichtes T-Shirt und Shorts. Viele polynesische Frauen schienen mir ein etwas maskulineres Auftreten zu haben, und laut ihrer Männer schlagen sie auch genauso hart zu. Auseinandersetzungen trägt man auch zwischen Geschlechtern noch des Öfteren mit den Fäusten aus, wie ich hörte.

Den sandigen Garten der Frau begrenzte ein dunkelgrüner Maschendrahtzaun, umrahmt von sattgrünen Büschen, von denen einige in Blüte standen. Das Häuschen präsentierte sich in einem hellen Rosa. Und wie alle Gebäude hier war es zum Schutz vor Überflutungen auf Blöcken gebaut, eine Armlänge über dem Boden.

„Wartet hier“, sagte die Polynesierin und verschwand in ihrem Haus. Vor dem Eingang lagen einige Säcke mit Austern. *Hier sind wir richtig!*

Als sie wieder herauskam, entschuldigte sie sich: „Mir ist gerade eingefallen: Ich habe mit dem letzten Flug nach Tahiti all meinen Schmuck verkauft! Nur diese Kette habe ich noch.“

Sie reichte unserem Kapitän das Kleinod zur Begutachtung. Jeweils drei der Perlen hatten einen goldenen Schimmer. Die nächsten drei einen rötlichen. Und dann wieder drei einen grünen. Davon hatte die Kette je drei Sätze, sodass es insgesamt 27 Perlen waren. Alle von gleicher Größe und makelloser Form.

„Wieviel?", erkundigte sich unser Kapitän.

„Eigentlich ist es uns auf dieser Insel nicht erlaubt, Touristen Perlen zu verkaufen. Ihr dürft deswegen niemanden davon etwas erzählen. Aber so eine Kette verkaufe ich für gewöhnlich nicht unter 130 US-Dollar."

Soweit ich es beurteilen konnte, war das ein sehr guter Preis. Allein die Perlen waren vermutlich bereits mehr wert als das. Und dann noch in dieser Kombination!

Unser Kapitän biss sich auf die Lippen, als ob er eine schwierige Entscheidung treffen müsste. „Ich möchte meiner Freundin in Südafrika gern etwas mitbringen. Und diese Kette ist wunderschön! Aber eigentlich hatte ich mir als Obergrenze hundert Dollar gesetzt ..."

Die Polynesierin nickte verständnisvoll. „Also gut. Mir liegt es am Herzen, dass ihr unsere Insel angenehm in Erinnerung behaltet. Hundert sind okay."

Zufrieden zog unser Kapitän sein Portemonnaie hervor, bezahlte, und wir verabschiedeten uns.

„Schade, dass du die Kette genommen hast. Sonst hätte ich es getan", zeigte sich der Afrikaaner etwas neidisch, als wir wieder in das Dinghi stiegen und zum Boot fuhren, das in der Lagune vor Anker lag. „Die kann man locker für einige hundert Dollar mehr wieder verkaufen!" Dem stimmten wir alle zu.

Am nächsten Tag legten wir ab und erreichten bereits am übernächsten Tag das Atoll Ahe. Auch hier trafen wir auf einen Perlenhändler, der sogar zu unserem Boot gefahren kam. Oder sollte ich sagen, eine Perlenhändlerin? Denn es war ein Rae-Rae. Von den Rae-Rae habe ich ja bereits im Zusammenhang mit den *Guna Yala* der San-Blas-Inseln östlich von Panama etwas ausführlicher geschrieben. Es sind die stärksten Jungen der Familie, die wie Frauen erzogen werden, um der Mutter im Haushalt zu helfen. Interessant, wenn man bedenkt, dass viele polynesische Frauen etwas männlicher wirken.

Das machte mir mal wieder deutlich, wie unsinnig eigentlich der Druck ist, den wir uns in Europa wegen unseres Aussehens machen. Was Menschen als schön empfinden, ist auf der Welt total unterschiedlich! In Amerika gilt gebräunte Haut als schön, in den meisten Ländern Asiens möchte man lieber „vornehm blass“ sein; in Afrika ist Dicksein ein Schönheitsideal, in Europa Schlanksein; in Europa sind für Männer Hosen schick und auf Fidschi Röcke. Schönheit liegt ganz eindeutig im Auge des Betrachters!

„Das sieht alles ganz gut aus“, erklärte unser Kapitän, nachdem der Rae-Rae auf dem Tischlein in unserem Cockpit seine Ware ausgebreitet hatte, für die er mehrere hundert Dollar haben wollte. „Aber wir haben bereits auf Takaroa Perlen eingekauft.“

„Ist das so?“ Der Rae-Rae runzelte die Stirn. Er war größer und breiter als wir alle. Dennoch trug er Wimperntusche und einen langen Zopf, und über das Haar hatte er sich stilbewusst eine Sonnenbrille geschoben. Frauenkleidung trug er nicht, abgesehen von der schwarzen Lackhandtasche, in der er den Schmuck mitgebracht hatte.

„Ja. Sie könnten mir trotzdem einen Gefallen tun …“ Rasch verschwand der Kapitän unter Deck, um seine kürzlich erworbene Perlenkette zu holen. „Auf wieviel würden Sie die schätzen?“

„Mit Verlaub …“, der Rae-Rae nahm die Kette entgegen und rieb zwei Perlen aneinander. Dann hob er sie dicht vor seine Augen, um sie genauer zu begutachten. „Wieviel haben Sie dafür bezahlt?“, wollte er nun seinerseits wissen.

„Hundert Dollar“, gab der Kapitän sichtlich stolz auf seinen guten Deal zurück.

Der Rae-Rae lachte und reichte die Kette zurück. „Die ist *Made in China!*“

Entsetzen machte sich auf unseren Gesichtern breit. „Sind Sie sicher?“, protestierte ich. *Waaaaas? Aber … die Austern vor dem pinken Häuschen …!* Alles hatte so glaubwürdig gewirkt!

Der Rae-Rae deutete auf die Stelle, wo er die Perlen aneinander gerieben hatte. Dort war etwas Weißes zum Vorschein gekommen. „Das ist Plastik. Die Farbe kann man schlichtweg abreiben.“

Unser Kapitän rieb ein paar andere Perlen aneinander und pulte dann mit seinem Fingernagel den Überzug ab. „Diese Hexe!“, zischte er bitter durch die Zähne. „Wenn es nicht gegen den Wind wäre, würde ich glatt umkehren!“

Wir alle haben daraus etwas gelernt. Zum einen, besser nicht in etwas zu investieren, wovon man wenig Ahnung hat. Zum anderen hatte die Frau gesagt: „Eigentlich ist es uns auf dieser Insel nicht erlaubt, Touristen Perlen zu verkaufen.“ Und wer im Dunkeln Geschäfte macht, muss sich nicht wundern, wenn er hinters Licht geführt wird.

Juni 2015

Vom Tuamotu-Archipel aus segelten wir nach Tahiti, wo wir mich bald nach unserer Ankunft von der Crew-Liste abmeldeten. Denn das Boot würde weiter nach Australien und von dort zurück in seine Heimat segeln.

„Komm doch mit uns nach Afrika. Und dann arbeitest du dich von dort immer weiter nördlich bis nach Europa durch“, hatte mir unser Kapitän großzügig angeboten.

Eine Reise durch Afrika ist ja der Traum von vielen. Zunächst schien das auch bequem, da ich schon ein Boot dorthin hatte, und es wäre sicherlich auch die schnellere Route nach Hause gewesen. Aber mein Traum war es nicht. Ich wollte nach Asien, nach Korea und Japan. Und da fast alle Trans-Pazifik-Segler in Tahiti Zwischenstopp machen müssen, war dies der beste Ort, um mein nächstes Boot zu finden.

„Du hast recht, jeder von uns muss sich selbst treu bleiben“, verstand mein Kapitän diese Entscheidung nicht nur, sondern unterstützte sie sogar.

Ich kaufte mir ein Französisch-Deutsch-Taschenwörterbuch, da ich damit rechnete, vielleicht bis zu einem Monat „obdachbootlos“ in Tahiti zu bleiben. Eine gute Gelegenheit, um Französisch zu lernen. Tahiti war allerdings ein noch viel besserer Standort, als ich angenommen hatte, sodass ich nicht einen Monat brauchte, bis ich das nächste Boot gefunden hatte, sondern nur zwei Stunden!

Mein neuer Kapitän war ein Mitte 60-jähriger norwegischer Geschäftsmann. Er befand sich auf dem Weg nach Asien, wo er das Holzdeck seines

Bootes reparieren und anschließend seine Weltumsegelung beenden wollte. Sein Enkel, von dem er gehofft hatte, dass er mitkommen würde, hatte absagen müssen. Und weil die vor ihm liegende Strecke zu zweit um einiges sicherer und komfortabler zu bewältigen war, war er froh, dass ich mich nun als Alternative anbot. Alles schien zu stimmen! Die Chemie zwischen uns ebenso wie das Boot – eine schwedische Hallberg Rassy 49, die zu den am besten verarbeiteten Jachten dieser Größenordnung gehört.

Es gab nur ein Problem: Die Luke in meiner Kabine ließ sich nicht mal einen Spalt weit öffnen, ohne sofort wieder zuzufallen. Gott sei Dank hatte ich mein französisches Wörterbuch! Das passte perfekt in die Lücke! Und so hatte es doch noch einen Zweck.

Unser nächstes Ziel waren die Cook-Inseln. Sie gehören offiziell zu Neuseeland und werden ebenfalls von polynesischen Maori bevölkert. Stürmische Wetterverhältnisse wehten uns anschließend nach Amerikanisch-Samoa anstatt nach Niue, wie wir es eigentlich geplant hatten. Denn mit den Kräften der Natur kann man auf dem offenen Meer nur wenig diskutieren.

Nachdem wir die geringen Sturmschäden an Bord repariert hatten, verließen wir mit Amerikanisch-Samoa endgültig das polynesische Dreieck, das sich von Neuseeland nach Hawaii bis zu den Osterinseln zieht und in dem die ethnische Gruppe der Polynesier lebt. Stämmige Hünen, die Tattoos und Blumenkränze tragen und wilde „Hakkas“ (Kampftänze) aufführen. Der Begriff „Polynesien“ setzt sich aus den griechischen Wörtern „poly“ („viel“) und „nêsos“ („Insel“), zusammen. Die Polynesier sind also die Leute von den „vielen Inseln“, eine von insgesamt drei vorherrschenden ethnischen Gruppen und Kulturen auf den pazifischen Atollen. Neben den Polynesiern gibt es noch die Mikronesier, die im nord-westlichen Pazifik leben und – wie der Name auch andeutet – von sehr viel kleinerem Wuchs sind als die Polynesier. Als letzte Gruppe gibt es dann die Melanesier, deren Name sich von „mela" ableitet, was „schwarz" oder „dunkel" bedeutet.

Mit unserer Ankunft in Fidschi und Vanuatu gelangten wir ins Gebiet der Melanesier. Die Pigmentierung der Melanesier gehört zu der dunkelsten unter den Bevölkerungsgruppen außerhalb Afrikas. Und gleichzeitig begegneten wir bei jedem zehnten bis zwanzigsten der ansonsten afrikanisch aussehenden Kinder einem besonderen Phänomen: strohblondem Haar! Die Melanesier haben verblüffenderweise nach den europäisch-stämmigen Menschen den weltweit größten Anteil an Blonden! Und das genetisch völlig unabhängig. Das heißt, dass dieses Merkmal – im Gegensatz zu beispielsweise blauen Augen – nicht auf westliche Vorfahren zurückzuführen ist, sondern sich ganz eigenständig entwickelt hat.

Aber nicht nur das Aussehen der Leute veränderte sich, auch der Entwicklungsstand sank immer weiter. Spätestens in Vanuatu hatte ich das Gefühl, nun endlich an einem Ort angekommen zu sein, der noch kaum vom Westen beeinflusst war. Es duftete nach Abenteuer!

Was mir bei unserem ersten Landgang auf der Insel Tanna sofort auffiel, war, dass die Häuser noch sehr primitiv aus Holz gebaut und mit Palmwedeln gedeckt waren. Die seltenen Ausnahmen bildeten gemauerte Häuser von einheimischen Händlern in dem Dorf, das regelmäßig ein Versorgungsboot anlief. Die „Straßen" bestanden aus Sand. Und anstatt mit Fahrzeugen – die es kaum gab – erreichte man die meisten Ansiedlungen nur zu Fuß. Barfuß oder in Flip-Flops. Die Männer trugen schlichte Shorts und T-Shirts, die meisten Frauen bunte Kleider oder Röcke und dazu T-Shirts.

Bemerkenswert war für mich, wie viele Menschen einfach nichts taten. Die Leute von Vanuatu schienen stundenlang schweigend beieinander sitzen zu können, ohne dass ihnen langweilig wurde. Die Insel machte es ihnen allerdings auch wirklich sehr bequem: Da gab es natürlich das tolle Klima, bei dem man niemals frieren musste. Und den fruchtbaren Boden, auf dem innerhalb weniger Wochen genug Essen für alle heranwuchs. In Gegenden mit Subsistenzwirtschaft in den Tropen ist es nicht ungewöhnlich, mit etwa drei Monaten Arbeit im Jahr auszukommen. Während der Saat- und Erntezeit sind die Menschen gut beschäftigt, doch dazwischen gibt es nur wenige

Stunden wöchentlich etwas zu tun. Und das umgeben von herrlicher, unberührter Natur mit Bergen, Urwäldern, Wiesen und Stränden. Alles ohne giftige oder gefährliche Tiere. Heiße Quellen stellten geräumige Badewannen im Freien dar. Und da diese an einigen Stellen bis zu 100 °C heiß wurden, brauchte man zum Kochen nicht einmal Feuer zu machen. Tatsächlich schien mir all das ziemlich nahe am Schlaraffenland zu sein!

„Wenn ich keine Lust habe zu arbeiten, dann arbeite ich einfach zwei Wochen lang nicht", erzählte mir ein Einwohner. „Manchmal auch länger …"

Blau machen, wann immer einem danach ist? Egal, wie lange? Wo kann ich mich einschreiben?!

Die Ursache für 75-90 Prozent aller Arztbesuche in den westlichen Industrienationen ist auf einen einzigen Faktor zurückzuführen: Stress. Trotz all der Modernisierung und Automatisierung. Ich habe das Gefühl, irgendetwas machen wir falsch! Vielleicht sollten wir uns von der entspannten Vanuatu-Lebenseinstellung, dass die Ernte einer Saison auch erstmal genug ist, eine Scheibe abschneiden.

Die Insel Tanna hatte noch viel Erstaunliches zu bieten. Zu den Sehenswürdigkeiten gehört der Vulkan Yasur, der seit rund 800 Jahren aktiv ist und gegenwärtig etwa alle drei Minuten ausbricht. Jedoch in einem so geringfügigen Maße, dass man sich sogar während der Eruptionen – natürlich mit gesunder Vorsicht – dem Krater nähern kann. Und genau das war unser Plan!

Wir ankerten in der Bucht Port Resolution. Der berühmte Segler James Cook hatte sie nach seinem Schiff benannt, der *HMS Resolution,* mit der er hier vor über 200 Jahren angelandet war.

Neben unserer Jacht gab es noch drei andere Boote, die mit jungen Männern und Frauen meines Alters besetzt waren. Es waren alternativ Reisende beziehungsweise Neo-Hippies, die mit einigen alten Jachten eine Segel-Kommune gegründet hatten und sich mit Zirkusaufführungen, Spenden und Bastelarbeiten finanzierten. Ein ziemlich einzigartiges Projekt, da Boote sehr kostenintensiv sind. Aber bisher hatte es geklappt.

Ich hatte mich mit einigen aus dieser Kommune schon auf Fidschi angefreundet, während ich dort zwei Monate lang Ausbesserungsarbeiten an der Jacht des Norwegers durchgeführt hatte. Und da wir nun so viele junge Abenteurer von unterschiedlichster Herkunft an einem Ort waren, lag der Gedanke nahe, gemeinsam den Vulkan und die Umgebung zu erkunden.

Vom Strand in Port Resolution aus machten wir uns an einem Morgen als Gruppe von fünfzehn Männern und Frauen mit unseren Rucksäcken auf den Weg zum Berghang. Man hatte uns einen schmalen Trampelpfad gezeigt, der uns über den Höhenzug durch den Regenwald bis in die nächste Bucht führen würde. Die Mehrzahl von uns ging barfuß, wie die Einheimischen, die den erdigen Untergrund im Laufe der Zeit festgetreten hatten, und es fühlte sich an, als federte der Boden unter uns ein wenig. Zur Linken und zur Rechten des Pfades erhoben sich wilde Sträucher, Farne, Bäume und Lianen zu einem grünen Dickicht. Grillen zirpten, Insekten summten und die Pflanzen verbreiteten einen herzhaft-frischen Duft nach purer Natur.

Je mehr wir uns dem Gipfel näherten, desto lichter wurde der Vorhang aus Blättern und gab den Blick auf das glitzernde Meer frei. Auf dem Bergrücken angekommen begegneten wir dann vermehrt Einheimischen, die hier oben per Hand ihre Felder bestellten. Der steile Aufstieg schützt die Ernte vor den immer hungrigen Schweinen und anderen Tieren, die im Tal gehalten werden.

Mit einem freundlichen Lachen schüttelten wir jedem die Hand. Unterhalten konnten wir uns nicht, denn Vanuatu hat annähernd 120 verschiedene Sprachen und Dialekte. Wobei die offiziellen Sprachen Englisch, Bislama – also das Pidgin-Englisch, eine vereinfachte und gebrochene Form des regulären Englisch – und Französisch sind. Ein Erbe der Kolonialzeit. Ob die Leute diese Sprachen beherrschen, ist regional jedoch sehr verschieden.

Die vier Schnelleren von uns hatten sich an die Spitze der Gruppe gesetzt und einen weiten Vorsprung gewonnen. Ich trug zusätzlich die Vorräte einiger anderer, was mir dank der langen Zeit, die ich meinen Rucksack jetzt schon mit mir herumschleppte, kaum noch auffiel. Wir hüpften somit als Erste über die Wurzeln und Steine hinunter in die „Sulfur Bay“, die Schwefel-Bucht.

Im Rücken der Bucht hockte wie ein bedrohlicher Wachhund der Vulkan Yasur. Dunkle Rauchwolken stiegen aus seinem Krater auf und wehten über das verbrannte Umland hinweg in den blauen Himmel. Der Pfad führte uns vorbei an mächtigen Bäumen, die keine massiven Stämme hatten, sondern aussahen, als würden die Wurzeln, eng miteinander verflochten, nahtlos in die Äste übergehen. Ihr Durchmesser musste mehrere Manneslängen zählen. In den Kronen dieser Kolosse hausten Riesenfledermäuse, die die Einheimischen *Flying Foxes* nennen, „fliegende Füchse“. Auf Deutsch klassifiziert man sie als Flughunde, was einen Eindruck davon vermittelt, wie groß diese Geschöpfe werden können.

„Die sind meine Lieblingstiere“, vertraute ein Einheimischer mir an. Damit meinte er allerdings nicht „liebste Tiere zum Streicheln“, sondern als Zutat in einem der Nationalgerichte.

Hinter den Baumriesen erwartete uns ein Einheimischendorf. Frauen fegten den staubigen Untergrund täglich mit Reisigbündeln, sodass er auf seine Art sehr gepflegt aussah. Überall liefen Schweine, Hühner und Hunde unter den hageren Obstbäumen umher, die die Siedlung aus Holzhütten zierten. Abgesehen davon schien das Dorf verlassen und unerwartet still. Erst in der Ortsmitte öffnete sich der Weg zu einem weiten, kahlen Sandplatz, in dessen Zentrum sich ein geräumiger Unterstand befand. Daneben hockte eine Ansammlung älterer Männer im Staub. *Der Dorfrat*, vermutete ich. Sie hatten uns noch nicht bemerkt, aber einige erhoben sich. Ich schloss daraus, dass die Versammlung wohl gerade geendet hatte.

„Hallo", machte ich mich schon aus einiger Entfernung bemerkbar und winkte freundlich, während wir uns dem Platz näherten. Die Einwohner erstarrten und fixierten uns. Sie wirkten keineswegs ungehalten, sondern in ihren sonnengegerbten Gesichtern las ich Überraschung und Neugier. Ein Mann mit weißem Rauschebart, wirrem grauem Haar und einem dreckigen karierten Hemd bedeutete uns mit einer Geste, uns zu ihnen zu setzen.

In respektvollem Abstand ließen wir uns ihnen gegenüber im Schneidersitz nieder und wiederholten unsere Begrüßung. Der Alte, der uns herbeigewunken hatte, schickte einen anderen los, und wir warteten, bis dieser mit einem Mann um die 40 zurückkam. Er trug ein schwarzes T-Shirt, braune Shorts und einen kurzen, krausen Bart.

„Das ist Häuptling Isaac Wan", stellte der Jüngere den Rauschebart auf Englisch vor. „Ich bin Fidel, der Sprecher."

Sowohl in Fidschi als auch in Vanuatu gilt es in manchen Dörfern als unhöflich, sich direkt an den Häuptling zu wenden. Deswegen gibt es dort Sprecher, mittels derer man sich mit dem Anführer unterhält. Das ist auch sehr praktisch, da es bei so vielen unterschiedlichen Sprachen die Kommunikation ungemein erleichtert. Auch wir stellten uns mit unseren Namen und Herkunftsland vor, und ich erklärte, dass wir von den Booten in Port Resolution gekommen waren, um den Vulkan zu sehen. Fidel übersetzte es den Älteren.

„Wer ist euer Häuptling?", fragten sie dann, was in so einer Situation bestimmt jeder gefragt hätte. Nicht in Europa. Aber wenn man sich auf einer der melanesischen Inseln im Pazifik befindet, ist das eine ganz normale Frage. Denn die ländliche Bevölkerung gehört fast ausnahmslos einer Stammesstruktur an.

„Er ist der Kapitän eines der Schiffe und auf dem Weg hierher. Ein Norweger", erklärte ich, und damit schienen sie zufriedengestellt. Ein Kapitän entsprach vom Status her sicherlich den Erwartungen.

Nachdem wir nun das Wichtigste geklärt hatten, baten meine vier Begleiter um Erlaubnis, weiterwandern zu dürfen. Sie hatten es eilig, weil sie noch am selben Nachmittag den Vulkan besteigen wollten, und ich blieb zurück, um auf den Rest der Gruppe zu warten.

So saß ich im Schneidersitz auf dem offenen Platz etwa 20 neugierigen Ureinwohnern gegenüber und beantwortete ihre Fragen. Fidel übersetzte. Er war von der Regierung als Lehrer hier stationiert worden, daher beherrschte er Englisch. „Liegt Deutschland neben Nordamerika?"

„Nein", lachte ich. „Aber wir haben viele Gemeinsamkeiten."

Dann erzählte ich ihnen von meiner Heimat und davon, wie viele Deutsche davon träumen würden, an einem Ort wie diesem hier zu leben. Zur Illustration malte ich mit einem Stöckchen einfache Bilder in den Sand.

„Gibt es in Deutschland viele Schweine?", forschten sie gespannt nach. Als wäre das der aussagekräftigste Faktor, um meine Heimat einzuschätzen.

„Kennt ihr das Deutsche Edelschwein denn nicht?", tat ich überrascht und konnte eine leichte Belustigung nicht unterdrücken.

Zum Glück verstand keiner den Witz. In den meisten Ländern fragte man mich nach den deutschen Autos: BMW, Audi, Mercedes, Volkswagen ... und auf den Inseln in Vanuatu nach unseren Schweinen. Und warum auch nicht? Die Tiere waren hier das Kapital und ein Statussymbol. Wer genug Schweine hatte, brauchte sich keine Sorgen darüber zu machen, ob er verarmen oder keine Frau abbekommen könnte. Vor gar nicht langer Zeit waren Schweine sogar die allgemein akzeptierte Währung. Zum anderen benötigte man sie aber auch für Rituale. Denn um in der traditionellen Stammeshierarchie aufzusteigen, musste man Schweine töten. Das klingt merkwürdig, ist aber in gewisser Weise vergleichbar mit der bei uns üblichen Praxis, sich durch gesponserte Dorffeste den Titel des Bürgermeisters zu erkaufen. Sehr wichtige Häuptlinge haben für ihren Rang Schweine in einer Größenordnung von bis zu mehreren Hundert Tieren getötet. *Ein Schnitzelrestaurant wäre hier sicherlich der Renner!*

„Warum habt ihr bei euch eine Flagge der USA gehisst?" Neugierig deutete ich auf ein halb zerfetztes Sternenbanner, das an einem Bambuspfahl über dem Platz flatterte. An einem zweiten Mast wehte die Fahne von Vanuatu. Hinter den beiden Stangen befand sich das einzige Betonhaus des Dorfes. *Sieht wichtig aus.*

„Das ist zu Ehren der USA. Denn John Frum hat uns befreit und zurück in unsere Custom-Lebensweise geführt."

Ich war mir nicht sicher, den Namen des Befreiers richtig verstanden zu haben. Also fing ich mit dem an, was ich mitbekommen hatte: „Custom?"

„Das ist unsere traditionelle Lebensweise. Zum Custom gehören unsere Rituale und der Kava. Außerdem leben wir ohne Geld. Wir geben und nehmen, was wir brauchen."

Mir brannten dazu viele Fragen unter den Nägeln. Aber erst als auch der norwegische Kapitän seinen Weg ins Dorf gefunden hatte, wurde uns gestattet, einen Blick in das Betonhaus zu werfen, das offensichtlich eine Art „Allerheiligstes" darstellte.

„Hier haben wir alles dokumentiert", bereitete Fidel uns vor, als er die Tür aufschloss. Wir traten ein. Auf die raue Betonwand links von uns hatte jemand ein großes Bild des Vulkans gepinselt. Vor uns führte der Korridor zu verschiedenen Räumen.

„Yasur bedeutet ‚Gott' in unserer Sprache", erklärte Fidel. „Der Vulkan ist die Wohnung von John Frum und seinen Männern."

„Dieser John Frum ist also euer Gott?"

Fidel schmunzelte. „John ist ein Geist. Und Amerikaner. Er ist sehr mächtig. Er hat gesagt, wenn wir ihn anbeten, wird er eines Tages aus dem Vulkan wiederkehren, um uns Geschenke zu bringen."

„Was für Geschenke?"

Fidels Augen glänzten. „Alles! Fernseher, Kühlschränke, Pick-ups, Häuser, Fabriken, Boote, Uhren, Medizin, Coca Cola …"

Jetzt dämmerte es mir: Diese Leute waren Anhänger eines Cargo-Kults! „Cargo" ist Englisch und heißt „Frachtgut". Im Zuge des Zweiten Weltkrieges hatte man mehrere Hunderttausend US-Soldaten in den Pazifik entsandt, um dort Stützpunkte für den Kampf gegen die Japaner zu errichten. Die völlig naturbelassenen Inselbewohner hatten sich nicht erklären können, woher die weißen Männer in so kurzer Zeit all ihre Güter bezogen. Nichts davon hatten sie je zuvor gesehen. Dinge wie Konserven, Softdrinks, Radios, Süßigkeiten, Jeeps und so weiter, die teilweise von Frachtflugzeugen abgeworfen wurden und somit buchstäblich vom Himmel gefallen waren. Damit lag der Schluss nah: Die Amerikaner waren Zauberer, die all diese Sachen aus dem Nichts erschufen! Wie sonst hätte es gewesen sein können?!

Den Höhepunkt erreichte diese Fehlinterpretation nach Ende des Krieges, als die Alliierten wieder abrückten und viele dieser wunderbaren Gegenstände mit Bulldozern über die Klippen schaufelten. Oder sie vereinzelt den Eingeborenen vermachten.

„Warum verlassen uns die Amerikaner?“, hatte man traurig überlegt.

Und Älteste hatten die Antwort parat gehabt: „Sie waren unzufrieden mit uns!“ In der Folge bildeten sich überall im melanesischen Raum Cargo-Kulte, deren Mitglieder versuchten, sich als würdig zu erweisen, damit die Amerikaner wiederkommen würden, um ihnen erneut Geschenke zu bringen. Die Leute bauten Bootsstege, hackten Landeplätze in den Urwald und fertigten sogar Türme aus Bambus an, um die Flugzeuge sicher auf den Boden zu lotsen. Aber ihre Erwartungen wurden enttäuscht und die meisten Cargo-Kulte verschwanden bald wieder. Die Anhänger von John Frum gehören zu den letzten wackeren Vertretern dieser Überzeugung. Möglicherweise stammt der Name von einem Soldaten, der sich als „John from America“ vorgestellt hatte.

„Hat je einer diesen John Frum gesehen?“

„Ja, Häuptling Isaac“, nickte Fidel und zeigte auf einen weißen Kasten, der auf den Vulkan gemalt und mit „Tür“ beschriftet war. „Er ist durch den geheimen Eingang in den Vulkan gestiegen und hat dort eine Nacht mit John Frum verbracht. Isaac ist ein großer Magier. Niemand von uns kann in den Vulkan gehen, ohne zu sterben.“

Der Sprecher brachte uns in den nächsten Raum, in dem die Dorfbewohner alle möglichen Reliquien des Zweiten Weltkriegs aufbewahrten: die Hülle eines Thompson-Kaliber-45-Maschinengewehrs, ein altes Walkie-Talkie und hellbeige Uniformteile.

„Die Uniformen tragen wir jedes Jahr beim Fahnenhissen am John-Frum-Tag, dem 15. Februar.“ *Einen Tag nach Valentinstag.* „An diesem Tag wird einst John Frum wiederkehren und uns in das neue Zeitalter führen.“

„Wie viele Leute in Tanna warten denn auf John Frum?"

„Viele. Aber wir sind das Zentrum. Dem Vulkan am nächsten und mit John Frum in Kontakt. Im Süden hält ein fehlgeleitetes Dorf namens Yaohnanen Prinz Philip für den Bruder von John Frum."

„Du meinst den Gemahl der britischen Königin Elisabeth II.?"

„Ja. Die Propheten dort sagen, dass er ein Gott sei. Und dass auch er mit Geschenken kommen wird. Vor einigen Jahren sind fünf ihrer Männer zu ihm nach England gereist und hatten eine Audienz bei ihm im Buckingham Palace.[2]"

Was diese Insel mit nur etwa 30.000 Einwohnern für Überraschungen parat hält! Unglaublich!

Der Rest unserer Gruppe trudelte im Laufe der nächsten Stunden ein. Die Dorfbewohner luden uns in den offenen Unterstand im Zentrum des Platzes ein. Ihre Kirche, in der sie jeden Freitag die gesamte Nacht hindurch Lieder über John Frums Rückkehr singen[3]. *Die Armen! Hoffentlich kommt er bald!*, dachte ich.

Außen herum standen schmale Bänke. Den Boden hatte man mit Matten aus geflochtenen Palmenzweigen ausgelegt. Als wir vollständig waren, nutzten drei der Segler-Hippies die Gelegenheit, um den Einheimischen eine Freude zu bereiten, und stimmten Lieder an. Eine Musikstudentin aus Quebec mit ihrer 160 Jahre alten Geige, begleitet von einem französischen Gitarristen und dem Trommeln eines Kanadiers. Es ist schwer zu beschreiben, welche Begeisterung und Faszination den Dorfbewohnern auf die Gesichter geschrieben stand. Innerhalb weniger Minuten hatte das kleine Ensemble das gesamte Dorf angelockt, das vorher noch verlassen gewirkt hatte. Das „Kokosnuss-Wifi", wie wir ihre

unerklärlich schnelle Art der Kommunikation nannten, hatte die Neuigkeiten mit rasender Geschwindigkeit bis in alle Ecken der Umgebung getragen. Männer, Frauen, Kinder und sogar Hunde und Schweine drückten und drängten sich um den Unterstand, als wäre es der Sommerschlussverkauf.

Eine Geige sehen sie wahrscheinlich zum ersten Mal in ihrem Leben! Ich beobachtete mit Fidel das Geschehen vom Rande aus und erkundigte mich bei ihm über den Vulkan.

„Eigentlich solltet ihr von der anderen Seite zum Yasur gehen. Dort gibt es den offiziellen Zugang, wo die Ranger den Eintrittspreis einsammeln."

„Und der beträgt ...?"

„3.500 Vatu pro Person."

Das waren etwa 30 Euro. Ich meinte die Hippies so einzuschätzen, dass sie das trotz der knappen Zeit auf keinen Fall bezahlen wollten. Ich schilderte Fidel unsere Situation, und er sprach sich mit dem Häuptling ab.

Nach einer Weile informierte er mich mit einem Nicken über den Ausgang ihrer Beratung: „Sag deinen Leuten, dass ihr die Gäste von Häuptling Isaac seid. Ihr könnt heute Nacht bei uns bleiben. Und später, wenn es dunkel ist, zeigen wir euch einen unauffälligen Weg zum Vulkan. Von dem Geld der Ranger haben wir bisher noch nie etwas bekommen. Wir finden es zudem nicht richtig, mit dem heiligen Ort von John Frum Geschäfte zu machen."

John Frum sei Dank!

Als die Musiker ihr Spiel beendet hatten, wies uns Fidel eine Hütte zu, die man rasch für uns freigeräumt hatte. *Gastfreundlich sind sie!* Danach spielten wir noch mit den jungen Leuten ein wenig Fußball und badeten in den heißen Quellen.

„Rufe deine Männer zusammen", gebot mir Fidel, als wir zur Abendzeit zurückkehrten.

Wie mir inzwischen klar geworden war, hielten mich die Einwohner für den Sprecher unseres Häuptlings beziehungsweise meines Kapitäns. Wahrscheinlich, weil ich als Erster angekommen war. Deswegen regelten sie nun alles Wichtige über mich.

„Wir gehen zum Nakamal. An einen heiligen Ort, um Kava zu trinken. Danach essen wir."

Ganz schön viele heilige Orte hier. „Nur die Männer?", fragte ich.

„Frauen sind am Nakamal verboten", machte Fidel unmissverständlich deutlich. „Man wird ihnen Essen zur Hütte bringen. Ihr kommt mit mir."

So teilten wir uns auf, und zu fünft folgten wir dem Sprecher, der uns nur knappe 200 Meter vom Dorf entfernt eine Böschung hinunter zu einer kleinen Lichtung bugsierte. Außer uns hielten sich dort noch ein Dutzend Einheimische auf.

„Dies ist der Nakamal. Das bedeutet ‚Ort des Friedens'", erläuterte Fidel und wies uns an, uns auf die Baumstämme zu setzen, die im Viereck um einen weichen Hügel gelegt waren.

Die Erhebung maß etwa einen mal zwei Meter. Mit einer Machete hieb Fidel darauf die Schale von einigen dicken Wurzeln ab, die ihm ein dritter Mann gebracht hatte. Der Hügel musste sich im Laufe der Zeit aus den Überresten dieser Schalen gebildet haben.

„Der Kava in Vanuatu ist der Kräftigste", klärte Fidel uns stolz grinsend über die Knolle auf.

Ich kannte das Gewächs bereits aus Fidschi. Auf den Inseln dort wird es für die Begrüßungszeremonien des „Sevusevu" verwendet. Kommt man in ein neues Dorf, muss man dem Häuptling als Geste des Respekts getrocknete Kava-Wurzeln mitbringen. Der lässt sie zerstampfen und ein Getränk daraus machen, mit dem man sich anschließend gemeinsam berauscht. *So macht man sich Freunde!*

Nach und nach umfing uns das Zwielicht der einbrechenden Nacht, und das Zirpen der Insekten setzte ein. Jemand zündete neben uns ein Feuer an; die Flammen züngelten an den dünnen Zweigen entlang und trieben die Schatten zurück, die sich wie lange Finger aus dem Geäst der Bäume nach uns ausstreckten.

Als Fidel die Wurzeln geschält hatte, brachte man zwei Jungen von etwa zehn Jahren herbei. Sie waren in eine Art Kostüm aus langen Gräsern gekleidet und legten vor sich je ein Bananenblatt ab, das etwa armlang war. Dann schoben sie sich zwei klobige Kava-Stücke in die Münder und begannen zu kauen.

„Diese beiden sind in Ausbildung. Nur beschnittene Jungen, die noch bei keiner Frau gelegen haben, dürfen Kava zubereiten", erklärte uns Fidel den Ablauf.

Die Jungen spuckten grün-braune Matsche in das Bananenblatt und warfen sich die nächsten Stückchen ein, so lange, bis alles Kava durchgekaut war und sie zwei Häuflein des, gelinde gesagt, äußerst unappetitlich aussehenden Breis in den Bananenblättern angesammelt hatten.

Warum weiß ich bereits, worauf das hinauslaufen wird?, dachte ich und verzog unwillkürlich das Gesicht. Einer der Einheimischen brachte eine Holzschale, in die er ein wenig Wasser füllte. Dann klatschte er die Masse vom ersten Bananenblatt in ein großes Stück Palmenfasern, die wie ein natürliches Tuch wirkten, und wusch den Klumpen in der Schlüssel aus. Je mehr er das Faserbündel walkte, desto trüber und grünlicher wurde das Wasser, bis es etwa die Farbe und Konsistenz von Linsensuppe angenommen hatte. Mir fielen noch andere Vergleiche ein, die ich aber aus Gründen des Taktgefühls dem Leser vorenthalten werde.

Der Mann goss erneut Flüssigkeit hinzu und wiederholte die Prozedur mit der restlichen Pampe.

„Der Häuptling und du zuerst", sagte Fidel dann, füllte zwei Kokosnussschalen bis zum Rand mit dem Gemisch und reichte sie uns.

„Danke! Das wäre doch nicht nötig gewesen …", versuchte ich mich für die Ehre erkenntlich zu zeigen und beäugte die sumpfige Brühe in meinen Händen. Wirklich überzeugend klang ich nicht. Auch der norwegische Kapitän wirkte ein wenig verunsichert.

Fidel bemerkte unser Zögern, verstand es aber zum Glück falsch und dachte, dass wir über die angemessenen nächsten Schritte nachgrübeln würden. „Ihr entfernt euch etwas, die Augen zum Gebüsch gerichtet. Dann trinkt ihr den Kava gleichzeitig aus, rotzt kräftig auf den Boden, sprecht ein Gebet zu eurem Gott und kommt zurück."

Na denn. Ich bin begeistert …

Wir erhoben uns und gingen zum Rand der Lichtung. Den anderen den Rücken zugekehrt warfen wir uns einen Blick zu, der ganz deutlich machte, dass wir uns beide nicht bereit fühlten.

„Es wird uns schon nicht umbringen …", flüsterte ich.

„Nein, vermutlich nicht …", antwortete der Norweger und klang wenig überzeugt. Noch immer zögerten wir, aber es half ja nichts.

„Auf drei?"

„Eins, zwei … „

Gleichzeitig hoben wir die Behälter an und schlürften sie in einigen kräftigen Zügen leer. So rasch, dass der Saft an unserem Kinn herabtropfte. *Es sieht nicht nur widerlich aus. Es schmeckt auch so!*

Als ich die Schüssel senkte, setzte ein Taubheitsgefühl in meinem Mund ein. Der Anleitung gemäß spuckten wir geräuschvoll aus und starrten dann schweigend in die Dunkelheit. *Danke für diese Erfahrung*, betete ich wie angewiesen zu meinem Gott, dem ich auf meiner Reise ein gutes Stück näher gekommen war. *Bitte beschütze uns vor Magenverstimmungen!*

Dieser Trank war tatsächlich derber als alles, was ich bisher an Kava erlebt hatte. Industriell verarbeiteter Kava ist um einiges milder ... und meinem Eindruck nach im Westpazifik sogar noch verbreiteter als Alkohol. In den dichter bevölkerten Regionen haben sich Kava-Bars etabliert. Das Rauschmittel ist beliebt, da es einen kognitiv nicht einschränkt, sondern es entspannt einfach nur, macht glücklich und schläfrig. Und das ohne spürbaren Kater am Tag danach. Ein wenig wie Marihuana. Traditionell wurde es sowohl von den Melanesiern als auch den Mikronesiern und Polynesiern für religiöse Rituale, als Medizin und natürlich zur allgemeinen Erheiterung verwendet.

Wir kehrten zu den anderen zurück, und die nächsten beiden waren an der Reihe, bis jeder einmal dran gewesen war.

„Noch eine Runde?“, bot uns Fidel an.

„Ach, danke, aber wir wollen genug für euch übriglassen“, lehnte ich scheinbar großzügig ab.

Eine Schale hatte allen gereicht. Die Eingeborenen freuten sich über diese Antwort. Nachdem sie alles ausgetrunken hatten, brachte man uns Taroknollen, Süßkartoffeln und Maniok. Nur kleine Häppchen und nicht sättigend, damit die Wirkung des Rauschmittels nicht abgeschwächt wurde.

„Jetzt hört zu, was der Kava euch sagt“, legte uns Fidel nahe.

Von da an redete niemand mehr. Stumm saßen wir auf den Holzstämmen und horchten in die Nacht hinein. Selbst die Geräusche der Tiere waren leiser geworden. So, als hätte das Schweigegebot auch für sie gegolten. Das Feuer knisterte und warf seinen angenehm warmen Schein auf unsere Haut. In der Ferne erahnte ich das Rauschen des Meeres, und die Strahlen des Halbmondes blinkten durch das Blätterdach wie ein glänzendes Mosaik. Über die Baumwipfel ragte dunkel der Vulkan Yasur hinaus. Geheimnisvoll glühte er den Sternen entgegen. Dumpf erzitterte die Erde, und feurige Bälle schossen in den Nachthimmel, bevor sie der Krater wieder verschluckte, begleitet von einem tiefen Grummeln.

„Spürt ihr was?“, raunte einer der Segler.

Wir schüttelten die Köpfe. Aber ein Kava-Rausch war gar nicht nötig. Ich fühlte mich auch so wie im Traum, völlig überwältigt von den Eindrücken um uns herum. Und ehrlich gesagt war ich froh, nicht von der Droge umgehauen zu werden. Wir hatten noch eine lange Nacht vor uns.

Nach schätzungsweise einer Stunde endete die Stille, und wir kehrten zu den Frauen zurück. Mit der Taschenlampe im Mund sortierten wir alles Unwichtige aus unseren Rucksäcken und sammelten uns vor der Hütte.

„Bereit?“, fragte einer der Dorfbewohner, bevor er uns zu einem Pfad führte. „Folgt einfach diesem Weg bis zum Vulkan und klettert dann hinauf.“

„Du kommst nicht mit?“, wollte ich überrascht wissen. Fidel hatte gesagt, dass der Mann uns leiten würde.

„Nein. Ich bin müde. Ihr findet euch schon zurecht. Gute Nacht“, verabschiedete er sich und ließ uns allein.

Erst war ich ein wenig enttäuscht. Aber der Mann hatte recht: Es war wirklich keine Kunst, sich zu orientieren. So viele Richtungen gab es nicht. Und alle paar Minuten machte der Vulkan sich durch ein gedehntes Grollen bemerkbar.

Sobald wir das verbrannte Umland am Fuß des Vulkans erreicht hatten, schalteten wir unsere Lampen aus. Wir wollten nicht riskieren, dass uns jemand bemerkte. Unser Vorhaben war verboten, das wussten wir. Im Grunde war die ganze Idee total verrückt! Aber glücklicherweise ist man bei den dümmsten Ideen meistens nicht allein.

Im Schein des Mondes stapften wir durch den grauen Sand auf die Silhouette des düsteren Riesen zu. Grimmig spuckte der Berg immer neue glühende Gespinste von Lava über den Rand. Die Erde erzitterte, als wollte sie uns davor warnen, dem Höllenschlund noch näher zu kommen. Über dem orangen Schein des Gipfels stiegen finstere Rauchschwaden auf. Wir achteten genau auf unsere Schritte, um nicht in eine der vielen Spalten und Rinnen zu stürzen, die wie Fallen auf uns lauerten. Gleich einem Netz riesiger Adern durchzogen sie die gesamte Umgebung.

„Da ist jemand!“, raunte ein Spanier aus unserer Gruppe. Zwei gelbe Lichtkegel von Taschenlampen blitzten an der Spitze des Vulkans auf. Mehr konnten wir in der Dunkelheit nicht sehen, aber der Bewegung der Lichtkegel nach hasteten die Besitzer ziemlich eilig den Abhang hinunter in unsere Richtung.

„Sind das die Ranger?“, mutmaßte eine Neuseeländerin.

„Es ist unmöglich, dass uns jemand gesehen hat. Dazu ist es zu dunkel“, versuchte ich alle zu beruhigen, zweifelte aber an meinen eigenen Worten.

Hektisch suchte ich in unserer Umgebung nach einem Ort, wo wir uns verbergen konnten. „Hier entlang!“, drängte ich die anderen in einen der Gräben, die die Witterung in den Boden gefressen hatte. Rasch folgten wir der Kluft tiefer in den Abhang hinein. Niemand redete. Alle hatten Angst davor, entdeckt zu werden. Links und rechts von uns ragten die Wände steil in die Höhe. *Wie in einem Labyrinth,* stellte ich fest.

Plötzlich mischte sich unter das nächtliche Säuseln des Windes der Klang fremder Stimmen. *Die Wachleute!*

„Versteckt euch! Die kommen hier entlang …“, flüsterte der Spanier.

Woher wissen die, dass wir hier sind?

Die Erde erbebte. Der Berg war soeben wieder in die Luft gegangen. Das hatte fast schon was von Krieg. Wir bogen in einen der Seitenarme der Rinne ein und pressten uns in den Schatten einer schmalen Nische. Schon fiel der enthüllende Lichtstrahl eines der Unbekannten auf den Weg, den wir soeben verlassen hatten. Wir hielten den Atem an. Keiner bewegte sich auch nur einen Millimeter. Dann passierte die Silhouette einer Gestalt den Eingang zu unserem Versteck.

Und hielt an.

Mach schon! Geh weiter! Sogar meine Gedanken kamen mir laut vor. Der Lichtstrahl des Unbekannten schwenkte uns entgegen, pendelte dann aber wieder zurück. Schweiß rann mir die Stirn hinab. Die Umrisse zweier weiterer Gestalten kamen ins Blickfeld. Die Fremden wechselten einige unverständliche Worte, dann setzten sie sich wieder in Bewegung.

Sie haben uns nicht gesehen. Langsam entfernten sich die dumpfen Geräusche ihrer Schritte. Wir atmeten auf. „Und weiter!"

Leise räumten wir unseren Schlupfwinkel und machten uns an den Aufstieg. Ein hartes Stück Arbeit. Das hatten wir so nicht erwartet. Wir versackten knöcheltief in dem losen Gemisch aus Sand und Asche, das den Abhang bedeckte. Machten wir drei Schritte nach oben, rutschten wir zwei wieder nach unten. Um mehr Halt zu haben, bewegten wir uns bald auf allen vieren vorwärts.

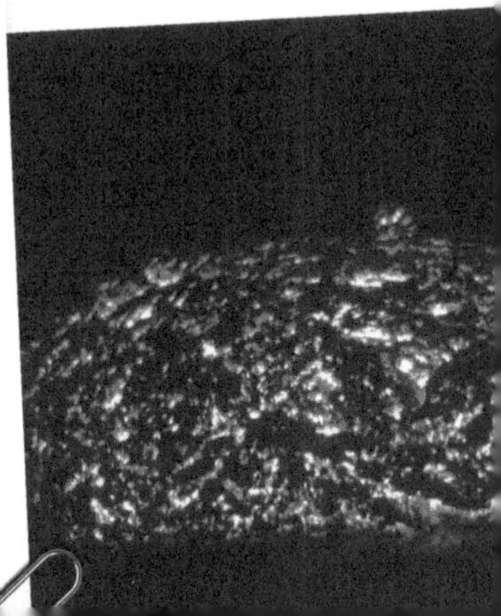

Alle paar Augenblicke schüttelte sich der Vulkan und schmetterte uns gefährliche glühende Lavabrocken entgegen, die in Form kleiner Lawinen zu den Auswaschungen in die Ebene rutschten.

„Das ist blanker Wahnsinn! Auf einen aktiven Vulkan zu klettern!“, lachte die Musikstudentin aus Quebec.

„Ja“, stimmte der norwegische Kapitän keuchend zu und rollte sich auf den Rücken. „Ich kann nicht mehr. Aus den Zwanzigern bin ich drei Mal raus.“ Wir kletterten nun bereits eine halbe Stunde bergauf.

„Komm schon! Wir sind gleich da“, versuchten wir ihn zum Durchhalten zu motivieren, obwohl keiner von uns in der Dunkelheit ausmachen konnte, wie weit es tatsächlich noch war.

Mit etwas Hilfe rappelte der Norweger sich wieder auf und wir kamen eine Weile ganz gut voran. Aber immer häufiger setzte er sich hin, um zu verschnaufen. Schließlich erreichten wir einen Vorsprung, der vor Steinschlägen halbwegs geschützt war.

„Genug! In meinem Alter muss man seine Grenzen kennen. Und die habe ich längst überschritten“, stöhnte er und ließ sich auf einen Felsen fallen. „Ich warte hier auf euch. Meine Beine machen das nicht mehr mit …“

Ich protestierte. „Aber das kannst du unmöglich verpassen!“

Er zündete sich eine Zigarette an. „Dann schau mal gut zu, was ich kann, junger Mann“, nahm er einen kräftigen Zug und verschränkte beim Ausatmen provokativ die Arme vor der Brust.

Es ist sowieso schon unglaublich, dass er bis hierhin gekommen ist! „Es könnte aber einige Stunden dauern, bis wir wieder da sind“, gab ich zu bedenken.

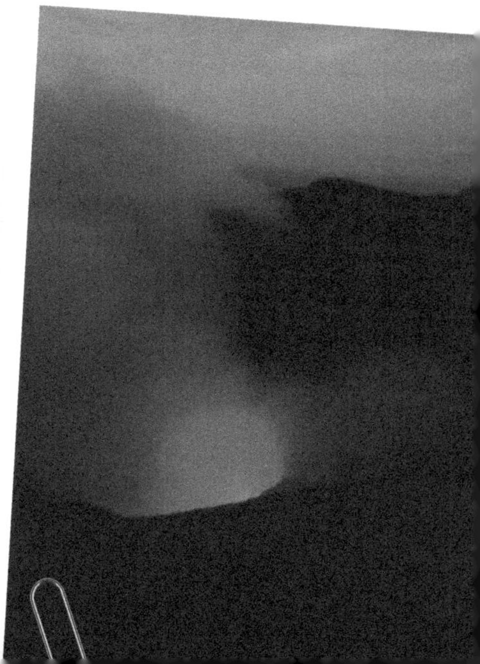

„Macht ihr nur. Ich warte“, erwiderte er stur.

Da gibt es wohl nichts dran zu drehen. So ließen wir den Kapitän auf dem Felsvorsprung zurück und kraxelten weiter aufwärts. Der Musikstudentin hinterher, die sich nicht hatte gedulden können. Nach weniger als zehn Minuten flachte die Steigung ab und wir erreichten ein Plateau. Scharfe Basaltbrocken überzogen den Boden wie Streusel einen Schokoladenkuchen. Die Rückstände der raketengleichen Projektile des Berges. *Nicht, dass ich mal da gewesen wäre. Aber es sieht aus wie auf dem Mars!*

Nur etwa hundert Meter vor uns waberten giftige Schwefelschwaden aus dem gigantischen Abgrund hervor. Erhellt von dem dämonisch wirkenden Erdfeuer aus der Tiefe. Mit einem kolossalen Krachen schleuderte der Berg immer neue Feuerbälle dem Firmament entgegen. Noch nie hatte ich etwas so Atemberaubendes gesehen! Wie es wohl erst am Rand des Kraters war?

Aber das musste warten. Ich wollte diesen Moment nicht genießen, während ihn andere verpassten. „Bis gleich. Ich hole den Kapitän!“, sagte ich und hüpfte den Abhang wieder hinunter. *Wenn er wüsste, wie nah er dran ist! Er würde sich in den Hintern beißen!* Ich beeilte mich, denn vielleicht war der Kapitän auf den Gedanken gekommen, allein zurückzugehen. In meiner Hast musste ich aufpassen, mir nicht an einer der porösen Zacken meine Beine aufzureißen. Zudem konnte ich den Weg nicht mehr finden, den wir gekommen waren. Von oben her sah es überall gleich aus. Fahl, karg und schroff.

„KAPITÄÄÄN!“, rief ich mehrmals laut, als ich mich in der Nähe wähnte. *Wenn es auf dieser Seite Ranger gibt, begehe ich gerade einen großen Fehler!*, schoss es mir durch den Kopf. Dennoch wagte ich es erneut: „KAPITÄÄÄN!“

Keine Antwort. Weder von dem Norweger noch von einem Ranger. *Immerhin!* Der Wind und das bizarr geformte Gestein verschluckten meine Rufe. Seitwärts arbeitete ich mich weiter. *Moment. War das ein Flackern?* Ich strengte meine Augen an und versuchte in der Dunkelheit etwas zu erkennen. Und tatsächlich. Ein Punkt glomm auf. *Eine Zigarette! Das ist er!*

„Hey“, meldete ich mich, als ich näherkam. Der Kapitän schaute auf. „Es sind nur noch ein paar Meter bis oben. Wenn du jetzt nicht mitkommst, wirst du es bereuen!“

„Das habt ihr vorher auch schon gesagt“, konterte er.

„Aber jetzt ist es die Wahrheit! Es sind nur ein paar Minuten bis zum Krater!“ Dann schwärmte ich ihm vor, was ihn da oben erwartete, und er schien anzubeißen.

„Okay. Aber wenn es nicht so nah ist, wie du behauptest, bezahlst du den Rettungshubschrauber.“ Er rappelte sich auf und gemeinsam machten wir uns auf zum Gipfel.

Gerade als wir das Plateau erklommen hatten, erfasste uns eine gewaltige Druckwelle. Der Boden unter unseren Füßen bebte, ein mächtiger Donnerschlag ertönte, und berstend brachen geschmolzene Lavageschosse aus dem Inneren des Vulkans hervor und flogen über unsere Köpfe hinweg. Ein unbeschreiblich gewaltiger Knall, und der Vulkan katapultierte eine zweite Salve in die Höhe, die wie Hunderte brennender Lampions auf uns herabregneten.

Mein Herz raste. Wir versuchten abzuschätzen, ob wir jeden Augenblick unser Leben mit einem Hechtsprung zur Seite retten mussten. Doch die aggressiven Einschläge verschonten den Fleck, an dem wir gerade standen. Es war Adrenalin pur!

Lachend schlug ich meinem Kapitän auf den Rücken. „Der Berg freut sich, dich zu sehen!“ Damit deutete ich auf das kochende Loch vor uns.

Wir horchten auf. Unter das Grollen des Berges mischten sich die sanften Laute einer Geige. Der Klang leitete uns zu den anderen. Nur eine Handbreit vom brodelnden Krater entfernt saß das Mädchen aus Quebec, versunken in ihr Violinenspiel. Die schwermütige Melodie wirkte wie ein Zauber, der die ganze kraftvolle Schöpfung um uns herum in seinen Bann zog. Und sie – so schien es – auf ihren pompösen Untergang vorbereitete. *Surreal!* Es war ein Moment, den ich nie vergessen werde!

„Wo sind der Spanier und die Neuseeländerin?“, begrüßte ich die Gruppe.

„Dort drüben. Fotos machen.“ Der Franzose deutete auf einen einige Meter entfernten Felsvorsprung. Meine Sorge um sie verflog. Ich näherte mich dem tobenden Schlund und blickte hinab. Wie aus dem Rachen einer Bestie sprudelte das unterirdische Magma hervor. Der See aus Feuer schäumte und tobte, bis er erneut in einer wuchtigen Explosion gierig seine Fänge in den Rand des Beckens grub. In der Kraterwand zuckten bizarre Schatten, die wie abscheuliche Gesichter und Fratzen aussahen.

Ob man hier früher einmal Menschenopfer dargebracht hat?, fragte ich mich stumm. Die Schatten sahen aus wie die Zerrbilder gefangener Seelen, die sich in ihrer Todespein quälten und wanden. Die Lohe unter ihnen brodelte wie der Schlund der Hölle, und die zischende Glut, die sich in ihre Augenhöhlen und Münder warf, verlieh den geisterhaften Kreaturen flüchtiges Leben. Am ganzen Körper standen mir die Haare zu Berge.

Wer bist du, Mensch?, diktierte das überwältigende Schauspiel meinen Sinnen. *Was bist du gegen diesen Vulkan? Was ist der Vulkan gegen unsere Sonne? Was ist unsere Sonne gegen die 300 Milliarden anderer Sonnen in unserer Galaxie? Und unsere Galaxie gegen die tausend Milliarden anderen im Universum? In einem halben Jahrtausend wird man uns vergessen haben. Keiner kennt mehr deinen Namen. In sieben Milliarden Jahren wird sich der Staub unseres Planeten im Universum verteilen. Du bedeutest nichts.*

Außer, du bedeutest etwas für jemanden.

Ein entferntes Pfeifen rüttelte mich wach. Die Lava loderte auf, und mit kreischendem Getöse erhob sich ruckartig eine Flammenbrunst aus dem Krater. Der vernichtende Ausbruch trommelte auf den Saum der Anhöhe. Und auf den Vorsprung, von dem ich wusste, dass sich dort der Spanier und die Neuseeländerin befanden.

Wir hatten uns in Lebensgefahr begeben, das stand außer Frage. Aber keiner von uns hatte ernsthaft angenommen, dass uns etwas zustoßen würde. Mein Herz pochte wie wild.

„Hey! Seid ihr okay?!", schrien wir dem Wind entgegen und hofften auf ein Lebenszeichen. Doch es kam keine Antwort.

Erst einige Sekunden später, die sich wie eine Ewigkeit anfühlten, erreichte uns aus einiger Entfernung schallendes Gelächter. „Gott sei Dank!", seufzte ich. *Es geht ihnen gut!*

Wenig später stießen die beiden wieder zu uns. Zu meiner Verwunderung hing die Neuseeländerin kichernd an der Schulter des Spaniers. Er humpelte, grinste aber. Seine Hose war aufgerissen und an seinem Knie lief Blut hinab.

„Er ist vor Schreck hingefallen", berichtete die Frau glucksend.

„*SOOO* ein Riesen-Lava-Klumpen", – damit riss der Spanier theatralisch seine Arme auseinander –, „hätte mich fast erschlagen!" Dann lachte er auf und fügte hinzu: „Es war IRRE!".

„Ihr spinnt!" Der Kapitän schüttelte den Kopf. „Fast wärt ihr gestorben!"

Was ist das Leben wert, wenn es vorbei ist? Erneut erfassten mich die großformatigen Gedanken. Ich beobachtete den tanzenden Qualm über dem Krater, wie er sich in dünne Fäden verwandelte und auflöste. Genauso wie die sengenden Funken, die aufstoben, nur um kurz darauf wieder zu verlöschen. *Wert,* schloss ich, *ist das, was jemand dir gibt. Und was du anderen geben kannst. Und Leben ist das, was du nutzen kannst, bevor es dich verlässt. Wie erhält man Wert, der nicht vergeht? Leben, das Bestand hat?*

So unglaublich es klingen mag, nach einigen Stunden gewöhnten wir uns an die dröhnenden Entladungen. Und uns wurde kalt. Zu weit oberhalb war die Kuppe und zu beharrlich der Wind, als dass wir uns an dem züngelnden Ofen unter uns hätten wärmen können. Lange nach Mitternacht traten wir deswegen den Rückweg an und schliefen auf den Palmenmatten, die die John-Frum-Anhänger in ihrer bescheidenen Gasthütte für uns bereitet hatten.

Bevor wir am Tag darauf die Segel hissten, reichten der Kapitän und ich freiwillig jeweils 3.500 Vatu an die Ranger weiter, um rückwirkend dennoch die offiziellen Regeln zu respektieren.

Wir hüpften weiter die Inseln entlang. Die Einwohner luden uns zu ihren Dorffesten ein, bei denen sie uns als Gäste mit Blumenkränzen ehrten. Viele schenkten uns Früchte und luden uns in ihre Häuser ein. Im Gegenzug reparierten wir ihnen einige ihrer elektronischen Geräte und Solarpanels.

„Weiße Haut weiß alles", kommentierten sie in solchen Situationen häufig.

Auf dem Eiland Malekula nahm mich ein Eingeborener mit in ein Nachbardorf, um seiner an dem Tag verstorbenen Großmutter „die letzte Ehre zu erweisen". Der Weg führte an einer Bucht vorbei. Im kristallklaren Wasser schimmerten die bunten Korallenriffe. Die bauchigen Blätter der Büsche, die den Strand einfassten, wirkten gesund und gepflegt, und Blüten von kräftiger Farbe verzierten das Grün so gekonnt, dass es fast wirkte, als hätte ein begabter Gärtner dies alles mit Bedacht angelegt. Unauffällig fügten sich Süßkartoffeln, Kürbisse, Maniok, Bananen, Kohl, Mais, Kava, Limonen, Tomaten, Melonen, Papayas, Kakaopflanzen und Kokospalmen in die üppige Vegetation ein. Die gemütlichen Häuser waren ganz aus Naturmaterialien gebaut.

„Wie alt ist deine Großmutter geworden?", fragte ich meinen Begleiter, während wir im Schatten der Palmen dahinschlenderten. Er war nicht in Eile. Warum auch, wir hatten ja sonst nichts weiter vor. Ich sog den frischen Duft ein und erfreute mich an der der idyllischen Umgebung.

„Das weiß ich nicht genau", erwiderte er.

„Und wie hieß sie?"

Er grübelte. „Das weiß ich auch nicht so genau."

Wie bitte?!

Unterwegs begegneten wir zahlreichen Leuten, die sich ebenfalls aufgemacht hatten, um sich von ihrer „Großmutter" zu verabschieden. *So viele Enkel kann die gute Frau gar nicht gehabt haben! Wahrscheinlich nennen sie sie nur Großmutter, weil sie alt war.*

Als wir uns unserem Ziel näherten, drang ein herzzerreißendes Heulen und Klagen durch das Pflanzendickicht an unsere Ohren. Vor dem Pfad, der unmittelbar zu dem Wohnsitz der Verstorbenen führte, begrüßte uns ein einheimischer Pastor und gab jedem, der ihn passierte, die Hand. Plötzlich neigten die Männer um mich herum ihre Häupter und brachen in tiefes Schluchzen und Stöhnen aus. Auch ich senkte meinen Blick. *Die Dame muss echt beliebt gewesen sein!*

Wir gelangten an einen sandigen Hof, um den einige Hütten standen. Auf dem Platz drängte sich eine Menschentraube von etwa hundert Leuten. Aus allen Dörfern der Umgebung waren Leute gekommen, und noch immer ebbte der Zustrom nicht ab. Ihre Gesichter waren schmerzverzerrt, und sie schrien und jammerten so laut, dass ich das Gefühl bekam, dies müsse unser aller Ende sein. Dann stutzte ich: *Da fehlt doch etwas! Wo sind ihre Tränen?* Ich musterte die Trauernden genauer. Jetzt erst durchschaute ich das Theater: Der furchtbare Kummer war nur vorgespielt!

Na, wenn das so ist … ich legte mir den Arm über die Augen und brach ebenfalls in schrilles Wehklagen aus. Für etwa drei Minuten täuschten wir größte Seelennot vor. Eine Frau mittleren Alters in Blumenkleid, wahrscheinlich die Tochter der Verstorbenen, fiel jedem von uns um den Hals. Sie schien als Einzige echte Tränen zu vergießen.

Nach einer Weile signalisierte mir mein Begleiter, dass wir uns nun entfernen konnten. Außer Sichtweite des Wein-Chores setzten wir uns zu einer Gruppe von Männern unter einen Mangobaum. Alle waren wieder gut gelaunt. Auf der einen Seite fand ich es befremdlich, dass man hier seinen Respekt vor der Verstorbenen und die Solidarität mit den Angehörigen auf diese Art und Weise ausdrückte. Auf der anderen Seite schuf dies eine Atmosphäre, in der sich keiner schämen musste, seinen Emotionen freien Lauf zu lassen. In der es sogar erwünscht war, seinen Kummer mit anderen zu teilen. *Die Menschen erholen sich sicher schneller von so einem Schock als bei uns,* mutmaßte ich. Auch imponierte mir, dass es offensichtlich bei so einem Anlass auch für Männer keineswegs als memmenhaft galt, zu weinen. *Es braucht einen starken Mann, um zu weinen,* erinnerte ich mich an einen Comic. *Und es braucht einen Stärkeren, um diesen auszulachen.* Damit der starke Mann den Spötter nicht verhaut.

August 2015

Auch auf den Nachbarinseln begegneten uns faszinierende Bräuche. So gibt es auf Pentecost jährlich ein Fest, bei dem der indirekte Vorläufer des Bungee-Springens zelebriert wird. Die Teilnehmer stürzen sich von einem 15 bis 30 Meter hohen Turm herab, den sie aus Ästen und Rindenstreifen errichtet haben. Nur mit zwei Lianen an den Knöcheln gesichert, die gerade lang genug sind, dass der Springer Bodenkontakt bekommt. Eine Tradition, die so manchem Kopfzerbrechen bereitete.

Auf der Insel Espiritu Santo packte ich meinen Rucksack für einen zweitägigen Landgang. Ich hatte vor, die Anhänger des Jimmy-Stevens-Kultes zu treffen. Dieser Mann hatte in den 1980er Jahren die Insel als „unabhängigen Staat Vemerana" ausgerufen und sich selbst zum Premierminister erklärt. Nachdem Vanuatu die Unabhängigkeit gewährt wurde, zerschlug der tatsächliche Premierminister die Revolte, und Stevens kam ins Gefängnis.

Nach seiner Freilassung 1991 soll er zwei Dutzend Ehefrauen genommen und vier Dutzend Kinder gezeugt haben, bevor er an Magenkrebs verstarb. Die von ihm gegründete Nagriamel-Bewegung hatte leicht kultischen Charakter, und Berichten zufolge trugen seine Anhänger auch heutzutage nichts als einen Lendenschurz. Und wo sieht man so etwas denn noch?

Mein Kapitän begleitete mich in das nahe Städtchen, wo wir ein Ersatzteil für die Borddusche besorgen wollten. Nachdem alles geregelt war, wanderte ich allein zu Fuß weiter ins Landesinnere. Die Einwohner hatten mir die Richtung gewiesen, und ich hatte mir ausgerechnet, dass ich in etwa fünf bis sechs Stunden das Dorf der Lendenschurzträger erreichen würde. Die Sonne stand hoch am Himmel, und die befestigte Straße unter meinen Füßen verwandelte sich schnell in einen roten Staubweg. Die Gebäude wichen dichtem Urwald und kargen Viehweiden. Die Stämme der mächtigen Tropenbäume sahen aus wie antike Säulen, und ich stellte mir vor, wie sie einst als Stützen eines mächtigen Gewölbes gedient haben mochten. Nun hausten dort die Vögel.

Hinter mir näherte sich das Rattern eines Motors. Ich warf einen Blick über die Schulter. *Ein weißer Pick-up.* Ich wich zum Wegrand aus. *Soll ich versuchen zu trampen?* Dieses Konzept kannte hier natürlich keiner. Während ich noch überlegte, passierte mich der Wagen, und mein ausländisches Aussehen sorgte bereits für eine Entscheidung: Der Wagen hielt.

Der Fahrer lehnte sich aus dem Fenster. „Wo willst du hin?“

„Zum Dorf von Jimmy Stevens“, sagte ich, und er bedeutete mir aufzusteigen. Auf der Ladefläche hockten einige Bauern, die ihre Erzeugnisse in dem Ort an der Küste verkauft hatten. Sie rückten ein wenig zusammen und ich kauerte mich mit meinem Rucksack dazwischen. Dann bretterte der Pick-up weiter, in fröhlicher Ignoranz der zahllosen Schlaglöcher und ihrer Auswirkungen auf seine lebendige Fracht. Dichter Staub wehte auf die Ladefläche, und wir zogen uns unsere T-Shirt-Kragen über die Nase.

„Kennt ihr die Formel 1?“, wandte ich mich über den Lärm hinweg an die Runde.

Auf einigen der dunklen Gesichter erkannte ich ein Schmunzeln. Meiner Frage folgten Gegenfragen. Nachdem ich ein wenig von mir berichtet hatte, meldete sich ein Mann mit länglichem Gesicht, schwarzem, krausen Bart und dicken Lippen: „Ich bin ein Nachbar von Jimmy Stevens. Du übernachtest heute bei mir zu Hause." Es klang mehr nach einer Feststellung als nach einem Angebot. Aber natürlich freute ich mich darüber. „Wie lange möchtest du bleiben? Zwei oder drei Nächte?"

„Leider nur eine Nacht. Übermorgen segeln wir weiter", erklärte ich entschuldigend.

Er nickte zufrieden. Immer weiter leerte sich die Ladefläche, als die Bauern bei ihrem jeweiligen Ziel absprangen. Erst ganz zum Schluss am Ausläufer eines Dorfes kletterten auch wir herunter.

„Jimmy Stevens hatte dreiundzwanzig Frauen", erklärte mir sein Nachbar, während wir einen matschigen Pfad durch einen dichten Wald entlanggingen. Am Zugang des Weges stand eine baufällige Bambushütte, und vor der Tür wetzte ein halbnackter Mann grimmig seine Machete. Ich lächelte ihm zu. Er schaute von seiner Arbeit auf und fixierte mich noch grimmiger. Hier mache ich wohl besser keine Fotos, entschied ich und beschleunigte meine Schritte.

„Er war ein großer Häuptling", fuhr der Mann mit den dicken Lippen sichtlich beeindruckt mit seiner Beschreibung von Jimmy Stevens fort. „Er hat mehr als tausend Schweine getötet!"

„Donnerwetter!" *Das sind knapp unter 50 Schweine pro Frau,* überschlug ich, ob sich eine Schweinezucht für mich lohnen würde. Rein spaßeshalber natürlich.

Am Ende des Pfades gelangten wir zu dem Grundstück meines Gastgebers und seiner Familie. Ihm gehörte das einzige Haus mit Wellblechdach weit und breit. Davor dörrten in der Sonne ausgebreitete Kava-Wurzeln und verrieten, womit er es finanziert hatte. Neben seinem Haus gab es auf dem Grundstück noch sechs weitere Gebäude aus Holz und Palmenzweigen. Hühner stolzierten im Hof herum, und zwischen zwei Häusern hatte jemand eine bunt behängte Wäscheleine gespannt.

„In den Häusern hier leben meinen Verwandten.", damit zeigte der Mann auf die Leichtbauten.

„Und der Unterstand da?", fragte ich. Der Verschlag sah aus wie der Versammlungsort der John Frum-Leute. Allerdings hatte man im Inneren gezwirbelte Tabak-Zöpfe zum Trocknen aufgehängt.

„Das ist die Zeremonienhalle von Jimmy Stevens. In jeder Siedlung hier ist es Pflicht, so eine zu haben", antwortete der Mann.

Dann stellte er mir seine Familie vor und zeigte mich herum. Zu meiner Enttäuschung waren die meisten Menschen ganz normal gekleidet. Die, die halb nackt herumliefen, taten es aus kultureller und religiöser Überzeugung und nicht, weil sie so rückständig gewesen wären. *Schade! Für mich. Gut für sie natürlich.* Zwar muteten die schlechten Wege, die einfachen Hütten und die offenen Feuerstellen eher etwas primitiv an, aber es gab sogar eine Krankenstation, in der eine Bilder-Anleitung anhand von Bananen darüber aufklärte, wie man Kondome verwendet.

Am Abend nahm mich mein Gastgeber mit zu einer Kava-Bar. Diese bestand aus einem Dach auf Pfosten, einem großen Pott, in dem der Trunk angerührt wurde, und ein paar wenigen Schemeln zum Hinsetzen. Nicht vergleichbar mit dem Ambiente, das wir auf Tanna genossen hatten.

„Hier vertrinken die Väter das Schulgeld ihrer Kinder!“, sagte der Mann und verzog seine dicken Lippen zu einem Grinsen. Als er meinen bestürzten Blick sah, versicherte er mir aber, dass er so etwas natürlich nicht tat.

Wir leerten drei Schalen des matschigen Rauschmittels und setzten uns dann in eine dunkle Ecke. Nun ja, genaugenommen war jede Ecke dunkel. Denn bis auf eine rote Solar-LED am Eingang gab es keine Lichtquellen. Anfangs gesellten sich noch ein paar Dorfbewohner zu mir, um mit mir über „die Bundesliga“ zu reden. Doch je mehr Runden ausgeschenkt wurden, desto schläfriger wurden alle, und keiner mochte sich mehr unterhalten. Irgendwie eine bedrückende Stimmung. Ich war froh, als mein Begleiter so viele Schalen gestürzt hatte, dass er schlafen gehen wollte.

„Kennst du die Jackfrucht?“, erkundigte sich der Mann mit dem länglichen Gesicht am nächsten Morgen. Wir saßen bei der Feuerstelle, und ich half ihm mit einem rostigen Messer dabei, Kava-Wurzeln zu schälen.

„Ich denke nicht“, sagte ich achselzuckend.

„Dann mache ich jetzt Mittagessen und du begleitest meinen Sohn.“ Er rief seinen fünfjährigen Jungen herbei und gab ihm einige Anweisungen in seinem Dialekt. Der Kleine steckte in einem gestreiften T-Shirt und kaute schüchtern auf seinen Fingernägeln herum. Als ich mich erhob, sprang und hopste er aber gut gelaunt vor mir her und brachte mich über ein angrenzendes Ananas-Feld in den Dschungel. Wir folgten einem Trampelpfad. Mehrmals wies der Junge auf den Boden, wo unter den Blättern Stacheldraht hervorblitzte. *Was der hier wohl soll?* Wie hier üblich waren wir barfuß.

Plötzlich hielt der Junge an. „Da!" Er zeigt auf einen Laubbaum von kleinerer Statur etwas abseits des Pfades. An der glatten Rinde des dünnen Stammes hingen dicke, gelbgrüne Früchte von etwa einer Elle Länge. Die Schale war übersät mit kurzen Noppen. Vorsichtig stieg ich durch den kniehohen Wildwuchs und löste mit einigen Drehbewegungen eine Jackfrucht von ihrem Stängel, klemmte sie mir unter den Arm und stakste zurück. Auf halber Strecke schnitt mir etwas tief in meine rechte Hacke. Unter der dichten Pflanzendecke war es unmöglich zu sehen, was es war, aber es fühlte sich an wie die Schneide einer Machete.

Ich hob meinen Fuß an, um ihn zu begutachten. Wie aus einer Wasserpistole spritzte in einem feinen Strahl Blut aus meinem Fuß und benetzte die umliegenden Gewächse. *Nicht so tragisch,* beruhigte ich mich und humpelte hinter dem Jungen her den Weg zurück, den wir gekommen waren. Rote Spuren markierten die Punkte, an denen ich den Fuß aufgesetzt hatte.

Wieder im Lager wuschen mein Gastgeber und seine Frau meinen Fuß mit Wasser, dann holten sie zwei Rankengewächse vom Grundstücksrand, zerrieben diese in ihren Händen und pressten sie in die Wunde, um die Blutung zu stillen. Zumindest die erste Pflanze schien das nicht wirklich zu erfüllen, denn beim Abnehmen sprühte das Blut von der verletzten Ader immer noch als dünner Faden auf den Rasen.

Wie im Film!

„Was ist mit der Krankenstation?", erkundigte ich mich.

„Die hat heute zu", erwiderte der Mann mit dem länglichen Gesicht. Ich musste lachen und stellte mir das Kleingedruckte im Haftungsausschluss vor: *„Geöffnet Montag bis Freitag von 10:00 bis 18:00 Uhr. Wer außerhalb der Geschäftszeiten verblutet, ist selbst schuld."* Doch bei allem Humor wurde mir auch bewusst, wie ausgeliefert man hier draußen im Ernstfall war. Wenn ich mir nicht nur eine relativ kleine Schnittwunde, sondern eine wirklich schwere Verletzung zugefügt hätte, hätte es richtig übel für mich ausgesehen! Und wie schnell ist so etwas passiert ...

Als dritte Maßnahme der Buschmedizin erhitzte mein Gastgeber den Stiel einer hüfthohen Pflanze mit glänzenden, kelchförmigen Blättern am Feuer und drückte den gelartigen Saft in den offenen Schnitt. Das fühlte sich überraschend gut an. Schmerzlindernd. Und die Blutung hatte inzwischen auch aufgehört. Mit den Überresten des Stängels und einem alten Stück Stoff knotete er mir einen Verband. „Bleib besser noch einen Tag länger“, bot mir der Mann an.

„Ich kann nicht. Morgen früh wollen wir ablegen.“

„Dann komme ich mit dir. Ich muss sowieso einen Sack Kava verkaufen.“

Nach dem Mittagessen machten wir uns auf den Weg. „Der Pick-up fährt heute nicht“, erklärte der Mann, als wir auf dem Matschweg den Wald durchquert hatten. Er warf seinen Beutel Kava über einen Zaun auf die nächste Kuhweide und kletterte hinterher. „Wir nehmen eine Abkürzung über die Felder bis zu dem nächsten Ort, wo Fahrzeuge vorbeikommen.“

„Wie weit ist es?“, wollte ich wissen. Der Verband passte nicht in meinen Schuh, weswegen ich nach wie vor barfuß dahinhumpelte.

„Nur wenige Kilometer.“

Wenige ... K i l o m e t e r?! Hätte ich geahnt, dass unser Marsch sich über eine so lange Strecke ziehen würde ... ich hätte trotzdem keine andere Wahl gehabt. Mein Wort gegenüber meinem Kapitän zu brechen und die Abfahrt zu verzögern kam für mich nicht in Frage. Wahrscheinlich würde er sich auch Sorgen machen. Ich hatte ja keine Möglichkeit, mit ihm Kontakt aufzunehmen.

„Also los!“, sprach ich mir selbst Mut zu, kletterte meinerseits über den Zaun und hinkte dem anderen hinterher. Nach den ersten Metern brach die Wunde wieder auf, und Blut suppte durch den Stoff. Aber ich versuchte es zu ignorieren. Je länger wir marschierten, desto mehr lockerte sich der Verband, bis ich den Fetzen auf halber Strecke schließlich abstreifte. Meine Waden und meine Hüfte schmerzten von dem ungewohnten Laufstil, und ich blieb immer weiter hinter dem Nachbarn von Jimmy Stevens zurück. Kuhmist und Erde setzten sich in meine Wunde und formten eine Kruste. *Immerhin blutet es so nicht mehr.* Die heiße Luft flimmerte über dem Boden, und es erschien mir wie eine Ewigkeit, bis wir endlich wieder einen Feldweg betraten.

„Hier ist es gut." Der Mann mit dem langen Gesicht positionierte sich in einer Kurve. Ich ließ mich auf einen Stein plumpsen und säuberte meine Hacke mit etwas Wasser aus meiner Flasche.

Wir warteten. Erst nach knapp zwei Stunden in der prallen Sonne verriet eine Staubwolke am Horizont, dass sich ein Fahrzeug näherte. Wir schwenkten unsere Arme, um den Wagen zu stoppen, aber er fuhr vorüber.

„Leider schon voll", sagte mein Kamerad und schnalzte bedauernd mit der Zunge.

„Wie viele Fahrzeuge kommen hier am Tag vorbei?", fragte ich.

„Das weiß man nie genau", erwiderte er.

Eine weitere Stunde verstrich. Ich malte mir bereits aus, wie ich den Weg am Abend wieder zurückhumpeln würde. Da näherte sich der nächste Pick-up, und diesmal hatten wir Glück. Der Platz reichte gerade so.

„Na, hast du die nackten Männer gesehen?", begrüßte mich mein Kapitän, als er mit dem Beiboot am Strand anlief.

„Nicht nur das! Ich habe mich auch mit einer Machete angelegt!" Damit präsentierte ich ihm meine Verletzung.

„Ich hoffe, du hast was gelernt."

„Ja. Was eine Jackfrucht ist", grinste ich. *Und wie der deutsche Dichter Ewald Christian von Kleist schrieb: „Der Schmerz macht, dass wir die Freude fühlen, so wie das Böse macht, dass wir das Gute erkennen." In dem Sinne freue ich mich jetzt auch, wenn ich zwei gesunde Füße habe! Oft wissen wir erst zu schätzen, was wir haben, wenn es weg ist!*

Dann stellte ich den Nachbarn von Jimmy Stevens vor, und wir zeigten ihm das Boot. Vermutlich war er der Erste in seinem Dorf, der je eine Jacht von innen gesehen hat! Kein Wunder, dass er aus dem Staunen nicht heraus kam.

Wir hielten weiter Kurs Richtung Norden und manövrierten zwischen den Salomon-Inseln hindurch. Obwohl die Bewohner auch hier noch Melanesier waren, war der Kava-Konsum geringer. Dafür pflegte man einen Brauch, der jeden Zahnmediziner zu Schweißausbrüchen treiben würde: In einem Korridor, der von den Salomon-Inseln über Südostasien bis nach Pakistan und zum Teil sogar Ostafrika reicht, kauen die Menschen die Betelnuss. Obwohl im Westen kaum jemand von dieser Nuss gehört hat, ist sie nach Kaffee, Tabak und Alkohol die meist genutzte psychoaktive Substanz der Welt. Ein Rauschmittel, das sich ähnlich wie Nikotin oder eine sehr milde Dosis Kokain anfühlt. Dummerweise aber das Zahnfleisch angreift und die Zähne in unansehnliche orange-rote Stummel verwandelt.

Gekaut wird die Nuss, die eigentlich der Samen einer Palme ist, in Kombination mit dem Blatt oder der Knospe einer Pfefferpflanze sowie gelöschtem Kalk. Letzterer wird auf den Inseln durch das Verbrennen von Korallen gewonnen. In manchen Ländern peppt man diesen Betelbissen noch mit Tabak oder Gewürzen weiter auf.

„Ich hätte an so einem Ort niemals Kinder zeugen können“, kommentierte mein Kapitän. „Bei den Gammel-Mündern, die die Frauen von diesem Zeugs haben – da hätte sich bei mir nichts geregt!“

Aber die Geschmäcker sind bekanntlich verschieden und die Bevölkerung der Salomonen wächst. Mit oder ohne Zähne.

Als Nächstes landeten wir in Papua-Neuguinea. Eine Kultur, in der nicht nur die Betelnuss verankert ist, sondern in der selbst im 21. Jahrhundert noch Hexerei, Polygamie und in geringer Form Kannibalismus und ritualisierter Missbrauch stattfinden. Deswegen: Achtung! Der nachfolgende Abschnitt ist sowohl schockierend als auch verstörend!

Die eben genannten Sitten und Gepflogenheiten sind glücklicherweise inzwischen deutlich zurückgegangen. Dennoch gibt es noch immer Stämme in Papua-Neuguinea, wie die Sambia oder die Etoro, die alle Söhne zwischen 7 und 14 Jahren von ihren Familien absondern und die Jungen dann über Jahre regelmäßig zu Oral- und Analverkehr mit älteren Männern zwingen. Die Knaben sollen in dieser Zeit so viel Sperma wie möglich in sich aufnehmen, denn diese Stämme glauben, dass wahre Männlichkeit über die Samenflüssigkeit übertragen wird. Es sei das Gegenstück zur weiblichen Muttermilch. Weiterhin denken sie, dass die Älteren den Kindern damit einen Gefallen tun würden. Denn die „Anus-Väter", wie sie auch genannt werden, geben angeblich großzügig von ihrer eigenen Manneskraft ab, um die Jüngeren zu grimmigen Kriegern heranzuziehen.

Das deutsche Rechtssystem würde das als Kindesmissbrauch verurteilen. Aber zwischen 10 und 20 Prozent der melanesischen Stämme sollen laut Anthropologen einmal einen solchen Lebensstil gepflegt und gewünscht haben. Und der Rest hat es zumindest toleriert.

Wegen der spirituellen Überzeugung, dass Sperma ein Mannes-Elixier ist, scheint dieser Kindesmissbrauch den Sambia und Etoro eine gute Sache zu sein. Wenn solche Glaubenssätze also unsere Moral so stark beeinflussen ... ist es dann vielleicht besser, an gar nichts zu glauben?

Gibt es das denn überhaupt, gar nicht zu glauben?

Theisten *glauben* an einen Gott, von dem alles Leben kommt und der allem ein Fundament von Sinn, Wert, Moral, Bewusstsein, Rechte, Freiheit und dergleichen gibt. Dann gibt es Agnostiker. Die *glauben*, dass man Glauben nicht wissen kann. Deswegen legen sie sich darauf fest, sich nicht festzulegen. Und was ist mit denen, die sagen, dass sie *nicht glauben?* Konsequente Atheisten beispielsweise? Die sind auf ihre Art auch gläubig. Anstatt an Gott *glauben* sie an nichts. Im Falle der Entstehung des Weltalls an ein Nichts, das auch ohne das Universum existiert bzw. eben gerade nicht existiert und im gewissen Sinne so mächtig ist, dass es ohne Materie, Energie, Naturgesetze, Eigenschaften, Raum und Zeit spontan alle diese Dinge aus sich selbst entstehen lassen kann. Da muss man erstmal seinen Kopf drum kriegen!

„Von nichts kommt nichts!“, heißt es normalerweise. Als geradliniger Atheist, der sich mit der Urknalltheorie befasst hat, widerspricht man dieser Volksweisheit und *glaubt,* dass alles aus nichts, durch nichts und für nichts entstanden ist. Denn Atheisten möchten nicht an das *glauben,* was wissenschaftlich bisher nicht erfassbar ist. Somit besteht der Mensch allein aus einem Haufen lebloser Atome, und Moral, Sinn, Werte, Rechte, Bewusstsein und Vernunft sind deswegen genau genommen nur eine Illusion. Denn nichts davon hat eine Substanz, die man bislang im Labor finden konnte. Gedanken und Gefühle sind dann lediglich Trugschlüsse und chemische Prozesse. Nur an das zu glauben, was man wissenschaftlich erfassen kann, sprich: „Ich glaube nur das, was ich sehe“, könnte laut der Wissenschaft selbst allerdings sehr kurzsichtig sein. Denn wir haben erst im letzten Jahrhundert herausgefunden, dass das, was wir sehen, nicht 100 Prozent, sondern weniger als 5 Prozent des momentan nachweisbaren Universums ausmacht. Der Rest ist Dunkle Materie und Dunkle Energie, von denen wir nicht wirklich wissen, was sie sind. Bisher können wir sie weder sehen noch fühlen. Möglicherweise streift sogar genau in diesem Moment Dunkle Materie durch uns hindurch, wie ein Geist, ohne dass wir es bemerken. Und wer weiß, was es noch sonst alles gibt, von dem wir noch gar nichts wissen.

Jeder glaubt an etwas. Auch die, die das nicht glauben wollen. Wie der vielleicht größte Autor in der Geschichte Frankreichs, Victor Hugo, bereits folgerte: *Glauben ist schwer – nichts zu glauben ist unmöglich.*

Aber ist es dann nicht lebenswichtig, sich darüber auch Gedanken zu machen und nicht einfach irgendetwas zu glauben? Was ja, wie nicht nur die Sambia und Etoro beweisen, ungeheuer weitreichende Konsequenzen haben kann. Denn auf Basis dessen, was wir glauben, beantworten wir alle wichtigen Fragen unseres Lebens. Beispielsweise: *Was ist richtig und was falsch? Was tue ich mit meiner Zeit, meinem Geld und meiner Kraft? Wie behandle ich andere? Wer bin ich, was kann ich und was kann ich nicht?*

Was wir glauben, bestimmt unsere innersten Motive. Wenn ich mir früher Gedanken über den Sinn des Lebens gemacht hatte, war ich zu dem

Schluss gekommen, dass das Leben ein großartiges Geschenk ist und ich es wertschätzen und gut damit umgehen wollte. Das bedeutete für mich, dass ich mich und andere so glücklich machen wollte wie nur möglich. Nun wurde mir aber klar, dass ich die Reihenfolge falsch gesetzt hatte. Bisher war alles in meinem Leben darauf angelegt gewesen, dass ich zunächst mal selbst glücklich werden und dadurch gestärkt dann nebenbei auch anderen helfen wollte. Aber inzwischen verstand ich es eher so, dass Gott mich auf diese Welt gebracht hatte, um durch ihn gestärkt und befähigt zu werden, für andere Menschen da zu sein – und darin letztlich mein eigenes Glück zu finden. Klingt im ersten Moment gar nicht nach einem so großen Unterschied – aber tatsächlich veränderte dieser Gedanke für mich alles. Jeden Tag, immer mehr.

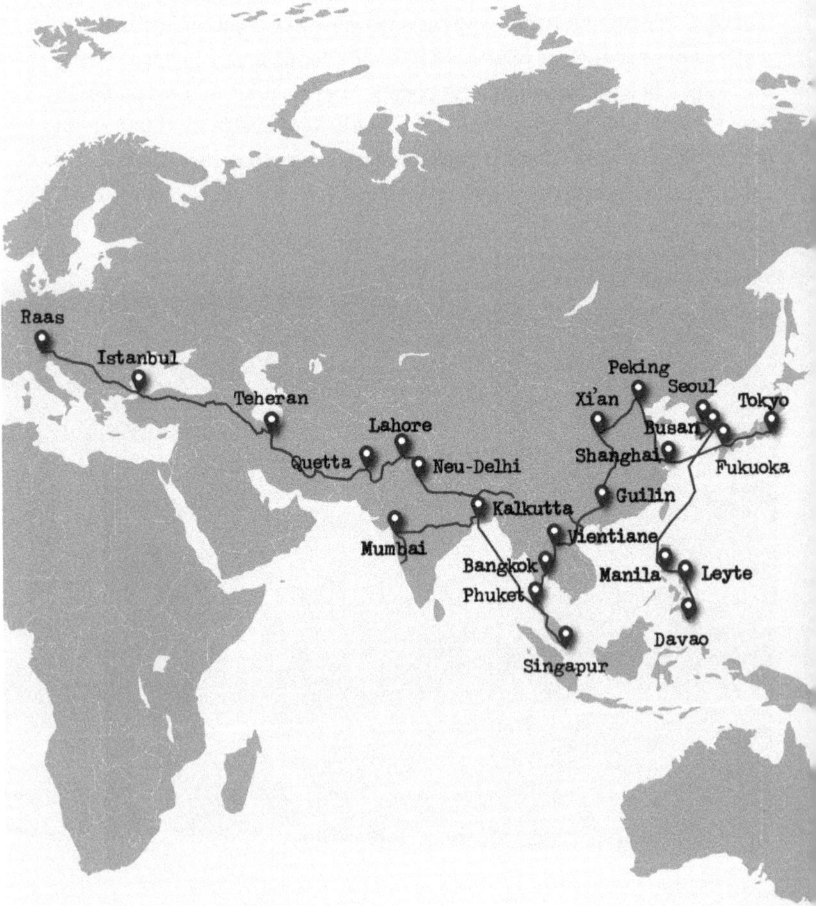
Raas
Istanbul
Teheran
Quetta
Lahore
Neu-Delhi
Mumbai
Kalkutta
Bangkok
Phuket
Singapur
Vientiane
Guilin
Xi'an
Peking
Shanghai
Seoul
Busan
Tokyo
Fukuoka
Manila
Leyte
Davao

4. Etappe: Asien und Mittlerer Osten

Seenot im Sturm, im buddhistischen Kloster, die beste Suppe der Welt, Golfschuh-Model und Versuchskaninchen, Kuss und Maschinengewehr

November 2015–Juli 2017

Was Stillstand bedeuten kann, erlebte ich hautnah, als wir in Äquatornähe eine Gegend erreichten, die man aus gutem Grund die „Kalmen" nennt (von frz. calme = Flaute, Stille). Denn hier herrscht fast durchgängig Windstille. Unsere Fahrt zwischen Papua-Neuguinea und den Philippinen fühlte sich deswegen eher nach einem zweiwöchigen Saunabesuch an als nach einer Abenteuerreise. Aber alles hat einmal ein Ende. *Nur die Wurst …* Wie auch immer!

Als wir in die Bucht von Davao in Mindanao einliefen, der südlichsten Inselgruppe der Philippinen, knatterten an unserer Jacht kleine, buntbemalte Kanus vorbei. Ich sah mit Bewunderung, dass die Fischer auf beiden Seiten ihrer Boote zwei Bambusstützen befestigt hatten, um sie zu stabilisieren, die sich bei voller Fahrt aber aus dem Wasser hoben und so keinen Wasserwiderstand boten. Diese Auslegerkanus waren daher sowohl schnell als auch stabil. *Pfiffig! Aber auch klar, dass die Leute hier ihre Gefährte immer weiter optimieren. Schließlich sind die Philippinen ein Inselstaat, und Boote sind*

lebenswichtige Transportmittel. Im globalen Schiffsverkehr sind auch heute mehr Filipinos beschäftigt als alle anderen Nationalitäten.

„Hoffentlich kommt keiner von denen auf die Idee, an Bord zu steigen", gab mein Kapitän zu bedenken, als uns gerade eines der Gefährte mit lautem Geratter und stinkendem Motor überholte. „In der Marina, in der wir anlegen werden, sind erst vor ein paar Wochen vier Leute gekidnappt worden. Darunter auch ein Norweger!", fuhr er fort.

„Dann haben sie jetzt ja vielleicht genug Norweger", zwinkerte ich ihm zu. Auch ich hatte mich ein wenig informiert, denn ich wollte auf den Philippinen von Bord gehen und versuchen, von dort weiter nach Korea und Japan zu kommen. In der Region, die wir nun erreichten, gab es islamistische Terror-Organisationen, die für einige Anschläge verantwortlich waren. Und das, obwohl die Philippinen die asiatische Nation mit dem höchsten Christenanteil sind. Etwa 90 Prozent der Bevölkerung bezeichnen sich als Christen. Ein Überbleibsel aus über 300 Jahren Kolonialherrschaft der Spanier.

„Schön, dass du das so entspannt siehst. Also kannst du dir vorstellen, eine Weile zu bleiben und mir bei der Renovierung meines Decks zu helfen?", bot mir der Norweger an.

„Das hängt ganz vom Preis ab …" Ich brauchte etwas Geld für den nächsten Abschnitt.

Einige Tage nach unserer Ankunft begann ich mit den Arbeiten. Der Kapitän wollte Weihnachten und Neujahr in Europa verbringen. Nur wenige Meter von dem Anlegeplatz entfernt, wo man kürzlich die Geiseln genommen hatte, schuftete ich über zwei Monate lang täglich acht Stunden bei über 30 °C in der prallen Sonne. Um Sonnenbrand vorzubeugen, hatte ich mich vermummt wie ein kleiner Beduine. Und während ich so in der Hitze schmorte und an die nun festlich geschmückte Heimat dachte, stieg in mir tiefe Solidarität mit den Bratäpfeln auf, denen eine ähnlich unmenschliche Behandlung zuteil wurde.

Ich sollte eine Initiative gründen, wenn ich wieder da bin! „Rettet die Bratäpfel!", versuchte ich mich zu motivieren und die Strapazen erträglicher zu machen.

Mein Stundenlohn betrug knapp über zwei Euro, und vor allem in der Zeit, als ich das Fiberglas des Decks abschliff und die unzähligen, juckenden Splitter ihren Weg in meine Haut und Lungen fanden, zweifelte ich ernsthaft daran, ob es das wert war. In Nordeuropa wäre das glatte Ausbeutung gewesen! Aber ich hatte kaum eine andere Wahl, denn auf den Philippinen boten sich mir nur wenige Möglichkeiten zum Geldverdienen. Ich hatte in anderen Ländern schon wochenlang für weniger als einen Euro pro Stunde gearbeitet. Dagegen war ich jetzt eigentlich noch ganz gut dran! *Immerhin lerne ich auch fürs Leben!*

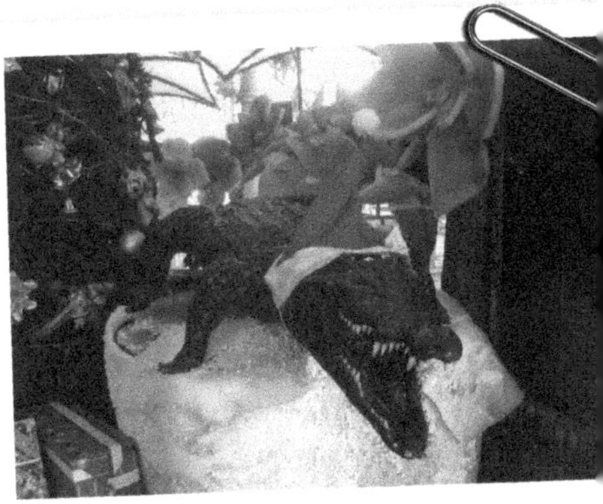

Heiligabend und die Jahreswende verbrachte ich bei einer sehr gastfreundlichen philippinischen Familie, die ich in der Kirche kennengelernt hatte. Obwohl Englisch neben Filipino eine der beiden Nationalsprachen ist und ich mich deswegen gut verständigen konnte, erlernte ich aus Interesse auch ein wenig des lokalen Dialektes. Erstaunt stellte ich dabei fest, dass darin nicht nur viele spanische Wörter vorkommen, sondern es auch einige Ähnlichkeiten mit Sprachen von weit entfernten pazifischen Inseln gab. „Mata“, was „Auge“ bedeutet, ist beispielsweise exakt das gleiche Wort auf Filipino, Fiji, Maori, Indonesisch und Malaysisch! Wer das gelesen hat, kann sich auf die Schulter klopfen, weil er jetzt „Auge“ in über 70 verschiedenen Sprachen sagen kann! Herzlichen Glückwunsch!

Da stellt sich die Frage, wie es dazu kam, dass die Sprachen in diesem Raum so ähnlich sind. Wie kamen überhaupt die Menschen auf diese abgelegenen Inseln und woher? Madagaskar, vor der Küste Südafrikas, und die Osterinseln, vor Südamerika, liegen praktisch genau am entgegengesetzten Ende der Welt. Aber sie haben eine Gemeinsamkeit: Die Bewohner haben alle denselben Ursprung! Denn etwa 3.000 bis 4.000 Jahre vor Christus sind mutige Fischer von der Küste Chinas nach Taiwan aufgebrochen. Dort haben sie einige Jahrhunderte lang ihre Kanu-Bauweise weiterentwickelt und sind dann mit den ersten Auslegerkanus zu einer Besiedelungsbewegung aufgebrochen, die als „Austronesische Expansion“ bezeichnet wird. Über die Philippinen sind sie auf der Ostseite in den Pazifikraum vorgedrungen und auf der Westseite über Indonesien in den Indischen Ozean. Und so haben sie etwa 500 Jahre nach Christus fast zeitgleich sowohl die Osterinseln als auch Madagaskar bevölkert. Ein Jahrtausend vor Kolumbus haben sie also bereits vergleichbare Strecken zurückgelegt! Und obwohl die Hälfte der Erde die Osterinseln und Madagaskar trennt, heißt in der Sprache der Bewohner der Osterinseln beispielsweise die Zahl zwei „Rua“ und auf Madgaskar sagt man „Roa“.

Ich finde es enorm faszinierend, solchen Zusammenhängen einfach nur durch etwas Austausch mit Einheimischen auf die Spur zu kommen! Wenn mir das nicht schon vorher aufgefallen sein sollte, dann war es mir spätestens jetzt klar: *Die Welt ist ein Dorf!*

Sobald ich die Arbeit an dem Holzdeck an meinen zufriedenen Kapitän übergeben hatte, verabschiedete ich mich von dem älteren Norweger, mit dem ich fast ein Dreivierteljahr verbracht hatte. Bis zur Segelzeit in Richtung Korea und Japan würde ich mich noch mindestens zwei Monate gedulden müssen. Das Zeitfenster ist jedes Jahr nur sehr klein, und nur eine Handvoll Boote bricht in diese Richtung auf. Ich würde wirklich unverschämtes Glück brauchen, um eines zu finden, das mich mitnahm!

Inzwischen war im „Focus“ ein Artikel mit einem Interview über mich erschienen, und eine Weile danach erhielt ich via Facebook eine Nachricht von einer gewissen Michal, einer Studentin aus Deutschland: „Find ich gut, was du machst!“

Ich antwortete ihr, sie schrieb zurück, und bald gingen immer mehr und längere Nachrichten von einer Seite des Erdballs zur anderen, wann immer die Zeit und die Internetverbindung es zuließen.

Da ich zunächst noch ein wenig Zeit hatte, engagierte ich mich auf der Insel Leyte, die vor Kurzem von einem starken Taifun verwüstet worden war, für einen Monat als ehrenamtlicher Helfer. Ein Filipino, mit dem ich mich dort anfreundete, nahm mich an einem unserer freien Tage mit zum Baden an einen Strand in der Nähe. Hatte ich mich je gefragt, wie es sich wohl anfühlte, ein Star zu sein? Ein lustiger Irrtum würde mir an diesem Nachmittag eine Idee davon vermitteln!

„Dort drüben ist noch Platz!“ Ich deutete auf eine Parklücke. Dutzende Autos reihten sich am Rand des aufgeweichten Sandweges aneinander. Am Morgen hatte es geregnet, aber inzwischen schien die Sonne und ließ die Tropfen auf den Blättern der tropischen Pflanzen glitzern, die den Pfad zum Strand säumten. Mein Filipino-Freund lenkte seinen weißen Ford Ranger in die Lücke und stellte den Motor ab. Im Schutz der getönten Scheiben zogen wir unsere Badeshorts an, traten nach draußen auf den feuchten Weg und schlugen die Türen hinter uns zu. Die Luft war frisch, im Hintergrund brauste das Meer. Begleitet von den rhythmischen Beats elektronischer Musik. Unter unseren Flipflops knirschten die feuchten Steinchen.

„Die veranstalten am Strand ein Surffestival“, erklärte mein Freund, als wir zum Wasser schlenderten. Selbst für einen Filipino war er klein, dafür aber sehr muskulös. Er trug einen modischen Undercut und hatte sein Haupthaar zu einem Zopf in Samurai-Manier gebunden. „Möchtest du ein bisschen zuschauen?“

In den Dünen tanzten auf einer Bühne drei Filipinas mit umgedrehten Basecaps zu den Vibrationen dicker Bass-Boxen. Davor drängte sich eine Menge vieler Hundert Einheimischer.

Ich schüttelte den Kopf. „Später vielleicht. Lass uns erst einmal schwimmen.“

Dann joggte ich locker voran. Der Filipino überholte mich, und schließlich sprinteten wir um die Wette, bis wir uns in die schäumende Brandung warfen. Die Gischt sprühte in unsere Gesichter, und das salzige Nass benetzte unsere Lippen. Über der Meeresoberfläche wehte ein kräftiger Wind, aber unterhalb fühlte sich die Strömung an, als ob jemand warmes Badewasser einlaufen lassen würde! Und das Beste: Wir waren die Einzigen im Wasser! Den ganzen Küstenabschnitt hatten wir für uns allein, weil die anderen sich die Show anschauten. Lange Zeit berauschten wir uns an den mächtigen Schlägen der Wellen, die uns in einem stetigen Takt umspülten.

Gerade, als ich nach einem größeren Brecher aufgetaucht war und mir die salzigen Tropfen aus den brennenden Augen rieb, kraulte ein Surfer an mir vorbei. Ich hob grüßend meine Hand, und er nickte freundlich zurück.

„Chris", meldete sich mein Freund plötzlich hinter mir, „vielleicht gehen wir besser aus dem Wasser."

„Wieso?", wandte ich mich um, „ist dir kalt?"

Er zeigte zum Strand. Die Show hatte geendet und am Ufer reihten sich gerade die Menschenmassen auf. „Nicht, dass die noch denken, wir gehören zu den Surfprofis", lachte er verschmitzt.

„Oh, du hast recht!", pflichtete ich ihm bei. Als wir durch das Weißwasser zum Strand stapften, tastete ich an meinem Handgelenk nach meinem Zopfgummi, fand es aber nicht. *Ich muss es beim Schwimmen verloren haben.* Mein langes, blondes Haar fiel offen auf meine Schultern und mein türkis-weißes Schwimmhemd klebte an meiner Haut, sodass es jeden Muskel betonte. In unserem Rücken ritt der Surfer, den ich gegrüßt hatte, bereits seine erste Welle. Ich verspürte einen gewissen Neid – Surfen stand ganz weit oben auf der Liste der Dinge, die ich unbedingt mal machen wollte! Ich musterte die Menschenmenge vor uns am Strand, die auf das Meer starrte. *Nanu?* Ihre Blicke, stellte ich verlegen fest, fixierten nicht den Surfer hinter uns. Sondern *mich!* Vielleicht dachten sie, dass ich als einziger Ausländer weit und breit ein besonderer Teilnehmer des Wettbewerbs sein musste? *Dabei stand ich noch nie in meinem Leben auf einem Surfbrett!*

„Alle gucken dich an", flüsterte mein Freund an meiner Seite.

„Ich weiß! Was soll ich machen?!", raunte ich betroffen zurück.

„Bleib am besten im Wasser!", riet er.

„Aber eben gerade meintest du doch noch …", wollte ich protestieren, als er mir ins Wort fiel: „Ja, aber schau!"

Eine Reporterin mit Mikrofon und ein Kameramann hatten sich vor uns positioniert, um uns beim Herauskommen abzupassen. *Oh nein!* Wir hasteten unter den Blicken der nur einen Steinwurf weit entfernten Zuschauermenge durch das Wasser wie zwei schlechte Kopien der Jungs von Baywatch. Ein paar Leute pfiffen. Andere filmten uns mit ihren Handys.

Wie peinlich! Nur weg! Sobald wir die Reporterin abgehängt hatten, rannten wir auf den Strand und in Richtung unseres Geländewagens. Als wir die Menschenmasse erreicht hatten, presste ein Mädchen neben mir ihre Hand auf den Mund und kreischte hysterisch auf. Bitte nicht! Einige der Umstehenden drängten sich nun zu mir und versuchten rasch, ein Selfie mit mir zu knipsen. Es war wie der eine Dominostein, der den Rest zum Fallen bringt. Der Tumult, der jetzt um mich losbrach, überzeugte wahrscheinlich sogar den letzten Skeptiker davon, dass es sich bei mir um einen berühmten Surf-Star handeln musste. *Von wegen!*

„Was soll ich denn machen?!", rief ich händeringend, als scharenweise Jugendliche auf mich einströmten.

„Da musst du jetzt durch", lachte er. „Ich warte dann am Auto auf dich."

„Was? Du kannst mich doch jetzt nicht alleinlassen!" Verzweifelt hob ich einen Arm und drückte mich an ein paar der jungen Asiaten vorbei, um zu meinem Freund aufzuschließen.

Eine Gruppe hübscher Mädchen hüpfte mir in den Weg. „Nur ein Foto, Sir!" Ich seufzte und ging etwas in die Hocke, um mit ihnen für den Schnappschuss auf gleicher Höhe zu sein. Ein Fehler! Denn jetzt schrien andere hinter mir schrill auf und weitere selbst ernannte Selfie-Fotografen umschlossen mich, angestachelt vom Wahn der Menge. *Hilfe! Wo sind meine Bodyguards?!* Überall um mich herum schubsten die Einheimischen sich gegenseitig, um mir näher zu kommen. Wenn ich nicht mindestens einen Kopf größer gewesen wäre als alle anderen, hätte ich wohl kaum noch atmen können. Verzweifelt stemmte ich mich nach vorne und zog die Menschentraube förmlich mit mir. Dabei zwang ich mich zu einem verkniffenen Lächeln, damit ich auf den zahlreichen Fotos keine allzu miese Figur machte.

„Ein Selfie, bitte", damit klatschten mir immer wieder Filipinas ihre Smartphones an die Nase.

„Wo kommen Sie her?", fragten andere.

„Deutschland", verriet ich und schwärmerisch jauchzte die Menge auf.

„Sir, die Mutter der letzten Miss World war von den Philippinen und der Vater aus Deutschland!", erklärte mir ein Mädchen mit leuchtenden Augen.

Ach, du ahnst es nicht! Ich schlug mir eine Hand vor die Augen und schleppte mich weiter. Je häufiger ich betonte, dass ich nichts mit Surfen am Hut hatte, und je mehr Leute ihre Fotos bekamen, desto weiter entspannte sich die Lage. Schließlich schaffte ich es, aus dem Gedränge auszubrechen, und eilte hinter meinem Freund her. Gemeinsam flüchteten wir uns in seinen weißen Pick-up.

„Was? Du möchtest schon los?", lachte der Filipino. *Scherzkeks!* Glucksend startete er den Motor. „Woanders als in Hollywood-Schnulzen sehen die eben nie jemanden wie dich."

Wir fuhren den Sandweg hinunter. Am Ende der parkenden Autoschlange näherten sich gerade zwei Traktoren, die jeweils einen langen Anhänger mit einer Schulklasse im Teenageralter zogen. Mein Freund drückte auf den Knopf für den Fensterheber und senkte die getönte Scheibe auf meiner Seite.

„Was – nein, ich ..."

„Komm schon", bat er mich grinsend. Auf der Höhe des ersten Treckers drosselte er zum Schritttempo. „JETZT!"

Ich streckte lächelnd meinen Kopf aus dem Fahrzeug und winkte. Unterstützt von der Hupe meines Freundes. „Hallooooo!"

Die ersten Filipinas erblickten mich, schrien gellend auf und verrenkten sich schier, um mich vielleicht mit einer Hand zu berühren. Dann entflammte auch der Rest und johlte und pfiff mir hinterher.

Mein Freund am Steuerrad krümmte sich vor Lachen! „Nochmal", schluchzte er mit Freudentränen in den Augen und bremste wieder, als wir den zweiten Trecker passierten.

Durch den Lärm der anderen war diese Schulklasse bereits alarmiert. Ich brauchte also gar nichts weiter zu tun, als mich nur aus dem Fenster zu lehnen. Da tobte die Menge bereits vor Begeisterung! Sie hüpften und kreischten derart ausgelassen, dass ich schon Angst hatte, einige könnten vom Hänger fallen. Auch sorgte ich mich um meinen Freund, der krampfartig wiehernd aufs Lenkrad schlug.

„Mann!" Er schnappte nach Luft. „Warum haben wir das nicht gefilmt!?"

Früher dachte ich mal, dass Asiaten eher schüchtern seien. Aber das stimmt nicht. Man muss sie nur in ihren Leidenschaften erleben. Jeder, der beispielsweise einmal zusammen mit Asiaten Karaoke gesungen hat, weiß, wovon ich rede! Selbst der schmächtigste und schüchternste Brillenträger verwandelt sich in einem Karaoke-Raum in einen Rockstar! In diesem Fall halt ein Rockstar mit Brille! Ich übertreibe nicht, wenn ich sage, dass die Transformation des Dr. Bruce Benner in den „Unglaublichen Hulk" im Vergleich dazu Eierkuchen ist!

Aber neben Karaoke und deutschen Surflegenden – *hust* – haben die Filipinos noch eine weitere große Liebe: Basketball!

Was den Deutschen der Fußball ist, ist für die Filipinos der Basketball. An beinah jeder Straßenecke hängt ein improvisierter Basketballkorb, an dem die Kinder von klein auf trainieren. Und wo es weder Straßen noch Bälle gibt, binden die Bewohner oft einfach einen Drahtring an eine Palme, durch den sie dann eben Kokosnüsse werfen. *Wo ein Wille ist, da ist auch ein Basketball!*

Dennoch schmerzt es mich, das sagen zu müssen: Es ist eine tragische Liebe! Denn die Filipinos lieben den Basketball, aber der Basketball nicht die Filipinos. Was bei einer Durchschnittsgröße von 1,62 Metern bei Männern nicht verwunderlich ist. Im internationalen Basketball spielen die Filipinos deswegen nur eine *kleine* Rolle. Dennoch halten sie weiter an dieser Liebe fest, und das finde ich dann schon wieder bewundernswert.

Februar 2016

Danach reiste ich nach Manila, der Hauptstadt der Philippinen. Die Eltern und Geschwister des Freundes, der mich auf den Strandausflug begleitet hatte, nahmen mich dort für einige Wochen auf. Seine Mutter ist Zahnärztin. „Bevor du gehst, untersuche ich deine Zähne, anak!", sagte sie. „Anak" heißt Sohn, und sie sind wirklich zu Familienmitgliedern für mich geworden! Sie entfernte mir nicht nur einige kleinere Kariesstellen, die sich eingeschlichen hatten, sondern auch noch meine Weisheitszähne – völlig umsonst! Die hätten mir andernfalls in den nächsten Monaten Probleme gemacht und damit vielleicht sogar den weiteren Verlauf meiner Reise gefährdet. *Ich habe immer so viel Schwein, dass ich in Vanuatu sicherlich ein großer Häuptling werden könnte! Hoffentlich hält das an!* Denn bei der Bootssuche, die mir bevorstand, würde ich es dringend brauchen!

„Herein!" Ich drückte die Klinke herunter und betrat das Hafenbüro des Subic-Bay-Jachtclubs in der nördlichsten Marina der Philippinen. Die Jachten, die nach Korea oder Japan segelten, würden deswegen aller Wahrscheinlichkeit nach hier vorbeikommen.

„Wie kann ich helfen?", begrüßte mich ein Mann hinter einem Schreibtisch zu meiner Rechten. Zu meiner Linken war eine große Fensterfront. Weil wir uns im dritten Stock befanden, konnte man durch die Glasscheiben alle Docks der Marina überblicken. Sachte schaukelten die Boote im Wasser, und dumpf konnte man das metallische Klackern vernehmen, das von den Leinen verursacht wird, die an Masten schlagen.

„Ich helfe auf Segeljachten", stellte ich mich vor. „Welche Boote fahren demnächst nach Nordosten?"

Der Mann hinter dem Schreibtisch lächelte. „Fahren?“ Er stand auf und begab sich zu der Fensterfront. „Siehst du die vielen Boote“, fuhr er fort.

„Ja.“ *Ich bin ja nicht blind.*

„Und siehst du die vielen Menschen?“, fragte er weiter.

„Welche Menschen?“, fragte ich verdutzt zurück. Bis auf ein paar philippinische Reinigungskräfte wirkte der Hafen menschenleer.

„Exakt!“ Damit kehrte der Mann zurück zu seinem Schreibtisch. „Die meisten Boote sind hier stationär und die Besitzer kommen nur alle paar Monate am Wochenende.“

„Also fährt hier gerade niemand in meine Richtung?“, hakte ich noch einmal nach, um sicherzugehen.

Der Mann hinter dem Schreibtisch nickte. „Du kannst aber deinen Zettel aufhängen, falls doch jemand kommt.“

„Und was schätzen Sie“, setzte ich zur nächsten Frage an, „wie viele Jachten jährlich von den Philippinen aus nach Korea oder Japan fahren?“

„Von den ganzen Philippinen? Vielleicht zwischen drei und fünf. Könnten aber auch weniger sein.“

Ach du lieber Himmel! Zwischen drei und fünf?!

Ich war darauf vorbereitet gewesen, demotiviert zu werden. Man begegnet unterwegs immer einer Reihe von Traumzerstörern. Also Menschen oder Umständen, die einem die Unmöglichkeit eines Vorhabens einreden wollen. „Das geht nicht“, „Das hat noch nie jemand versucht!“, heißt es häufig oder: „Das hat schon jemand versucht und es hat nicht funktioniert!“ Ich habe mir angewöhnt, mich von solchen Aussagen nicht allzu sehr beeindrucken zu lassen. Aber wenn der Mann Recht hatte, dann sahen meine Chancen noch viel weniger rosig aus, als ich es ohnehin schon vermutet hatte.

Trotzdem, noch gebe ich nicht auf! „Zu welcher Zeit stoppen die Jachten hier, die in Richtung Nordosten wollen?“, erkundigte ich mich weiter.

„Die Zeit beginnt jetzt. Mein bester Tipp ist die Rolex-Jacht-Regatta, die Ende des Monats aus Hong Kong eintreffen wird. Vielleicht ist auch eine Jacht aus Japan dabei.“

Das ist doch schon mal etwas! Ich bedankte mich, verließ das Büro und lief hinab zu den Docks. *Klopft das Glück nicht an? Dann bau eine Tür!*, heißt es doch so schön. Und das wollte ich jetzt so gut wie möglich versuchen. Ich klapperte mal wieder persönlich alle Boote ab und stellte Kontakte her.

Bis die Rolex-Regatta eintraf, verbrachte ich beinah jeden Tag im Jachtclub damit, so viele Leute wie möglich kennenzulernen. In den Nächten schlief ich in einem Park am Meer. Man kann nicht gerade sagen, dass es sehr sicher gewesen wäre. Aber ein älteres Ehepaar, das seit Jahren den Park pflegte und am Rand in einer kleinen Hütte wohnte, hatte mein Vorhaben als halbwegs unbedenklich eingestuft.

„Spann deine Hängematte neben unserer Hütte im Licht auf, dann sollte alles gut gehen", sagten sie. Meinen Rucksack verstaute ich wie gewöhnlich in einer Mülltüte direkt unter meiner Hängematte.

„Ja, es ist ein Boot aus Japan mit dabei!", informierte mich der britische Skipper einer Rennjacht. Er war auf einer der über 30 Jachten mit der Regatta aus China gekommen, und wie die meisten wollte er noch an einem weiteren lokalen Rennen teilnehmen. Ich hatte mich auf die Willkommensfeier für die Teilnehmer der Regatta geschlichen, um Kontakt zu den Seglern aufzubauen. „Du musst dich aber ranhalten." Der Brite beugte sich über die weiße Tischdecke. „Morgen früh wollen die Japaner bereits aufbrechen."

„Oh. Dann haben sie bestimmt schon genug Mannschaft", vermutete ich enttäuscht, sackte zurück in meinen Stuhl und starrte an die Decke. *Es sieht nicht gut aus!* Damit meinte ich nicht die Deko, denn die war fabelhaft! Der Pavillon, in dem wir uns befanden, war in edlem Weiß geschmückt. Über mir glommen Lampions, und hinter den kunstvoll beschnittenen Büschen spiegelte sich der Mond im dunklen Wasser des Meeres.

Der Mann grinste, als wüsste er die Lösung für mein Problem. „Aber immerhin, der Rum heute ist gratis!"

Das war nicht ganz das, was ich mir erhofft hatte. Aber ich schmunzelte zurück. „Danke. Sonst noch Ideen?"

„Was ist", schlug er vor, „wenn du nach Hong Kong und dann nach Taiwan fährst? Vielleicht hast du dort mehr Glück."

Darüber hatte ich auch schon nachgedacht. Doch ich schüttelte den Kopf. „Selbst nach Hong Kong segelt niemand, der noch einen Mann mehr braucht."

Jetzt wurde der Brite ernster. „Komm schon! Jetzt gib nicht so schnell auf. Jeder hat mal einen schlechten Tag. Aber Hindernisse sind selten die

Ursache fürs Scheitern. Meistens ist es mangelnder Glaube an sich selbst und das Machbare."

Während ich diesen Satz auf mich wirken ließ, musterte mein Gesprächspartner die gläsernen Flachmänner am Büfett. Dann sagte er: „Ich glaube, zwei Pullen allein zu trinken krieg ich hin. Was meinst du?"

Ach, diese Segler!

Am nächsten Morgen stand ich früh auf, um trotz allem mein Glück bei den Japanern zu versuchen. Wie ich vermutet hatte, war ihre Mannschaft jedoch bereits voll besetzt, und sie legten ohne mich ab. Bedrückt stand ich am Pier und schaute mit langem Gesicht der Jacht bei ihrer Abfahrt hinterher.

Ein weiteres Türchen schließt sich. Was ich brauchte, war in der Tat ein kleines Wunder. Selbst wenn noch andere Boote kommen würden – warum sollten die noch jemanden brauchen? *Hindernisse sind selten die Ursache fürs Scheitern,* besann ich mich auf die Worte des Briten. *Er hat recht. An mir soll es nicht liegen!*

Wie schon häufiger in solchen scheinbar ausweglosen Situationen kontaktierte ich einige Freunde mit der Bitte, für mich zu beten. An den Sinn oder Unsinn von Gebet kann man glauben oder auch nicht, aber ich persönlich habe damit erstaunliche Erfahrungen gemacht.

Außerdem meldete ich mich als Helfer bei der lokalen Regatta, um mehr Verbindungen aufzubauen. Nicht stillzustehen, sondern zu tun, was ich tun konnte, gab mir Hoffnung. Und wer hätte es gedacht? Nur einen Tag später erwartete mich bereits mein Wunder.

„Ich möchte dir jemanden vorstellen", sagte der russische Kapitän einer Superjacht zu mir, den ich in der Lobby des Jachtclubs getroffen hatte. „Sie sind gerade aus Thailand angekommen."

Durch eine Drehtür betraten wir das prunkvolle Innere des Clubs, der auch als Hotel fungierte. Der Fußboden der Lobby bestand aus sandfarbenem Marmor, im Zentrum des Raumes führte eine breite Treppe, die mit einem grünen Teppich belegt war, in das nächste Geschoss. Und an zwei von insgesamt vier weiß-goldenen Säulen standen gemütliche Sessel aus Mahagoni mit hellem Samtüberzug. In einem dieser Sessel saß ein großgewachsener Mann mit glatten schwarzen Haaren und kantigem Gesicht und telefonierte. Wir warteten, bis er geendet hatte. Dann stand er auf, gab uns die Hand, und wir setzten uns.

„Der Bursche hier möchte auf einem Boot arbeiten, das nach Süd-Korea geht", kam der Kapitän der Superjacht gleich zur Sache.

Der Mann mit den glatten Haaren blickte mich an, ohne zu lächeln. „Gut für dich", sagte er, aber sein Gesichtsausdruck blieb kalt. Auch er hatte einen harten russischen Akzent. „Kannst du segeln?"

„Ja", erwiderte ich, „ich bin bereits zu zwei Dritteln um die Welt gesegelt. Und ich würde umsonst arbeiten."

Der Russe mit den glatten Haaren verzog einen Mundwinkel. Die erste Reaktion in seinem Gesicht, die ich hatte beobachten können. „Mein Boss wird begeistert sein."

Klingt nicht so. Ich runzelte die Stirn angesichts des wenig enthusiastischen Tonfalls.

Die beiden Männer unterhielten sich eine Weile in ihrer Muttersprache. Dann wandte der Mann mit den platten Haaren sich wieder an mich: „Die Jacht soll für eine Regatta nach Korea gebracht werden. In ein paar Tagen kommt der Skipper aus Wladiwostok. Dann könnt ihr los."

„Ihr?", fragte ich erstaunt. „Sie sind nicht dabei?"

Wieder verzog der Mann einen Mundwinkel, bevor er auf das Handy neben sich deutete. „Ich habe gerade gekündigt. Dieser Sohn einer [nichts für Zartbesaitete] will mich nicht bezahlen!" *Das erklärt seine miese Stimmung.* „Schlecht für mich. Gut für dich!", fuhr er mit zusammengekniffenen Augen fort. „Ich gebe dir Bescheid, wann du an Bord kannst."

April 2016

Sobald der Skipper aus Wladiwostok eingetroffen war, ging alles ganz schnell. Die Winde schienen günstig zu stehen, und wir wollten keine Zeit verlieren. Denn obwohl in diesen Wochen Taifune noch unüblich waren, bestand dennoch ein Risiko, von diesen zerstörerischen Unwettern überrascht zu werden. Und je mehr von der Gutwetterfront wir nutzen konnten, desto besser.

Somit befestigten wir gleich am ersten Tag die Segel, tankten auf und besorgten knapp 100 Liter Rum, die wir im Heck versteckten.

„Wofür benötigen wir die?", fragte ich ein wenig naiv.

„Für meinen Freund", erklärte der russische Skipper mit einem Augenzwinkern. Überflüssig zu erwähnen, dass der Zoll nichts davon erfuhr.

Der Kapitän war bereits Anfang 50, hatte krauses weißes Haar und einen kurzen Bart. Er besaß ein charmantes Lächeln, und trotz seiner kleinen Wampe wirkte er ziemlich sportlich. Ein Mann, mit dem man Pferde stehlen konnte. Oder Rum schmuggeln. Vollständig wurde unsere Mannschaft mit einem weiteren Russen Ende 40. Ein drahtiger Mann mit einem derben Sinn für Humor, einem klugen Kopf und dem Herz am rechten Fleck. Schade nur, dass er all sein Geld und seine Zeit in Alkohol, Zigaretten und Prostituierte investierte. *Klug ist eben nicht immer weise.*

Unsere Jacht war für Rennen ausgelegt, und sobald wir die Bucht verlassen hatten, schnitt das Boot mit flotten sieben Knoten in Richtung Norden. Bis zur Höhe von Taiwan verbrachten wir die meiste Zeit noch in Shorts, doch dann begannen die Temperaturen frischer zu werden und unsere wachsenden Kleiderschichten bezeugten den raschen Fortschritt unserer Reise.

Nach nur fünf Tagen passierten wir schon die japanischen Inseln von Okinawa. Es hätte kaum besser laufen können!

Doch dann, am sechsten Tag, überbrachte uns der Skipper schlechte Neuigkeiten: „Eine Sturmfront ist im Anmarsch", sagte er grimmig, als er uns den Wetterbericht weitergab, den er soeben über das Satellitentelefon erhalten hatte. „Wir nehmen Kurs auf die koreanische Insel Jeju-Do. Dort werden wir zwei Tage lang Zuflucht suchen."

„Aber bis nach Jeju-Do sind es noch dreihundert Meilen!", warf ich ein.

„Ja, das wird eng", gab der Skipper zu, „aber wir machen fast acht Knoten Fahrt. In vierzig Stunden könnten wir bereits da sein."

Inzwischen trugen wir Kalt-Wetter-Kleidung. Wind und Wellen fielen vom Bug ein. Die Jacht befand sich in konstanter Schieflage, und immer wieder spritzte Gischt ins Cockpit. Nicht gerade bequem. Und doch machte es Spaß!

Weil bei diesen Wetterverhältnissen niemand ein kompliziertes Gericht zubereiten wollte, erhitzten wir auf unserem Camping-Kocher einfach einige Tüten Buchweizen. Die Russen nennen ihn *Gretschka*, und wir aßen die kleinen Nüsschen mit Milch und Zucker.

Am Abend flachte der Wind so weit ab, dass wir zur Unterstützung den Motor nutzen mussten. Den Skipper beunruhigte das. Die Zeit, um noch vor dem Sturm die Insel Jeju-Do zu erreichen, wurde immer knapper. Jetzt durfte nichts mehr schiefgehen.

Um ein Uhr nachts weckte mich dann der drahtige Russe: „Das Triebwerk hat gestoppt!"

Nein! Nicht jetzt! Ich erhob mich schläfrig, aber bestürzt, um zu helfen. Über eine Stunde untersuchten wir gründlich das Getriebe, konnten die Ursache allerdings nicht finden. Dabei war Zeit ein Luxus, den wir nicht besaßen. Erst, als ich mit einer Taschenlampe das düstere Wasser am Heck ableuchtete, entdeckte ich das Problem – und erschrak. Zunächst sah das, was in der Schraube hing, aus wie ein langer Zopf Menschenhaar. Eine Wasserleiche? Im südchinesischen Meer gibt es Piraten. Warum nicht auch im ostchinesischen?

Bei genauerer Untersuchung zeigte sich dann, worin wir uns wirklich verfangen hatten. Erleichtert rief ich den anderen zu: „Das sind Algen! Die Schraube muss blockiert sein!"

Mit einem Bootshaken schafften wir es, die Seegewächse zu erreichen und aus dem Gewinde zu ziehen. Unsere Freude hielt jedoch nicht lange vor.

„Schon wieder!", ärgerte sich der Skipper, als der Propeller erneut blockierte. Und diesmal waren die Pflanzen außer Reichweite, weswegen wir nach dem Morgengrauen unsere Befreiungsversuche endgültig aufgaben und unter dem schwachen Wind mit nur noch drei Knoten Fahrt dahinglitten. *Das war's dann wohl!*

Da die beiden Russen in dieser Nacht kaum geschlafen hatten, navigierte ich den Tag über die Jacht alleine. Dichter Nebel umgab uns wie eine graue Glocke, und das Wasser und die Luft fühlten sich eisig an. Unzählige Kondenstropfen hatten sich wie ein funkelnder Schleier auf unser Deck gelegt.

Das ostchinesische Meer ist wirklich speziell!, fand ich. Obwohl wir uns über 150 Kilometer entfernt von allem Land befanden, lag lediglich 100 Meter unter uns der Meeresgrund. Ungewöhnlich flach. Die See hatte eine grünliche Farbe, und riesige Felder rot-brauner Algen trieben wie Blutlachen darauf umher. Außerdem auch haufenweise Müll und Bojen von Fischern. Hin und wieder schälte sich aus der diesigen Wand, die über dem Wasser schwebte, ein chinesischer Kutter. *Dass die noch nicht untergegangen sind! Das Ding ist doch total durchgerostet!*, wunderte ich mich. Auch war es erstaunlich, dass sie bei der geringen Wassertiefe überhaupt Fisch finden konnten. Unser Funksystem zeigte an, dass sich Dutzende der asiatischen Kähne in unserer unmittelbaren Nähe befanden.

Über Nacht verwandelte sich das unheimliche Wetter dann in eine komplette Flaute. Lautlos dümpelten wir in der feuchten Dunstwolke. Ab und zu regnete es. Ansonsten war es totenstill. *Die Ruhe vor dem Sturm*, dachte ich. Obwohl es bisher nicht danach aussah. Es war ein bizarres Gefühl, in dieser fahlen Suppe gefangen zu sein. Ich malte mir aus, wie es wohl an Bord der chinesischen Fischkutter zuging. *Ob die Fischer vielleicht gerade im Schein einer schmierigen Lampe Reisnudeln mit Sojasoße schlürfen?* Diese Männer hatten den Großteil ihres Daseins in diesen Gewässern verbracht. Ich wünschte, ich hätte sie fragen können, was uns bevorstand.

Noch bevor die Morgendämmerung die Nacht verdrängte, verflüchtigten sich die kleinen Dreiecke auf unserem Plotter, die die Boote um uns herum darstellten. *Ja, sie wissen Bescheid!* Nur wir blieben zurück. Unfähig, uns in Sicherheit zu bringen.

Unsere Frühstückseier schmeckten an diesem Vormittag fade. Vielleicht fehlte dem Essen Salz. Aber vielleicht war es auch das angespannte Warten auf das, was uns bevorstand, was uns den Appetit verdarb. Das glatte Wasser plätscherte sanft gegen die Außenwand unserer Jacht, und stumm blickten wir in den dicken Nebel, der bereits seit Tagen die Sonne verschluckt hatte.

Plötzlich regte sich etwas. „Da!“ Der drahtige Russe hob eine Hand. In einiger Entfernung erzitterte das Wasser, und wie ein Schauder stob diese Vibration über die Oberfläche, bis sie unser Boot erfasste und uns wie kalte

Finger durch die Haare fuhr. *Wind!* Der Luftzug baute sich weiter auf und erweckte die schlafenden Wellen des Meeres endlich wieder peitschend zum Leben.

„Refft das Groß und hisst die Sturmfock", wies uns der Skipper eilig an und schickte uns auf das Vordeck, während die See um uns herum zum Leben erwachte.

Gerade hatten wir das Kommando ausgeführt, da blähten sich schon die Segel, und innerhalb kürzester Zeit brach unser Bug wieder durch die schäumenden Fluten. Gischt spritzte um die leuchtend-orange Sturmfock an der Spitze des Bootes, die einen warnenden Kontrast zu dem trüben Grau bildete. Die Strömung hatte die Schraube inzwischen freigespült, sodass wir dank des zusätzlichen Vortriebs trotz des schweren Wetters eine gute Kontrolle über das Boot besaßen. Ich beobachtete das Naturschauspiel voller Faszination – einen so raschen und krassen Umschwung hatte ich noch nie erlebt. Schließlich übermannte mich jedoch die Erschöpfung, und da sich nichts weiter zu tun schien, stieg ich unter Deck, um endlich etwas Schlaf aufzuholen.

BÄMM! Was war das für ein Knall gewesen? Benommen fuhr ich hoch, nur um von einem plötzlichen Ruck wieder umgerissen zu werden. In der Küche pfefferte eine Schublade mit Besteck klirrend aus der Halterung. *Was zum … ?!* Erneut krachte ein massiger Schlag an die Bordseite, so als versuchte das Meer unser Schiff in Stücke zu hauen. Die Fiberglaswände ächzten und knarrten unter den gewaltigen Hieben. Schlaftrunken zurrte ich mir einen Sicherheitsharnisch um und kletterte taumelnd in den Salon, in dem ein ungeheures Chaos herrschte. Alles, was nicht angebunden war, flog mit lautem Gepolter in eine Pfütze. Reistüten und Müsli, Plastikbecher und Schüsseln und sogar der schwere Teekessel. Mein Herz pumpte aufgeregt den Rest Müdigkeit aus meinem Kopf.

Wo sind die anderen?! Über die Treppe kraxelte ich ins Cockpit. Es war stockfinstere Nacht. Der Wind zerrte heulend an der Takelage, und wütend flutete Wasser über die Reling.

„HEY! ALLES IN ORDNUNG?", rief ich gegen das brausende Getöse an. Noch sah ich niemanden. Meine Augen mussten sich erst an die Dunkelheit gewöhnen. Aus der Schwärze heraus gab mir jedoch jemand eine beeindruckende Auswahl russischer Schimpfwörter zur Antwort.

Gott sei Dank! Offensichtlich ist alles beim Alten! Doch wie lange noch? So, wie es aussah, warf uns der Sturm in eine Schieflage von bestimmt 45 Grad. Und unter den donnernden Aufschlägen der Wellenberge nahm die Neigung sogar jede Minute noch zu. Oben auf der Luvseite des Cockpits, also die Seite, von der aus der Wind einfällt, erkannte ich nun den Skipper. Er hielt sich mit einer Hand an der Sicherungsleine fest, und mit der zweiten umklammerte er die Ruderpinne. Aus seinem Mund quollen dabei so viele Flüche, dass ich mich fragte, wie er sich überhaupt noch aufs Lenken konzentrieren konnte. Vor ihm hing der andere Russe an den Winden für die Schoten.

„Wir haben zu viel Segel draußen!“, rief ich den beiden zu. Anders war die starke Krängung nicht zu erklären.

„ACH WAS?!“, brüllte der drahtige Mann mich gereizt an.

Gut, wisst ihr auch schon. Ich klinkte meinen Harnisch ein und kletterte über die steile Flanke der Jacht zu den beiden anderen, um mir einen Überblick zu verschaffen. Sofort wurde ich von einem Schwall eisigen Wassers überschüttet, das der Wind bei jedem wuchtigen Aufprall der Wellen über das Boot schleuderte. Ich biss mir auf die Lippen, um nicht ebenso zu fluchen wie die Russen.

Um den Druck auf das Segel zu verringern, hatten die Männer den Großbaum weitestgehend über das Wasser gestellt, sodass dieser nur wenige Handbreit über der Oberfläche schwebte. Sollte er eintauchen, könnte unser Mast brechen. Jetzt war zudem offensichtlich, warum wir das Großsegel nicht mehr reffen konnten: So weit außerhalb vom Deck über der zischenden See und mit einer derartigen Schlagseite wäre es glatter Selbstmord gewesen, sich am Großbaum zu schaffen zu machen. Unter diesen Umständen über Bord zu fallen würde den sicheren Tod bedeuten. Bei den Sichtverhältnissen würde einen niemand mehr finden, sodass man im Nu unterkühlen und ertrinken würde. Auch zerrte der Sturm mit einer solchen Macht an dem Segeltuch, dass es ohnehin keiner mehr herunterbekommen würde. *Aber zu viel Segelfläche im Sturm ist schrecklich gefährlich!*

„Habt ihr probiert, in den Wind zu steuern?“, rief ich dem Skipper zu. Das war die einzige Möglichkeit, das Großsegel noch zu erreichen.

Der Mann mit dem krausen weißen Haar fletschte die Zähne und drückte zur Antwort die Pinne etwas von sich weg, um anzuluven. Ich hielt mich bereit, um zum Mast zu hasten und das Segel einzuholen. Wie immer beim Beidrehen fühlte sich der Wind sofort noch brutaler an, als er es ohnehin schon tat. Das ohrenbetäubende Rauschen nahm weiter zu, und in der Takelage verwandelte sich das Jaulen der wilden Luftströme in ein schrilles Kreischen. Gleichzeitig schmetterte unser Vorschiff so dröhnend durch den Wellenkamm, dass ich fürchtete, unsere Jacht würde zerbersten. Sprudelnd wälzte sich Wasser über das Deck und klatschte an unsere durchweichten Körper. Ich bibberte. Die beißende Kälte stach bis in die Knochen.

„VERGISS ES!", bellte der Skipper und drehte wieder ab. „SO ZERTRÜMMERN WIR NUR DEN BUG!"

Unsanft schwankten wir zurück in die Schräglage von vorher. Das Manöver war gescheitert.

„Vielen Dank", wandte sich der drahtige Russe nun verärgert zu mir um. Mit der freien Hand wischte er sich das Spritzwasser aus dem Gesicht und fügte dann hinzu: „ ... für nichts!"

Ich verstand seinen Zorn. Meine Gummistiefel hatten sich in ein Aquarium verwandelt und meine Finger und Zehen fühlten sich steifgefroren an. Meine Nerven lagen blank, und wie musste es erst den beiden anderen gehen, die schon länger draußen waren? Trotzdem: Falls der Wind noch weiter zunehmen sollte, würde uns die Takelage um die Ohren fliegen. Oder unsere Jacht so weit kippen, dass wir volllaufen und sinken würden. In den Sturm zu drehen war zwar furchteinflößend, wäre aber in meinen Augen noch immer das Richtige gewesen.

Manchmal ist es das größte Risiko, kein Risiko eingehen zu wollen und stattdessen einfach nur abzuwarten. Wer aktiv wird, verändert. Wer passiv bleibt, wird verändert. Es liegt an uns, was wir aus einer Situation machen. Oder wie Aristoteles damals gesagt hat: *„Wir können den Wind nicht ändern, aber die Segel anders setzen."*

Für solche philosophischen Gedanken schien jetzt nicht der richtige Moment. „Wenn wir mit etwas weniger Geschwindigkeit beidrehen, dann ...", versuchte ich dennoch einen neuen Vorschlag.

„GENUG! HALT EINFACH DEN RAND!", unterbrach mich der aufgebrachte Russe an den Schoten.

So hatte ich mir das jetzt nicht vorgestellt. Hilfesuchend blickte ich mich zu dem Skipper um, der am Ruderstock leise vor sich hin fluchte. Er hatte das Thema offensichtlich abgehakt und konzentrierte sich auf andere Dinge. Beklommen setzte ich mich auf die hohe Kante des Bootes, um mit meinem Körpergewicht der Schlagseite etwas entgegenzuwirken. Tja, so geht es wohl vielen, die etwas verändern wollen: Sie scheitern an der Mehrheit.

Ein frostiger Schwall Wasser überspülte mich. Dann ein nächster. Meine Zähne klapperten. *Nein, nicht die Mehrheit ist das Problem, sondern die, die nicht zuerst das Vertrauen der Mehrheit gewinnen.*

Um uns herum war alles pechschwarz. Nicht einmal die nächste Welle konnte man erkennen, bevor sie grollend auf das Boot hämmerte. Kein Mond und keine Sterne waren zu sehen. Nur die Positionslaternen am Bugkorb glommen rot und grün. Und an der Spitze des Mastes hatten wir für bessere Sichtbarkeit das weiße Ankerlicht eingeschaltet.

Das Unerträglichste an der Passivität ist die Ungewissheit, überlegte ich, als ich in die Finsternis starrte. Keiner von uns hatte eine Ahnung, wie schwer der Sturm noch werden würde oder wie lange wir ausharren müssten. Dabei hing unser Leben davon ab. Aber anstatt unsere Lage zu verändern, hatten wir uns ihr ausgeliefert.

Jetzt können wir nur hoffen, dass das Wetter uns gnädig ist. Und obwohl mir das nicht gefiel, musste ich dennoch einsehen: Die beste Chance hatten wir dann, wenn wir am selben Strang zogen.

„Ruh dich aus. Ich löse dich ab", wandte ich mich an den drahtigen Mann. Er zögerte einen Moment, als wäre er unsicher, ob das eine gute Idee war. Schließlich nickte er dann aber doch, und ich trat an seine Stelle. Mit einem zusätzlichen Haken gesichert stieg der Russe zur tieferen Seite des Hecks, um ein weiteres Mal die Dieselkanister zu vertäuen. Drei der Behälter hatten die Fluten bereits über Bord katapultiert. Danach kletterte der Mann ins Bootsinnere, aus dem er mir einige Eimer Wasser zum Ausleeren reichte, bevor er sich schließlich zwischen zwei Segeltaschen schlafen legte.

Draußen kämpften der Skipper und ich weiter gegen das Unwetter an. So lange, bis der bärtige Russe nicht mehr konnte und sich mit dem anderen ablöste. Danach wurde ich dann wieder abgelöst. So rotierten wir die gesamte Nacht über. Einer hielt den Kurs stabil, während der andere an den Segeln nachjustierte, um diese immer so weit wie möglich zu entlasten, und der dritte sich ausruhte. Bei Tagesanbruch verringerte sich dann allmählich unsere Schlagseite; ein erstes Anzeichen dafür, dass wir das Schlimmste überstanden hatten.

„Was denkst du?“, fragte mich der Skipper, als ich ihn am Morgen an der Ruderpinne ablöste. Seine rote Hose und Jacke waren durchnässt und aus seinen krausen Haaren tropfte es fast so sehr wie aus seiner Nase.

„Dass du aussiehst wie der Weihnachtsmann im Badeurlaub“, antwortete ich grinsend und fügte hinzu: „Wenigstens hast du dich jetzt mal gewaschen!“

Der Skipper lachte. „Sag doch gleich, dass du kein Frühstück möchtest.“ Er streckte sich demonstrativ und verschwand in der Kabine. Durch die Öffnung sah ich, wie er sich eine Schüssel Müsli einfüllte.

Mist!

Erst in der anschließenden Nacht konnten wir die Sturmfock wieder durch das reguläre Vorsegel ersetzen, und am darauffolgenden Tag liefen wir in die Marina von Busan ein. Busan ist nach der Hauptstadt Seoul die zweitgrößte Stadt Koreas; 80 Prozent der Containerfracht für Südkorea gehen durch diesen Hafen. Ein Wirtschaftszentrum. Entsprechend beeindruckend ist auch die Skyline mit Gebäuden von bis zu 80 Stockwerken. Zum Vergleich: Der größte Wolkenkratzer in Deutschland hat nur 65 Etagen, halb so viele wie das höchste Gebäude Südkoreas, das 123 Stockwerke besitzt.

Haben die Koreaner vielleicht das Bedürfnis, irgendetwas auszugleichen? Diese Frage stellte ich mir in der ersten Nacht unserer Ankunft. Weil wir so durchgefroren und erschöpft waren, übernachteten wir nicht auf unserem Boot, sondern in einem der koreanischen 24-Stunden-Saunabäder, die man Jjimjilbang nennt. Zum einen sehnten wir uns unbeschreiblich nach einer heißen Dusche. Zum anderen sind die Jjimjilbangs die günstigste Übernachtungsmöglichkeit in Korea, weit vor Herbergen und Hotels. Es gibt getrennte Bereiche für Männer und Frauen, und wie in Deutschland auch, wird nackt sauniert.

Falls die Koreaner ihre Gebäude extra hoch bauen, um fehlende Länge an anderen Stellen auszugleichen, würde mich das nach diesem Sauna-Aufenthalt nicht mehr wundern. Für Leute, die an Statistiken interessiert sind oder es ein wenig direkter haben wollen: Die durchschnittlich kleinsten Nudeln der Welt kommen aus Korea. Und ich rede nicht von Essen. Vielleicht hilft diese Information auch dabei, den nordkoreanischen Diktator besser zu verstehen, von dem man ja häufig in den Medien hört. Den Drang, knappe Körpermaße mit „großen Taten" oder Statussymbolen ausgleichen zu wollen, nennt man übrigens *Napoleon-Komplex.* Wieder was gelernt!

Während meines Aufenthaltes in Korea, so hatte ich mir vorgenommen, wollte ich Koreanisch lernen. Die Sprache wäre bestimmt auch der Schlüssel für mich, um die asiatische Denkweise besser zu verstehen. Nebenbei war es außerdem der Schlüssel für die Koreaner, mich zu verstehen.

Für Spanisch, Italienisch und Portugiesisch hatte ich jeweils nur drei Monate gebraucht. Da sollten drei Monate in Korea doch auch ausreichen, stellte ich mich auf einen raschen Fortschritt ein. Ohne zu ahnen, wie sehr ich mich da überschätzt hatte. Immerhin kann man in nur zwei Stunden lernen, Koreanisch zu lesen – im Gegensatz zum Sprechen! Anstatt tausender Zeichen wie im Chinesischen und Japanischen verwendet man heute im Koreanischen nur 10 Vokale und 14 Konsonanten, die alle einem logischen System folgen. Also ähnlich viele Zeichen wie in unserem Alphabet. Wer einen Internetanschluss und zwei Stunden Zeit und Lust hat, kann es sogar gleich ausprobieren und bei einer der vielen Anleitungen im WWW mitmachen. Mal abgesehen davon, dass es für die meisten wahrscheinlich total überflüssig ist, Koreanisch lesen zu können – aber ein bisschen Gymnastik für die grauen Zellen schadet nie.

Da ich wusste, dass die moderne Technik einem das Sprachenlernen heutzutage sehr erleichtern kann, kaufte ich mir für mein Vorhaben ein günstiges Smartphone aus zweiter Hand, das mir ein Mann aus Bangladesch organisierte. Weil ich bis dahin komplett ohne Elektronik gereist war, war es das erste Smartphone meines Lebens. Aber relativ schnell fand ich mich zurecht und entdeckte auch gleich ein Programm, das sich „Die 1000 gebräuchlichsten koreanischen Wörter" nannte. *Bingo! Das klingt doch perfekt für mich!* Ich nahm mir für den Anfang vor, 30 neue Vokabeln und eine neue Grammatik-Regel pro Tag dazuzulernen. Ein hehres Ziel. Aber ich wollte ja fleißig sein.

Einige Wochen später, als ich bereits über 700 Wörter gelernt hatte, merkte ich dann, dass diese „1000 gebräuchlichsten Wörter" wahrscheinlich aus Zeitungsartikeln entnommen waren. Denn ich konnte nun Begriffe wie „Arbeitnehmer", „Vereinheitlichung" oder „Forschung und Entwicklung" im Schlaf übersetzen, wusste aber immer noch nicht, wie ich nach der „Toilette" oder „Essen und Trinken" fragen sollte. Bisschen blöd gelaufen. Vor allem, wenn ich wirklich mal dringend aufs Örtchen musste. Für den Fall jedoch, dass mich aus dem Nichts heraus jemand auf irgendwelche Themen aus Wirtschaft und Politik ansprach, war ich bestens vorbereitet!

Mai 2016

Auf dem Boot der Russen blieb ich noch bis zu einer Jacht-Regatta, bei der wir den zweiten Platz von über 50 Booten belegten. Ein schöne Erinnerung für unsere letzte gemeinsame Zeit! Dann verabschiedete ich mich von meinen neu gewonnenen russischen Genossen und trampte in das bergige Landesinnere Koreas zu dem historischen Städtchen Gyeongju.

Die Nacht war bereits hereingebrochen, als ich an einem See in der Nähe meines Zielortes anlangte, und dennoch war die Temperatur angenehm mild. Kurz spielte ich mit dem Gedanken, baden zu gehen. *Wenn ich als blonder Europäer aus dem dunklen See steige, kriegen die Koreaner wahrscheinlich den Schreck ihres Lebens,* schmunzelte ich, verwarf den Gedanken dann aber wieder. Meine Schritte hallten dumpf über eine Brücke, die zum anderen Ufer führte. *Das Gewässer sieht wirklich zauberhaft aus!* Ich lehnte mich auf das hölzerne Geländer und stand einfach nur schweigend da. Ich verlor jedes

Zeitgefühl, so hielt mich der Augenblick gefesselt! Um mich herum wechselten zierliche Deko-Leuchten an der Brüstung ihre Farben zwischen Blau und Rosa. Aus einem Lautsprecher in der Nähe erklang asiatische Musik im klassischen Stil, und nicht weit von mir reckten einige Kirschbäume ihr Geäst in die warme Nachtluft.

Ich bin tatsächlich in Korea! Wer hätte das gedacht?! Erst in diesem Moment fiel mir der Kontrast zu den Ländern, in denen ich mich bisher aufgehalten hatte, so richtig auf. Das erste Mal seit Europa war ich wieder in einem Erste-Welt-Land. *Alles scheint so harmonisch und sicher!*

Tatsächlich gibt es in Korea praktisch keine Mörder, keine Terroristen, keine Einbrecher, und selbst Drogen sind eine absolute Ausnahme. Wovor sollte man sich hier fürchten? Gut, mal abgesehen von den Raketen Nordkoreas natürlich.

Gerade weil der Alltag so sicher ist, haben sich unter den Koreanern einige völlig aberwitzige Ängste eingeschlichen. Ein bisschen wie bei unserem Immunsystem: Wenn es nichts zu tun hat, stürzt es sich auf gänzlich unnötige

Sachen und entwickelt Allergien. So geht es der Mehrheit der Koreaner, die beispielsweise Todesangst vor gewöhnlichen Zimmer-Ventilatoren haben. Nicht etwa vor den stattlichen metallenen Rotorblättern der Industrielüfter, sondern vor den kleinen Lüftern, die man sich in einer heißen Sommernacht auf die Kommode stellt. Unter Koreanern herrscht der enorm verbreitete Irrglaube, dass ein Ventilator, den man über Nacht angeschaltet lässt, den Sauerstoff des Raumes aufsaugt und man so im Schlaf erstickt. Andere Theorien sind, dass er ein Vakuum erzeugen würde, sodass man nicht mehr atmen kann und ebenfalls erstickt. Das ist natürlich wissenschaftlich nicht haltbar, und es gibt außerdem nicht einen einzigen Fall, in dem jemals ein Mensch nachweislich auf diese Weise ums Leben gekommen wäre. Dennoch ist diese Angst in den Leuten so verankert, dass sogar der Verbraucherschutz der koreanischen Regierung vor akuter Lebensgefahr warnt, wenn man seinen Ventilator über Nacht angeschaltet lässt. Daher sind auch viele koreanische Ventilatoren mit einem Zeitschalter ausgerüstet, der sie nach einer Weile automatisch abstellt.

Erste-Welt-Probleme, lachte ich bei dem Gedanken daran und setzte meinen Weg fort zum anderen Ufer, wo ich hinter einem verlassenen Toilettenhäuschen mein Nachtlager aufschlug.

Am nächsten Vormittag trampte ich in die Innenstadt. Der Fahrer fragte mich, wo er mich rauslassen sollte, und ich bat mit erhobener Hand um etwas Zeit zum Überlegen. *Ich hätte mir die Wörter vorher schon raussuchen sollen!* Eigentlich war ich auf der Suche nach einem Supermarkt, um günstig Lebensmittel aufzustocken. Die letzten drei Tage über hatte ich nämlich keinen gefunden und mich deswegen ausschließlich von Fertignudeln ernährt. Und zugebenermaßen fühlte sich mein Magen mittlerweile etwas flau an.

In meinem Kopf formulierte ich etwas wie: *„Lassen Sie mich doch bitte auf Ihrem Weg an einem nahe gelegenen Einzelhandel für Lebensmittel heraus.“* Was ich in Wirklichkeit sagte, war aber eher: „Du Weg Peripherie. Viele Leute kaufen. Rein raus.“

Bei meinem Bart, der mir nicht richtig wachsen will! Das Wort für Lebensmittel kenne ich nicht, aber „Peripherie“ fällt mir ein!

Zu meinem Erstaunen nickte der Fahrer eifrig und machte dabei „Oh oh oh!“, als wüsste er genau, was ich meine. *Na also! Vielleicht ist mein Koreanisch ja doch gar nicht so schlecht?*, kam mir in den Sinn. Meine Brust schwoll gleich einige Zentimeter von dem Erfolg, mich gelungen verständigt zu haben ... und sackte wieder zusammen, als der Fahrer mich am Bahnhof absetzte statt an einem Supermarkt. *Beim nächsten Mal klappt's bestimmt!*

Das Innere der Stadt wirkte sehr industriell. Während die Gebäude am See sehr traditionell und ästhetisch gestaltet gewesen waren, ordnete sich hier alles der Funktionalität unter. Die Häuserblocks waren genauso geradlinig und rechteckig angelegt wie das gitterförmige Straßennetz, das sich kahl und farblos dazwischen hindurchzog. Aus Platzgründen hatte man die Bürgersteige in den Seitenstraßen komplett weggelassen und durch eine schmale Ablaufrinne ersetzt. Zwischen den schmierigen Werbeschildern an den Wänden bröckelte der Putz, und graue Schmutzstreifen verunstalteten die Fassaden. Ein trauriger Anblick.

Abgesehen von einem einsamen Blumentopf, den ein Anwohner vor seine Einfahrt gestellt hatte, suchten meine Augen vergeblich nach Pflanzen. Um mich her war eine einzige große Zementwüste, die die Natur an den Stadtrand verbannt hatte. Obwohl ich froh war, hier nicht wohnen zu müssen, plagten mich andere Gedanken: *Noch immer kein Supermarkt! Ich brauche eine Pause.* Mein Magen grummelte, meine Waden ächzten unter dem Gewicht meines schweren Rucksacks, und die verschwitzten Trageriemen pressten ihre Kunstfasern unangenehm in meine Schultern.

Auf gut Glück bog ich in eine enge Nebengasse und stellte dankbar fest, dass die Architektur sich wandelte. Je weiter ich dem geschwungenen Fußweg folgte, desto deutlicher wurde, dass ich in eine reiche Wohngegend gelangt war. Neugierig spähte ich zwischen den schwarzen Eisenstäben eines Tores hindurch in den grünen Garten eines Grundstücks. Um die gepflegte Anlage zog sich in einer U-Form der Wohnkomplex, und die heruntergezogenen Ecken des aufwändig gearbeiteten Daches spannten sich weit über einen hölzernen Vorsprung, der das Gebäude von unten einrahmte. Auf einem Trittstein, der als Treppe auf den Vorsprung diente, ruhte ein Paar rosa Pantoffeln. Süß!

Der Pfad mündete in ein offenes Parkgelände, an dessen Rand sich ein 24-Stunden-Geschäft befand. Erschöpft öffnete ich die Schnalle meines

Hüftgurtes und ließ den Rucksack hinunter, um ihn an einen Pfeiler neben den Eingang zu stellen. Dort ließ ich ihn und betrat den Laden. Angst, dass jemand mein Rucksack klauen würde, hatte ich nicht. Er war viel zu schwer, um damit wegzulaufen, und alle Wertgegenstände hatte ich tief im Inneren verstaut. Für 1.500 Won – also umgerechnet etwas über einen Euro – erwarb ich an der Theke zwei Plastikbehälter mit Fertignudeln und füllte sie mit heißem Wasser aus einem dafür vorgesehenen Wasserspender. *Der vierte Tag Fertignudeln in Folge. Wird Zeit, dass ich endlich etwas Ordentliches finde!*

Mit dem Essen hockte ich mich auf einen Sims vor das Geschäft. Die Sonne schien mir angenehm warm ins Gesicht. Während ich die Nudeln schlürfte, bewunderte ich die Kirschbäume im Park und fühlte, wie langsam wieder Kraft in meine Glieder strömte. Die Bäume wirkten zarter als unsere europäischen Kirschen, und obwohl die Blüte schon vor Wochen geendet hatte, sahen die Früchte noch immer winzig und unreif aus.

Ein älterer Asiate in dunkelblauer Sportjacke trat neben mich und legte seine Hände an die Schulterriemen meines Rucksacks. Seine Haut war sonnengebräunt und sein lichtes schwarzes Haar wies einige weiße Strähnen auf. Er erinnerte mich ein wenig an meinen Großvater. Was leider auch an den schiefen Zähnen lag, die sich aus seinem Mund großzügig nach außen bogen. Der Mann packte zu und hob ächzend meinen Rucksack einige Zentimeter an, bevor er ihn wieder absetzte und lachte. Seine gütigen braunen Augen musterten mich. Dann deutete er grinsend zwischen mir und meinem Rucksack hin und her.

Du bist nicht der Erste, dem das so geht, dachte ich meinerseits schmunzelnd. Diese Reaktion war mir von den unzähligen Malen bekannt, die neugierige Leute meinen Rucksack angehoben hatten, um sein Gewicht abzuschätzen. Normalerweise tippten sie dann auf Steine oder Gold als Inhalt. Auch dieser Mann sagte vermutlich etwas in der Art, allerdings verstand ich ihn nicht.

Ein Jüngerer in einem weißen Pullover mit einem Football-Emblem darauf kam hinzu und übersetzte in schlechtes Englisch: „Er möchte wissen, woher du kommst."

„Dogilesso wassoyo", versuchte ich eine Antwort auf Koreanisch.

„Ahh, Türkei?"

An der Aussprache muss ich echt noch ein wenig feilen! Nicht Tokil, sondern Dogil! „Nein, nicht Türkei. Deutschland!", stieg ich nun meinerseits auf Englisch um. *Ist das bei meinen blonden Haaren und blauen Augen nicht relativ naheliegend?*

Der Jüngere und der Ältere berieten sich kurz. Dann fuhren sie mit neuen Fragen fort, die mir in Korea eigentlich fast täglich von irgendjemanden gestellt wurden: Was ich hier so machte? Wie lange ich schon hier sei? Wann ich zurück nach Deutschland wollte? Was mit meiner Familie sei? Ironischerweise wollten auch viele wissen, welche Fertignudeln meine Lieblingsnudeln seien. „Shin Ramyun", wusste ich darauf sogar inzwischen eine Antwort. Deren Geschmack wurde auch nach Tagen nicht fade, weil sie so scharf waren, dass der Mund ohnehin taub war.

„Mein Vater fragt, ob du mit uns mitkommen möchtest. Du kannst heute Nacht in unserem Haus schlafen. Weit weg von hier", sagte der junge Mann. Zumindest glaubte ich, dass er das gesagt hatte. Sein Englisch hatte einen sehr exotischen Klang. *Aber immer noch besser als mein Koreanisch.*

„Mit euch kommen? Jetzt?", fragte ich verunsichert zurück.

Der Mann mit der dunkelblauen Sportjacke machte mir eine rasche Essbewegung vor, was deutlich genug war. Freudig überrascht erwiderte ich: „Nä, nä!" und schlang hastig die verbliebenen Nudeln hinunter. „Nä" heißt auf Koreanisch „Ja". Als ich fertig war, verbeugte ich mich, wie es in Korea höflich und wichtig ist, und fügte außerdem hinzu: „Dädanhi gamsahabnida!", was so viel heißt wie „vielen Dank". Dann folgte ich dem Mann mit der blauen Jacke zu einer Gruppe, die sich unter einem der Kirschbäume versammelt hatte.

Etwas ratlos schaute ich mich nach dem jungen Übersetzer um und deutete auf die Gruppe. „Deine Familie?" Der Mann nickte. „Wow! Sehr große Familie!", staunte ich und folgte dem älteren Mann zu einem leeren Reisebus.

„Choe Yong Mun", stellte sich der ältere Herr vor, als ich ihn eingeholt hatte.

„Christopher."

Da Koreaner den Familiennamen zuerst nennen, war sein Vorname eigentlich „Yong Mun", was ich zu dem Zeitpunkt jedoch noch nicht wusste und ihn deswegen immer „Choe" nannte. Das war aber nicht so schlimm; er konnte sich meinen Namen nämlich ebenfalls nicht merken.

In Zeichensprache gab Choe mir zu verstehen, dass ich meine Sachen auf der Rückbank im Bus verstauen sollte. *Die haben gleich einen ganzen Bus gemietet? Erstaunlich!* Gemeinsam kehrten wir zu der Gruppe zurück. Ich fühlte mich nicht ganz wohl dabei, meinen Rucksack in einem fremden Fahrzeug zurückzulassen. Aber was sollte in Korea schon groß passieren? Die Gruppe schlenderte gerade zwischen einigen roten Mohnbeeten dahin.

Kaum hatten wir zu ihnen aufgeschlossen, da sprang ein etwa zwölfjähriges Mädchen auf mich zu. „Du, ich, Foto?“, bat sie mich. Und schon hatte mich der Rest der Gruppe umringt, schoss Fotos mit mir und löcherte mich in schlechtem Englisch mit Fragen. „Du, willkommen nach Taiwan!“, lud mich überschwänglich ein Mann ein, dem eine dicke Kamera um den Hals baumelte.

Mir fiel auf, dass er und die meisten anderen ein buddhistisches Amulett trugen. „Öhm –Taiwan? Kommt ihr aus Taiwan?!“

„Ja, ja. Alle aus Taiwan“, deutete der Mann begeistert in die Runde.

„Meintest du nicht, dass ihr eine Familie seid?“, raunte ich dem jungen Mann in dem weißen Pullover zu.

„Nein, nein. Keine Familie. Viele. Die dort“, deutete er auf einen Mann, Frau und das zwölfjährige Mädchen, „eine Familie. Die zwei, Großeltern. Und da, andere Familie. Die hier, meine Frau“, deutete er auf eine junge Asiatin an seiner Seite und wollte weitermachen.

Aber ich unterbrach ihn. „Ist das dein Vater?“, nickte ich zu Choe.

„Nein, nicht mein Vater“, lachte er, als hätte ich gerade etwas Dummes gefragt.

„Also, dann seit ihr eine Touristengruppe?“

„Ja, ja. Familie. Für drei Tage in Korea. Morgen, zurück nach Taiwan.“

Nun kapierte ich es langsam. Ihr Koreanisch war mir ohnehin etwas chinesisch vorgekommen. Choe war also der einheimische Reiseführer. Was aber noch nicht klärte, ob er mir tatsächlich helfen wollte. Vielleicht wollte er mich einfach nur als zusätzliches Mitglied anwerben und würde mich dann später dafür zur Kasse bitten? In anderen Ländern war mir so etwas mehr als einmal begegnet. Choe machte einen netten Eindruck, aber das konnte auch täuschen. Asiaten waren für mich noch ziemlich schwer einzuschätzen.

Vielleicht bedanke ich mich besser einfach und verfolge wieder meinen eigenen Weg? Doch dann beschloss ich zu bleiben und mich überraschen zu lassen, wohin das Ganze noch führen würde. Rückblickend hatte ich oft gerade dann die interessantesten Dinge erlebt, wenn ich meinem Bauchgefühl gefolgt war und mich einfach auf die Situation eingelassen hatte.

„Mogda", riss Choe mich aus meiner Überlegung. Was hieß das noch gleich? Choe wiederholte „Mogda" und führte seine Hand zum Mund. So wie vorhin, als hielte er einen Löffel mit Suppe darauf. *Ach ja. Essen!*

Er führte die ganze Gruppe in ein Restaurant. Der Duft von Hühnerbrühe schwebte im Raum. Mein Magen knurrte laut. Ich hätte so gerne mitgegessen! Aber im Moment konnte ich es mir einfach nicht leisten. *Es wird echt Zeit, dass ich einen Job finde.*

Choe bemerkte mein Zögern. An meinem Ärmel zog er mich zu einem Tisch in der hinteren Ecke, an dem schon zwei Personen aus der Reisegruppe saßen, und bedeutete mir zu warten. Dann schob eine Bedienstete einen Servierwagen an unseren Tisch und tischte Schalen mit koreanischen Speisen auf. Jeder von uns bekam ein Schälchen Reis und etwas Algensuppe. In die Mitte des Tisches stellte die Kellnerin außerdem Sojasprossen, eingelegte Knoblauchzehen, gehackte Zwiebeln, verquirltes Ei, fritierte Lotoswurzeln und Kimchi. Kimchi ist fermentierter Kohl und gehört in Korea neben Reis zu jeder Mahlzeit dazu. Eigentlich ähnlich wie für die Deutschen früher das Sauerkraut. Nur ist Kimchi zusätzlich mit einer Chilipaste gewürzt, an deren Schärfe man sich als Europäer erst einmal gewöhnen muss.

Als wir mit dem Essen begonnen hatten, kam Choe mit drei weiteren Schalen Reis und einer Schüssel mit gewürztem Fisch. Er stellte alles um mich herum ab, nahm sich die Metallstäbchen an dem verbliebenen Platz und fing an zu essen. „Mogda!", grinste er. Das Essen ging auf seine Rechnung. Ich schämte mich, ihn vorher zu Unrecht verdächtigt zu haben!

Nach dem Essen fuhren wir zu einem Hotel. Choe schien unterwegs über das Bus-Mikrofon einige Witze zu reißen. Jedenfalls brüllten die Taiwaner vor Lachen. Dann beugte sich mein Sitznachbar glucksend zu mir und erklärte auf Englisch: „Er erzählt, wie du allein für eine Großfamilie gegessen hast, hihi." Nun musste ich auch lachen. *Wo er recht hat, hat er recht!*

Im Hotel nahm mich Choe mit zu dem Schlafraum, den er sich mit dem Busfahrer teilte. Der Raum war modern eingerichtet, mit einem großen Flachbildschirm an der Wand, einem Wasserkocher für Tee und einem Badezimmer. *Endlich eine Dusche!* Im Kontrast zur modernen Ausstattung fiel mir jedoch auf, dass es nicht ein einziges Bett gab! Später erfuhr ich, dass bis ins zwanzigste Jahrhundert in Korea selbst der König noch auf dem Fußboden gegessen und geschlafen hat. Und obwohl westliche Stühle und Betten bei der jüngeren Generation auf wachsende Beliebtheit stoßen, halten viele Koreaner nach wie vor an dieser Tradition fest. Weswegen ich vor dem Betreten des hellen Holzfußbodens – wie überall in Korea – unbedingt meine Schuhe ausziehen musste. Das war mir etwas peinlich, weil meine Socken nicht gerade gut rochen. Aber wer läuft schon auf dem Esstisch und dem Bett mit Schuhen herum?

Aus einem Schrank holten wir drei dicke, aufrollbare Stoffmatten samt Kissen und Decke hervor und breiteten sie auf dem Laminat aus. Unsere Schlafstätte. Ich finde diese Regelung eigentlich gar nicht so schlecht, zumindest wenn es einem nichts ausmacht, hart zu schlafen. Gerade in kleineren Wohnungen spart das eine Menge Platz. Und das Beste: Man muss sein Bett nicht machen! Einfach morgens zusammenrollen und im Schrank verstauen, wo es niemanden stört. Fertig!

Choe drückte mir unvermittelt sein Handy ans Ohr. „Hallo?", meldete ich mich verwundert.

„Hey, ich bin die Ehefrau von Choe. Mein Mann fragt, ob du morgen mit ihm nach Busan fahren möchtest?"

Wow! Während Choe gar kein Englisch sprach, war das seiner Frau ausgesprochen gut! „Das klingt super! Aber eigentlich wollte ich morgen nach Daegu", lehnte ich ab. Ich kam gerade aus Busan. Außerdem wollte ich Choes Freundlichkeit nicht überstrapazieren.

Choe nahm das Handy wieder zurück, um sich meine Antwort übersetzen zu lassen. Nach einem kurzen Wortwechsel, legte er es mir wieder ans Ohr. „Mein Mann würde dich wirklich gerne mitnehmen. Und morgen Abend kommt ihr zusammen mit dem Zug nach Seoul und ich koche für euch."

Was für ein großzügiges Angebot! Es klang sehr verlockend! Aber so eine Zugfahrt war sicherlich sehr teuer, und ich wollte auch nicht, dass Choe meine Kosten übernahm. *Ich trampe besser.*

Neben mir saß der Busfahrer nur in Unterhose und Unterhemd und nippte an seinem Tee. Er hatte mitbekommen, worum es ging. Da fiel mir auf, dass er unmerklich seinen Kopf schüttelte. Wollte er mir signalisieren, dass ich nicht noch einmal ablehnen sollte. *Wahrscheinlich ist das total unhöflich?*

„Okay, ich komme mit nach Busan!", sagte ich. Choe lächelte zufrieden.

Wie abgemacht fuhren wir nach dem Hotelfrühstück mit dem Bus nach Busan und schauten uns dort eine koreanische Favela an. Zumindest nennen die Leute diesen Stadtteil so. Er hatte aber nichts mit den südamerikanischen Armenquartieren zu tun, sondern schien mir eher ein Szeneviertel zu sein. Die einzige Gemeinsamkeit war, dass auch hier die Häuser eher klein, bunt bemalt und an den Berghang gebaut waren. Unsere Tour führte uns dann zum Yongdusan-Park. Eigentlich ist das weniger ein Park, sondern mehr eine Plattform, die auf einem bewaldeten Berg in Busan gewissermaßen über der Stadt schwebt. Sofort, als ich aus dem Fahrzeug trat, schmeckte ich die vertraute Meeresluft der Hafenstadt, und in mir erwachte ein Heimatgefühl. In die sanfte Brise mischte sich ein Hauch von Laub- und Nadelbäumen. Wenn ich meine Augen schloss und den Lärm ausblendete, konnte ich mir fast einbilden, ich sei wieder in Norddeutschland.

Choe zwickte mich in die Schulter. Dann legte er seinen Zeigefinger auf seine Armbanduhr. „Han Schigan" – *eine Stunde* – klärte er mich auf und scheuchte die verbliebenen Taiwaner und mich vom Parkplatz. Im Gegensatz zu den anderen, die sogleich die Souvenirläden abklapperten, schlenderte ich zum Südende des Platzes. Mein Blick fiel auf einen grün-rot verzierten Pavillon, in dem eine Bronzeglocke hing, die so riesig war, dass ohne weiteres ein Mensch hineingepasst hätte. Wie gerne wäre ich über die Absperrung

in den Pavillon geklettert und hätte den Holzbalken, der als Stößel diente, mit Schwung in die Glocke gehämmert. Der Klang wäre sicher gewaltig! Aber mal abgesehen davon, dass es sicher nicht erlaubt war, war der Holzbalken auch angekettet. *Ich bin scheinbar nicht der Erste, dem die Idee gekommen ist.*

Nach Ablauf der Stunde versammelten wir uns alle wieder am Aufgang zur höchsten Ebene. Über der Treppe waren Mosaiktafeln angebracht, die Schildkröten, Rentiere und Vögel zeigten. Dicke Säulen vor den Mosaiken stemmten den wuchtigen Überhang der höchsten Ebene und gaben dem Aufgang eine imposante Präsenz. Choe positionierte sich vor einer der Säulen, schwenkte sein Tour-Fähnchen und begann mit seinem Vortrag über diesen Ort. In einen Halbkreis gedrängt lauschten die Taiwaner seinen Ausführungen, die er auf Chinesisch zum Besten gab. Ich horchte angestrengt, ob ich nicht anhand irgendeines Wortes auf den Inhalt schließen könnte. Aber alles, was mir in den Sinn kam, waren Szenen aus Kung-Fu-Filmen. *Ich kenne kaum eine Sprache, die so lustig klingt!*

Da kam Choe plötzlich auf mich zu, packte mich am Ärmel und zog mich zu ihm vor die Säule. *Vielleicht hatte ich ja recht und es ging wirklich um Kung-Fu, und nun braucht er einen Gegner zum Kämpfen, dachte ich. Schade nur, dass keiner hier meine Witze verstehen kann. Irgendwann schreibe ich ein Buch darüber!*

Ohne seinen Griff zu lockern redete Choe weiter und stach mir jedes Mal, wenn er ein Wort betonte, seinen Finger in die Brust. Alle Augen starrten uns an, während ich mich nicht mehr halten konnte vor Kichern. Ich dachte immer noch an Kung-Fu.

Dann zückte Choe zu meinem Erstaunen seine Brieftasche und überreichte mir beinahe 40 Euro in koreanischen Won. Völlig verdattert blickte ich ihn an. Jetzt war er es, der kicherte. Ein Taiwaner löste sich aus der Reihe, stellte sich für einen Schnappschuss zu mir und händigte mir ebenfalls Geld im Gegenwert von zehn Euro aus. Ein weiterer Taiwaner trat zu mir an die

Säule, auch mit Geld in der Hand. Wir machten gemeinsam ein Foto für seine Familie, er übergab mir die Spende und so ging das der Reihe nach, bis die gesamte Gruppe durch war. Umgerechnet hatten sie mir fast 120 Euro geschenkt! Choe hat mich tatsächlich mit einer Mini-Benefizveranstaltung überrumpelt! Was für ein Reiseführer!

Ich fühlte mich einerseits enorm unbehaglich dabei, ohne Gegenleistung Geld von anderen zu bekommen. Andererseits schienen die Mitglieder der Reisegruppe wirklich ganz wild darauf zu sein, mit mir ein Foto zu machen, so wie überhaupt gefühlt alle Asiaten. Ich strahlte vor Freude und Rührung. So viel Nächstenliebe und Freundlichkeit brachte Choe mir entgegen, obwohl wir uns bisher nicht einmal richtig unterhalten konnten! Liebe zeigt sich an Taten, nicht an Worten, heißt es doch. Wenn das nicht der Beweis war, was dann?

Am Abend rasten wir im Hochgeschwindigkeitszug durch die koreanische Nachtlandschaft, der Hauptstadt Seoul entgegen. Das Ticket hatte ich auf Choes Wunsch hin mit dem erhaltenen Geld gekauft. In der Metropole würden Choe und seine Frau mich in ihrem Zuhause beherbergen. Zu lange wollte ich ihre Gastfreundschaft nicht beanspruchen, doch wenn ich irgendwo anders unterkommen wollte, würde ich Geld brauchen. Ein Job musste her! Deswegen verschickte ich über das Wifi, das selbst bei über 300 Stundenkilometern einwandfrei funktionierte, eine E-Mail an eine Koreanerin, die ich in Busan kennengelernt hatte. Sie hatte mir von einer Freundin aus Seoul erzählt, die auf der Suche nach einem privaten Englisch-Lehrer war. *Das ist immerhin ein Anfang.* In der E-Mail schilderte ich in knappen Sätzen, was mich als Lehrer qualifizierte, und zur besseren Identifikation fügte ich außerdem ein Foto von mir hinzu.

Bald darauf erhielt ich bereits die Rückmeldung: „Leider brauche ich keinen Englischlehrer mehr. Nichtsdestotrotz leite ich deine E-Mail weiter! Viel Glück!"

Etwas enttäuscht war ich schon. Nach all den körperlichen Arbeiten, die ich bisher gemacht hatte, wäre es eine angenehme Abwechslung gewesen, meinen Kopf zu benutzen. *Aber na ja. Einen Versuch war's trotzdem wert!*

Und das war es in der Tat! Denn zu meiner Überraschung traf bald eine weitere E-Mail ein: „Hi, eine Freundin hat mir deine Mail gezeigt. Nächsten Montag drehen wir einen Werbefilm für unser Firmenprodukt, Smart-Schuhe fürs Golfspielen. Ich hätte da einige Fragen an dich: Hast du Zeit? Kannst du einen Golfschläger schwingen? Was ist deine Schuh- und Körpergröße?"

Moment ... Golf?! Ich hatte noch nie einen Schläger in der Hand! Wobei: zählt Minigolf auch?

Nach näherer Absprache schien das glücklicherweise kein Hindernis zu sein. Ich würde einfach den Trainer spielen. Als Trainer muss man schließlich nichts können, außer Besserwissen. *Und ja, das kann ich!*[4]

Nach ein paar Tagen bei Choe und seiner Frau verabschiedete ich mich von ihnen und zog in eine Art Studentenwohnheim. Das Geld für die erste Monatsmiete verdiente ich mit der Golfschuhwerbung, die wir auf dem privaten Golfplatz von Samsung gedreht hatten. Allein die Spielerlaubnis auf diesem Platz kostet wohl schon mehrere Hunderttausend Euro. *Was den Rasen auf dem Platz so besonders macht, dass es solche Preise rechtfertigt, habe ich nicht bemerkt. Aber er sah schon hübsch aus!*

Mein neues Zuhause lag in Gangnam. Ja, das ist der Stadtteil, von dem das bekannte Lied „Gangnam Style" handelt. Obwohl der Song schon lange wieder aus der Öffentlichkeit verschwunden war, war eines der ersten Dinge, die ich in meinem eigenen Dreieinhalb-Quadratmeter-Zimmer machte, zu „Gangnam Style" zu tanzen. Blöde Idee, aber irgendwie lustig!

Dank guter Internetverbindung intensivierten auch Michal, die deutsche Studentin, und ich unseren Austausch immer mehr. Es war schon fast beängstigend, wie gut wir uns verstanden. Wir wurden bald zu einer Art

„lebendigem Tagebuch" füreinander und redeten und schrieben einfach über alles ... nur nicht über dieses gewisse Kribbeln, das nach und nach immer deutlicher zu spüren war, wann immer wir miteinander sprachen ... zumindest mir ging es so, doch wir vermieden es beide tunlichst, dieses Thema anzusprechen.

„Bist du plötzlich reich geworden?", schrieb mir meine Tante eine Nachricht, da sie mitbekommen hatte, dass ich nun ein eigenes Zimmer hatte. Dass dieses von der Größe her eher einer Toilettenkabine nahekam, hatte sie natürlich nicht gesehen. Das Bundesverfassungsgericht bezeichnet sieben Quadratmeter als Mindestgröße für menschenwürdige Behausungen. *Da liege ich mit 3,5m² ja nur knapp drunter!* Meine Tante hatte im Internet außerdem die Bilder von mir auf den Segeljachten und beim Golfspielen gesehen. *Und jetzt denkt sie, ich wäre reich. Lustig!*

„Nicht reich, so wie du denkst", antwortete ich ihr. Denn ich hatte ja nach wie vor materiell gesehen kaum etwas. Aber ich fühlte mich wahnsinnig zufrieden mit dem, was ich hatte. Oder mit den Worten des weisen Laotse besser ausgedrückt: „Reich ist, wer weiß, dass er genug hat."

In diesem Sinne: Ja, ich war reich.

Juli 2016

Auch in den nachfolgenden Monaten konnte ich meinen Aufenthalt weiter mit kleinen Schauspiel-Jobs finanzieren. Dazu zählte sogar ein Werbespot für Samsung selbst. Außerdem nahm ich an einer medizinischen Studie in Busan teil. In einer Klinik sollten Wachstumshormone an europäischstämmigen Männern getestet werden. Klingt erstmal nicht so gut, aber weil das Medikament bereits erfolgreich auf dem asiatischen Markt verkauft wurde, stufte ich das Risiko als vergleichsweise gering ein. Abgesehen davon soll Silvester Stallone seinen Muskelaufbau mit genau demselben Stoff unterstützt haben. Und welcher Mann hätte nicht gern einen Körper wie Stallone?

Ich schrieb mich also ein, wurde als geeignetes Versuchsobjekt erfasst und für zwei volle Wochenenden ins Krankenhaus nach Busan eingeladen. Ehrlich gesagt habe ich noch nie so bequem Geld verdient. Insgesamt lag ich vier Tage lang mit meinem Laptop im Bett und habe stündlich Blut abgegeben. Und das für ein Gehalt von etwa 1.700 Euro. Falls mir ein dritter Arm gewachsen wäre, wäre das wohl eine zu geringe Bezahlung gewesen. Aber mein Körper veränderte sich gar nicht. Weder zum Schlechteren noch zu Stallone. *Man kann nicht alles haben!* Trotzdem war ich für diese tolle Verdienstquelle sehr dankbar!

Da ich viel Zeit hatte, lernte ich Vokabeln und informierte mich über die Geschichte des Landes. Und die hat es wirklich in sich! Nach dem Zweiten Weltkrieg wurde Korea in eine sowjetische und eine amerikanische Besatzungszone eingeteilt, beinahe zeitgleich zu der Entstehung von Ost- und Westdeutschland. Die unmittelbare Folge dieser Einteilung war der Korea-Krieg Anfang der 1950er-Jahre, durch den Südkorea zu einem der ärmsten Länder der Erde wurde. Viele Städte lagen in Ruinen, die Felder waren verwüstet, und hungernde Familien durchstreiften die eisigen Hügel Koreas auf der Suche nach essbaren Kräutern und Pflanzen. An diesen Schreckensbildern änderte sich bis in die 1960er-Jahre nur wenig. Doch dann passierte das Unglaubliche ...

Was würde man mir wohl antworten, wenn ich prophezeien würde, dass beispielsweise Afghanistan, Albanien oder Somalia innerhalb der nächsten vier Jahrzehnte zu einer der führenden Handelsmächte der Welt heranwachsen würde? Vermutlich würde ich ausgelacht werden, so absurd klingt das. Und genau deswegen ist der Aufstieg Südkoreas das vielleicht größte Wirtschaftswunder der Menschheitsgeschichte! Denn obwohl Südkorea kaum Rohstoffe oder Bildungsstrukturen besaß, erreichte es bereits in den frühen 2000ern Platz 10 der größten Wirtschaftsnationen der Welt. Innerhalb von nur knapp 40 Jahren ist Südkorea vom zweitärmsten Land der Welt an anderen Nationen wie Spanien und Australien wirtschaftlich vorbeigerast! Heute hat das Land, das weniger Einwohner als Deutschland aufweist, im Schnitt die schnellste Internetverbindung und die größte Konzentration an Industrierobotern weltweit.

Wie haben die Koreaner das gemacht? Vor allem wohl durch Fleiß. Sie haben eine Schnell-schnell-Mentalität, oder auf Koreanisch „Balli-Balli", aufgrund derer sie nicht immer effektiv, dafür aber viel und zügig arbeiten. Faktisch arbeiten die Koreaner über 40 Stunden die Woche pro Person, auf das Jahr gestreckt! *So hart ist das nicht. Ich arbeite auch häufig 40 Stunden die Woche. Gelegentlich sogar mehr!,* dachte ich erst. Aber man darf nicht vergessen, dass Urlaubs-, Krankheits- und Feiertage dabei schon mit einberechnet sind. Die Deutschen arbeiten nach dieser Rechenart im Schnitt nur etwas über 30 Stunden pro Woche. Während der Aufschwungszeit lagen die Koreaner sogar bei 48 Stunden!

Dieser Fleiß hat jedoch nicht nur Vorteile. Der Wettbewerb ist so groß, dass alle Arbeitgeber von ihren Mitarbeitern erwarten, dass sie umsonst Überstunden machen, bis der Vorgesetzte nach Hause geht. Ansonsten wird man gefeuert und findet keine andere Arbeitsstelle mehr. Wenn Schulabsolventen es nicht auf eine der besten fünf Universitäten des Landes schaffen, ist die Enttäuschung der Familie oft derartig niederschmetternd, dass viele junge Leute keinen anderen Ausweg sehen, als sich von der Brücke zu stürzen. Laut der WHO ist Korea jährlicher Spitzenreiter der weltweiten Selbstmordraten.

Der extreme Fleiß hat also auch krasse Schattenseiten. Dennoch ist es beeindruckend, wie Südkorea oder Singapur – ein Land, das sich ähnlich rasant emporgeschwungen hat – bewiesen haben, dass man auch als Schlusslicht noch die Spitze erreichen kann.

Aber Fleiß allein reicht auch nicht, um so etwas zu schaffen. Im Erfolgsrezept der Koreaner muss noch etwas anderes stecken. Ich kann den ganzen Tag ein Loch auf- und wieder zuschaufeln und habe hart und fleißig gearbeitet – aber trotzdem nichts geschafft. Dass Fleiß nicht automatisch mit Produktivität gleichzusetzen ist, zeigt auch Max Mustermann. Der durchschnittliche Deutsche erzeugt zurzeit nämlich noch etwas mehr Wirtschaftskraft als Hong Gildong, der durchschnittliche Koreaner, obwohl Herr Mustermann ja durchschnittlich nur etwa 30 Stunden und Herr Gildong über 40 Stunden pro Woche arbeitet.

Dieser andere wichtige Faktor ist die Einstellung, dass man sich unaufhörlich weiterentwickeln und weiterbilden muss. Wer Besseres will, muss sich verbessern. Eine einzige Generation Koreaner hat mit der Herstellung von Kleidung begonnen, dann gelernt, wie man Autos und Schiffe und schließlich Elektroartikel herstellt. Auch die koreanische Firma Samsung hat beispielsweise zunächst mit Textilien und Lebensmitteln angefangen, besitzt aber heute den größten Marktanteil an Smartphones weltweit. Das wäre nie möglich gewesen, wenn die Koreaner ihren Fleiß nicht auch ins Lernen investiert hätten.

Wie eine über 2.500 Jahre alte Weisheit aus dem Nachbarland China besagt: „Lernen ist wie Rudern gegen den Strom. Hört man damit auf, treibt man rückwärts.“ Ich würde sagen: *Wer Lernen abschreibt, schreibt sich ab.* Und die Koreaner würden sagen: 배움에는 왕도가 없다 : „Es gibt keine Abkürzung fürs Lernen.“

Nach über drei Monaten im Studentenwohnheim von Gangnam entschied ich mich, weiter durch das Land zu trampen. Inzwischen hatte ich eisern koreanische Vokabeln und Grammatik gepaukt, aber sprechen konnte ich immer noch nicht wirklich. Und die beste Art und Weise, das zu üben, war nun mal, keine andere Wahl zu haben.

Ich stopfte also wieder alles in meinen Rucksack und machte mich auf den Weg südwärts. Auf mein Pappschild hatte ich in koreanischen Schriftzeichen „Irgendwohin“ geschrieben. Diese Richtungsangabe verwirrte zwar viele, die sie lasen, aber gleichzeitig mündete sie auch in einzigartige Erlebnisse. So nahm mich beispielsweise ein koreanischer Farmer an einem Nachmittag spontan mit in die Berge, um mir das buddhistische Kloster Daeheungsa zu zeigen.

Anstatt auf einem Gipfel, wie man vermuten würde, war die Anlage in eine Senke gebaut, sodass dicht bewaldete Berghänge sich in allen Himmelsrichtungen schützend über das Gelände beugten. Es wirkte friedvoll und malerisch. Der Spätsommer hatte das Grün der Pflanzen wie ein kühner Künstler mit roten, gelben und orangen Farbtupfern besprengt, und die schweren Holzhallen des Klosters mit ihren aufwändig verzierten Spitzdächern fügten sich so passgenau in die Landschaft, als stünden sie seit Jahrhunderten hier.

Der Farmer brachte mich zu einem hellen Sandplatz am Eingangstor und stellte mich einem der Mönche vor. Wie fast alle buddhistischen Geistlichen hatte der Mann eine Glatze, um symbolisch zu verdeutlichen, dass er frei von Illusion und Unwissenheit sein wollte. Er trug eine lange graue Schleier-Kutte, die an Asche und Vergänglichkeit erinnern soll. Der Farmer verbeugte sich in einer besonderen Weise vor dem Mönch, und ich probierte seine respektvolle Geste so gut es ging zu imitieren.

„Wo kommst du her?", erkundigte sich der Mönch bei mir.

„Dogilesso wassoyo", antwortete ich auf Koreanisch in vollster Gewissheit, dass sich meine Aussprache inzwischen deutlich verbessert hatte.

„So, aus der Türkei also!", sagte er.

Neeeeein. Warum versteht man mich nie? „Deutschland!", korrigierte ich mit einem Lächeln und hängte noch einige meiner jüngst erworbenen Vokabeln an: „Europa, Wiedervereinigung, Autos, Merkel, Deutschland."

Der Mönch nickte und ging nicht weiter darauf ein. Stattdessen begann er ein Gespräch mit dem Farmer. *Hoffentlich war das nicht unhöflich von mir.*

Während die beiden sich unterhielten, schweiften meine Gedanken zu dem, was ich in meiner Zeit hier über den Buddhismus erfahren hatte. Die

Grundannahme Buddhas, auf der alle Lehren dieser Religion basieren, ist, dass das Leben leidvoll und schmerzhaft ist. Durchzogen von Kummer, Verzweiflung, Krankheit und dergleichen. *Ich wäre also kein guter Buddhist. Ehrlich gesagt finde ich das Leben ziemlich wundervoll.* Das Schlimmste daran ist: Das Leiden, so sagt Buddha, endet selbst mit dem Tod nicht, weil man ja immer wiedergeboren wird. Die einzige Möglichkeit, jemals aus diesem Kreislauf des Leidens zu entkommen, ist, sich von allem zu lösen, was Leid verursacht.

Mein erster Gedanke war: Matheklausuren. Aber Buddha sagt, dass der Ursprung des Leids viel tiefer liegt: in dem, was wir *wollen*. Matheklausuren sind deshalb leidvoll, weil wir gute Noten wollen – oder zumindest bestehen. Man muss sich also von allem Wollen und Verlangen verabschieden. Und damit im Grunde von seiner Identität, von jeglichem Besitz, von seiner Familie – Buddha soll seine eigene Frau und seinen Sohn verlassen haben –, von Trieben und sogar von Gedanken, Meinungen und Gefühlen. Wenn es einem gelingt, sich von allem zu lösen und an wirklich nichts mehr zu hängen, erreicht man dann das Nirwana. Nirwana bedeutet nicht etwa „Paradies", wie viele glauben, sondern „Erlöschen". Ein Zustand losgelöst von Gefühlen, Wünschen und Gedanken.

„Möchtest du hier übernachten?", wandte sich der Farmer nun an mich. Der Mönch und er hatten ihren Plausch anscheinend abgeschlossen. Etwas verunsichert schaute ich auf meine Füße. Meine innere Neugier hätte am liebsten „JAA!!" geschrien. Andererseits hatte ich mir vorgenommen, immer eine Bereicherung für andere sein zu wollen. Und der Mönch schien nicht besonders an mir interessiert. Vielleicht lag das ja an meiner etwas plumpen Antwort auf seine Frage von vorhin, woher ich käme?

„Danke, das ist schon okay", lehnte ich ein bisschen kleinlaut ab. Wohl wissend, dass ein direktes „Nein" in dieser Kultur als sehr unhöflich galt. Aber immer noch deutlich genug. Hoffte ich.

Der Mönch griff in seine graue Schleier-Kutte, holte ein Smartphone heraus und rief jemanden an. Als er geendet hatte, nickte er zustimmend. „Kein Problem, der Deutsche kann hier schlafen."

Hier schlafen?! Aber ... Und obwohl es mir unangenehm war, so schlecht kommuniziert zu haben, jubelte gleichwohl meine neugierige Seite darüber, dass ich hier sicher viel lernen konnte.

Als ich mich von dem Farmer verabschiedet hatte, holte mich ein anderer Mönch ab und führte mich zu meinem Quartier. Er war ungefähr in meinem Alter und im Gegensatz zu dem Mann am Eingang trug er eine braune Robe.

„Wieso braun?", versuchte ich in seiner Sprache ein Gespräch anzufangen.

„Ich bin noch Novize und erst seit drei Monaten hier", erklärte er mir in gutem Englisch.

Juchhu! Es versteht mich doch jemand! Auf der breiten Nase des Novizen ruhte eine dicke schwarze Brille. Irgendwie ließ das seinen kahlgeschorenen Kopf noch runder aussehen. „Wie kommt's, dass du so gut Englisch sprichst? Und wie lange dauert es, um vom Novizen zum richtigen Mönch zu werden?", löcherte ich ihn weiter.

„Du stellst viele Fragen."

Wenn der wüsste ... Ich grinste: „Weißt du, eigentlich habe ich noch gar nicht richtig angefangen ..."

Wir erreichten einen Platz im Zentrum der Tempelanlage mit zwei traditionellen Fachwerkbauten auf der linken und der rechten Seite. An jedem Gebäude befanden sich je fünf dunkle Holztüren, die mit gebleichtem Papier überzogen waren.

„Hier ist dein Schlafraum." Damit öffnete der Novize eine der Türen. Der Raum war mit Laminat ausgelegt, und abgesehen von einem Schreibtisch und einem Ventilator fehlte jede Art von Inneneinrichtung. Auf dem Schreibtisch lagen zwei zusammengefaltete Decken und ein Reiskissen.

„Die eine Decke ist dein Bett und die andere zum Zudecken“, erklärte mir der Novize. „Der Durchgang dort führt zum Bad. Es gibt leider nur kaltes Wasser. Und den Ventilator hier lass bitte nicht über Nacht laufen. Du weißt, das ist gefährlich.“

Ich nickte gehorsam.

Als die Sonne untergegangen war und ich gerade in meinem Tagebuch schrieb, klopfte es sachte an der Tür. Ich öffnete und erblickte den Novizen. „Was …“, setzte ich zu einer Frage an, aber der junge Mönch legte hastig seinen Zeigefinger an die Lippen. Dann winkte er mir, ihm zu folgen.

Rasch schlüpfte ich in meine Badelatschen, zog leise die Tür hinter mir zu und tappte dem Koreaner hinterher. In der Finsternis der Nacht führte er mich auf einen Pfad den Berg hinauf. Einige Male stolperte ich über die glatten Felssteine, so dunkel war es. Dabei stieß ich mir schmerzhaft meine Zehen. Dennoch gebot mir der Novize, kein Licht zu benutzen. *Hätte ich geahnt, dass wir bergsteigen, hätte ich mir feste Schuhe angezogen!*

Schließlich gelangten wir an ein abgelegenes Gebäude. „Das ist das Teehaus“, flüsterte mein Begleiter und drückte eine Schiebetür auf, damit ich eintreten konnte. „Schuhe aus!“, raunte er.

Ich streifte die Badelatschen ab und zusammen schlichen wir auf Socken den Gang entlang. Dann schob der Novize eine weitere Tür auf, führte mich ins Innere des Raumes und machte endlich Licht. Die Wände waren aus hellem Holz und Papier, wodurch die Beleuchtung angenehm warm wirkte. In der hinteren Mitte des Raumes stand ein länglicher Boden-Tisch, auf dem vielerlei Teetassen und Gefäße platziert waren.

„Wir machen eine Teemeditation. Eigentlich dürfen Mönche in meinem Rang das noch nicht. Aber ich habe sehr geschickte Finger“, zwinkerte der Novize mir durch seine dicken Brillengläser hindurch zu. Dann begab er sich hinter das Tischchen und ließ aus einem Keramikgefäß Wasser in einen Wasserkocher laufen. „Setz dich.“

Mithilfe einer hölzernen Zange stapelte der junge Mönch die kleinen Teetassen zu einem Türmchen ineinander. Als der erste Aufguss fertig war, kippte er ihn in die oberste Tasse, sodass der Tee wie bei einem Kaskadenbrunnen seitlich an den Schalen herunterlief. Dann schüttete er die Tassen mit der Zange aus und schenkte mir den zweiten Aufguss ein. Diesmal zum Trinken.

„Und jetzt?", fragte ich gespannt.

„Jetzt reden wir. Das ist der Kern der Meditation", schmunzelte der Novize.

„Hast du keine Angst, Ärger zu kriegen, wenn man uns entdeckt?", gab ich zu bedenken.

„Die anderen gucken gerade Fernsehen oder schlafen. Wie jeden Abend. Die entdecken uns nicht."

Ich stutzte. „Mönche gucken Fernsehen?"

„Du nicht?", stellte der Novize mir eine Gegenfrage.

„Sehr selten", gestand ich. „Es macht mich irgendwie träge. Deswegen habe ich mir nie einen Fernseher angeschafft." Ich schnupperte genussvoll an meinem Tee und nahm einen Schluck. „Warum bist du hierher ins Kloster gekommen?"

Mein Gegenüber lehnte sich leicht nach vorne. „Auf der Suche nach Frieden. Mein Studium war sehr stressig."

In seiner Stimme lag ein Unterton, den ich nicht so recht zu deuten wusste. „Dann bist du hier bestimmt an keiner schlechten Adresse", bestätigte ich. Allein schon die Natur in der Umgebung hätte kaum friedvoller und idyllischer sein können.

„Ich weiß nicht."

„Wie, du weißt nicht?!" *Immer noch dieser Unterton. Es klingt fast so, als … als sei er enttäuscht?* Ich wollte nach der Teekanne greifen, aber der Novize kam mir zuvor und schenkte nach.

Dann fuhr er nachdenklich fort: „Buddha sagt, dass wir alle gleich sind. Aber oft fühle ich mich hier eher wie ein Sklave."

WAS?! Das kam überraschend! „Wessen Sklave? Der anderen Mönche?"

Der Novize regte sich nicht, widersprach aber auch nicht. Ich wertete es als stummes Einvernehmen. „Vielleicht soll das am Anfang der Ausbildung ja so sein? Um dich etwas zu lehren?", schlug ich vor.

Der junge Koreaner verzog einen Mundwinkel. „Viele der Mönche sehen von außen ausgeglichener und sanfter aus, als sie es eigentlich sind. Eigentlich sollten wir alle gleichwertig sein, aber tatsächlich herrscht eine sehr hierarchische Struktur. Wie in der Armee."

Dass die Mönche mitunter launisch sein konnten, war nicht schwer zu verstehen, nach dem, was ich hier schon mitbekommen hatte. Beispielsweise wird die Trommel zum Morgenweckruf im Kloster schon um 3:00 Uhr morgens geschlagen. Und wegen des straffen Tagesplans bekommt man unmöglich mehr als sechs Stunden Schlaf pro Tag. *Da wäre ich persönlich nach ein paar Wochen auch mies drauf.* Und anscheinend ließen manche das dann an den armen Novizen aus.

„Was denkst du jetzt? War es vielleicht ein Fehler, herzukommen?", forschte ich weiter.

„Ich denke, alles hat seinen Preis. Wir erlangen keinen Frieden, ohne etwas dafür zu tun. Buddha hat gesagt: ‚Niemand rettet uns, außer wir selbst.'" Erneut ergriff der Novize die Teekanne und schenkte uns nach. Mehr schien er erst einmal nicht preisgeben zu wollen.

„Du bist Christ, vermute ich? Was sagt dein Glaube?", wandte er sich dann an mich.

Ich runzelte die Stirn. „Möchtest du das wirklich wissen?"

„Ihr westlichen Leute seid so stark und kraftvoll, wenn es um Geschäfte geht", sagte der junge Mönch. „Warum seid ihr in eurer Religion so zurückhaltend und schüchtern?"

Interessante Feststellung. „Wenn du erlaubst", setzte ich also an, „greife ich den Spruch von Buddha auf: Ich glaube, dass wir uns keineswegs selbst retten können. Das zu versuchen schiebt nur noch mehr Leistungsdruck auf uns. Ansprüche und Erwartungen, denen wir nicht gerecht werden können. Ich glaube, dass Gott allein uns retten kann." Mir war bewusst, dass das herausfordernd war. Aber schließlich hatte mein Gegenüber um eine ehrliche Meinung gebeten.

Der Novize schüttelte den Kopf. „Jeder muss selbst etwas tun, um weiterzukommen. Auch im Christentum geht es doch darum. Gutes tun, Gebote halten und so."

„Das denken viele", stimmte ich ihm zu. „Aber es ist tatsächlich ganz anders. Beim Christsein geht es nicht darum, Gutes zu tun oder Regeln zu erfüllen, sondern es geht zuallererst um eine Beziehung mit Gott. Und dadurch, dass er uns liebt, wächst in uns dann der Wunsch und auch die Kraft, Gutes zu tun. Ich bin sicher, dass nichts uns so sehr verändert wie Liebe. Und nichts schenkt uns so viel Frieden wie das Wissen, geliebt zu sein."

Es folgte eine tiefe Stille. Meine Worte hallten in meinem eigenen Kopf noch etwas nach. Ich glaube wirklich, dass die tiefe Sehnsucht nach Liebe die Antriebsfeder für das meiste ist, was wir tun. Und dass wir sehr viel Zeit damit verbringen, uns Liebe und Anerkennung mit Leistung oder guter Performance verdienen zu wollen. Komisch, kaum einer denkt, dass man echte Liebe mit Geld kaufen kann. Warum dann mit Leistung?

Der Novize sammelte unsere Tassen wieder ein und wusch sie in einer Schale mit altem Teewasser. Durch die Brille blickte er mir offen in die Augen. „Das war die Teemeditation. Wir sollten jetzt schlafen gehen."

Insgesamt blieb ich vier Tage in dem Kloster. Genug Zeit, um zu erfahren, was der Novize mit der Hierarchie „wie in der Armee" gemeint hatte. Jeden Tag half ich ihm einige Stunden bei der Gartenarbeit und beim Putzen und beobachtete, wie man dabei mit ihm umging. In meinen Augen förderte es seinen inneren Frieden nicht so, wie er es sich erhoffte. Im Gegenteil. *Ich wünsche ihm wirklich, dass er trotzdem das findet, wonach er sucht.*

Nach dem Kloster führte ich meine Tramper-Reise durch Korea fort, bis ich schließlich nach Seoul zurückkehrte. Inzwischen hatte ich in Korea nun fast ein halbes Jahr verbracht. Und obwohl es für mich anfangs schwer vorstellbar gewesen war, konnte ich mich nun doch zumindest im Alltag in der Landessprache verständigen. Die Gelegenheit war gekommen, endlich das zu tun, was ich am liebsten schon viel früher getan hätte: mich bei all den tollen Leuten bedanken, die mir während meines Aufenthaltes geholfen hatten. So lud ich Choe und seine Frau zu einem Essen im Grillrestaurant ein. Das war natürlich nichts im Vergleich zu dem, was sie mir Gutes getan hatten. Aber es war einfach so schön, mich endlich mit Choe von Mann zu Mann unterhalten zu können! Ein wenig so, als würde man zum allerersten Mal mit einem großen Vorbild reden!

Wie in fast jedem Land wäre ich am liebsten noch viel länger geblieben. Nun waren jedoch bereits über drei Jahre vergangen, seit ich von zu Hause aufgebrochen war und meine Familie nicht mehr gesehen hatte. Und ein inneres Gefühl sagte mir, dass es an der Zeit war, weiterzuziehen.

Ein letztes Mal reiste ich also nach Busan und nahm von dort die Fähre nach Japan. Aufgrund der faszinierenden Tragflügel-Technologie, die das gesamte Passagierschiff aus dem Wasser hebt und somit den Wasserwiderstand auf einen Bruchteil verringert, legten wir die 200 Kilometer auf dem Meer in unter drei Stunden zurück. Die tonnenschwere Fähre sah dabei aus, als würde sie komplett über der Wasseroberfläche schweben. *Wahnsinn! Einfach mal doppelt so schnell wie die großen Containerschiffe!*

Oktober 2016

Als ich in Japan in der Hafenstadt Fukuoka gelandet war, zeigte sich die Beamtin der Einwanderungsbehörde zunächst besorgt. Vielleicht würde ich nicht nach Japan hereingelassen werden. In dem Fall müsste man mich auf eigene Kosten wieder nach Korea oder sogar nach Deutschland zurückschicken. Ich war entsetzt. *So überraschend hätte ich mir das Ende meiner Reise nicht vorgestellt!* Der Grund dafür war, dass ich noch kein Anschlussticket für einen Flug oder eine Fähre in ein anderes Land hatte. Die Japaner wollten aber sichergehen, dass ich ihr Land nicht nur betrete, sondern auch in einem absehbaren Zeitraum wieder verlasse. *Diese Bürokratie …*

Ich war komplett auf die Gnade der Beamtin angewiesen, und so schilderte ich ihr so freundlich wie möglich meinen Plan, dass ich mir in Tokyo ein Visum für China besorgen würde, um danach nach Shanghai zu fahren. Zusätzlich nannte ich außerdem einige Adressen von Kontakten, die ich dank meiner zahlreichen Reisebekanntschaften glücklicherweise bereits in Japan hatte. Diese letztere Information schien sie Gott sei Dank zu überzeugen, und ich bekam doch noch den Stempel für meine Einreise.

Noch im Hafen-Terminal ließ ich mich an einem Info-Stand für Touristen beraten, wie ich nun weiter verfahren konnte. In Fukuoka selbst, wo ich mich gerade befand, gab es wenig zu erleben. Bis auf die japanische Nudelsuppe

„Ramen", die hier erfunden worden ist. Aber wie außergewöhnlich kann eine Nudelsuppe schon sein?

Gerade wollte ich mich durch die großen Glastüren des Gebäudes nach draußen auf den sonnenbeschienen Parkplatz begeben, da sprach mich eine Frau mittleren Alters an. Es war die Dame von der Einwanderungsbehörde. Ich erkannte sie an einem hervorstehenden Muttermal auf der rechten Wange und ihren schmalen Lippen. Außerdem waren ihre Augen ein klein wenig runder als beim Durchschnitt der Japaner.

Nanu, was ist denn noch?, wunderte ich mich. War ihnen etwa ein Fehler unterlaufen? Würde man mich am Ende doch noch wegschicken? Doch dann fiel mir auf, dass die Frau jetzt zivil trug.

„Ich habe Arbeitsschluss und eine halbe Stunde Zeit. Wenn du möchtest, kann ich dir ein bisschen was über Fukuoka erzählen", bot sie mir an.

Mir fiel ein Stein vom Herzen, da anscheinend doch alles in Ordnung war. „Danke, aber ich breche gleich nach Hiroshima auf", warf ich ein.

„Dann musst du sicher zum Hauptbahnhof? Mein Mann und mein Sohn holen mich gleich ab. Wenn du möchtest, kannst du mitfahren."

Wow, das klingt doch super! Der Hauptbahnhof war sicher ein guter Ort, um weiter in Richtung Hiroshima zu trampen. Ich nahm das Angebot dankend an. Und während wir gemeinsam warteten, schlug sie mir vor, ihre Familie noch zum Mittagessen zu begleiten. *So einen herzlichen Empfang habe ich eindeutig noch nie von Grenzbeamten erlebt!*

Ihr Mann und ihr Sohn holten uns in einem weißen japanischen Kleinwagen ab. Schon das war ein Erlebnis für sich. Denn während wir Europäer ja stromlinienförmige und windschnittige Autos mögen, sehen die Autos der Japaner eher aus wie pastellfarbene Schachteln auf vier Rädern. Der Vorderbau der japanischen PKWs ist so gequetscht wie möglich, die Kabine so eckig und hoch wie nur zulässig, und das Heck praktisch nicht vorhanden. Dieses optisch fragwürdige Leichtgewicht-Design wird auch „Kei Car" genannt und profitiert von Steuervorteilen. Die Funktionalität in allen Ehren, wirkten die Fahrzeuge doch auf mich wie eine vergrößerte Version von Playmobil-Autos. Verspielt und irgendwie unecht. Aber wenn man meint, dass deutsche Autos sich dagegen doch leicht durchsetzen müssten, irrt man. Die Japaner sind ihrer heimischen Industrie unglaublich treu und vermeiden Produkte aus Übersee so leidenschaftlich wie ein fauler Schüler die Hausaufgaben. Wobei hier angemerkt sei, dass Studien zufolge der Nutzen von Hausaufgaben ohnehin vernachlässigenswert ist. Außer, das Ziel ist, Kinder zu quälen. Dafür allerdings sind sie sehr effektiv!

Der Straßenverkehr sieht dank der Playmobil-Autos also aus wie ein Spielgelände. Die weißen Taxis, die man aus Animes kennt, und die Schuluniformen der Kinder verstärkten den Comic-Eindruck. Aber trotzdem ist die Gesellschaft keineswegs kindisch, sondern alles funktioniert wie ein Schweizer Uhrwerk. Alle Japaner halten sich streng an die Verkehrsregeln. Und obwohl das beeindruckend ist, kam mir der Gedanke, ob es vielleicht eine Art Insel-Fieber gibt, das die Gehirnhälften vertauscht. Denn wie die Engländer, Australier oder Fidschi-Bewohner fahren auch die Japaner auf der falschen Straßenseite. Nämlich links. An dieser Stelle wünsche ich allen Inselbewohnern gute Besserung!

Im Gegensatz zu der Beamtin, die als Kind in den USA Englisch gelernt hatte, sprachen der Mann und der Sohn gar keines. Bemerkenswert fand ich dennoch, dass der Sohn, der etwa in meinem Alter war, eine „FC Bayern München"-Jacke trug. Ein Souvenir aus ihrem Deutschlandurlaub, erklärte mir seine Mutter. *Unabhängig davon, ob man diesen Verein liebt oder ihn im Jodel-Club besser aufgehoben sieht, scheint Deutschland einen guten Eindruck gemacht zu haben!*

Wir parkten in der Nähe des Restaurants und gingen die letzten Meter zu Fuß. Dies war nur auf der Fahrbahn möglich, da es – außer bei Hauptstraßen – keinerlei Bürgersteige gab. *Merkwürdig,* wunderte ich mich. Allerdings nicht nur über die fehlenden Bürgersteige, sondern da war noch etwas, was ich vermisste: *Wo ist die Farbe?!* Die ganze Umgebung war in Grau- oder Brauntönen gehalten! Es gab keinerlei Pflanzen, und die gekachelten Gebäude erinnerten an die öden deutschen Plattenbauten aus den 70ern. *Dabei dachte ich immer, Japan wäre so modern?* Nun, wie ich erfuhr, waren die Gebäude auch hochmodern. Aber in Japan herrscht eine Kultur, in der die wenigsten gerne auffallen. Wenn sie jedoch auffallen, dann richtig!

Wir kamen zu einem Gebäude, an dessen Eingang zwei weiße Lüftungsanlagen um die Wette pusteten. Es sah eher aus wie der Hintereingang. Auch die Schiebetür wirkte eher wie der Eintritt in ein Wohnzimmer als wie eine Haustür. Lediglich ein hellblauer Blecheimer, der direkt vor der Schiebetür baumelte, gab der unansehnlichen Fassade einen Hauch von Originalität.

„Wenn der blaue Eimer hier hängt, ist das Restaurant geöffnet. Wenn nicht, dann ist es geschlossen“, erklärte mir die Dame von der Einwanderungsbehörde. Gerade fragte ich mich, ob man dafür nicht auch ein einfaches Türschild verwenden könnte, da fügte sie hinzu: „Der Besitzer ist etwas speziell.“

In dem Moment, als wir eintreten wollten, schoss plötzlich eine junge Angestellte aus der Tür. Fast so, als hätte sie nur auf uns gewartet. Im Kontrast zu ihrer hellen Bluse trug sie eine dunkle Schürze und zwei schwarze Zöpfe. „Ihr müsst noch warten“, sagte sie knapp und verschwand wieder im Inneren.

Also warteten wir. Und warteten. Und warteten. Nach und nach verließen einige Personen das Restaurant. *Da müssten jetzt doch locker genügend Plätze frei sein!* Aber noch immer ließ die Angestellte uns nicht hereinkommen. „Der Besitzer ist etwas speziell“, hatte meine Begleiterin gesagt. *Scheint zu stimmen!*

Erst nach einer halben Ewigkeit ließ man uns endlich herein. Drinnen sah es aus wie in einem ganz gewöhnlichen Straßen-Restaurant. Schlichte braune Tapete ohne Dekoration. Rechts eine lange Theke und Barhocker für sechs oder sieben Personen. Links vier braune Holztischlein, an denen je zwei Personen Platz finden konnten. Und zehn Schritte geradeaus befand sich die halb offene Küche.

Ich unterdrückte ein Lachen, denn mehr als die Hälfte der Stühle waren nicht belegt! *Wieso hat man uns denn so lange warten lassen?!*

„ARIGATO GOSAIMAS!“, bellte uns jemand aus der Küche an, bevor wir uns einen Sitzplatz gesucht hatten. Er war der Älteste im Raum und anscheinend der Besitzer, und er klang, als hätte er gerade die Exekution seines Erzfeindes angeordnet. „Arigato gosaimas“ ist, wie ich bereits wusste, Japanisch für „vielen Dank“.

Nur Momente später brüllten auch die beiden Angestellten im Studentenalter wie aus einem Munde: „ARIGATO GOSAIMAS!“

Aha, das scheint also einfach eine etwas andere Art der höflichen Begrüßung zu sein. Wir setzten uns und bestellten alle vier das Gleiche: Schweinefleisch-Ramen.

„ARIGATO GOSAIMAS!", donnerte es da schon wieder durch den Raum. Unwillkürlich schrak ich zusammen und sah mich nach der Ursache dieser verbalen Attacke um: Es war jemand aufgestanden, um zu gehen. Die Angestellten folgten sofort, wie aus der Pistole geschossen: „ARIGATO GOSAIMAS!"

Ich grinste die Dame von der Immigrationsbehörde an. „Sehr militärisch hier!"

„Das ist in Ramen-Restaurants häufig so. Und dieses Restaurant ist noch einmal ... spezieller!"

Es verging noch eine gute Weile, bis unser Essen endlich serviert wurde. Ich stand auf, um ein Foto zu machen.

„STOP!", brüllte der Besitzer in einem Tonfall, der mir beinahe das Blut in den Adern gefrieren ließ.

„Es ist verboten, hier Fotos zu machen", klärte mich die Dame auf. „Wie schon gesagt: Der Besitzer ist etwas ..."

„Ja, ich weiß: speziell!", lachte ich.

Mittlerweile hatte sich das Restaurant noch weiter geleert. Trotzdem wurden andere Besucher, die in der Zwischenzeit gekommen waren, ebenso draußen vor der Tür stehen gelassen wie wir. Und trat jemand ein oder ging, wurde er mit dem aggressiv klingenden „ARIGATO GOSAIMAS!" begrüßt oder verabschiedet. Mit so viel Druck dahinter, dass man sich aus nächster Nähe damit wohl hätte die Haare föhnen können. *Es würde mich nicht wundern, wenn der Koch die Zwiebeln mit einem Katana-Schwert schneidet und dabei Kampfschreie ausstößt wie in den Samurai-Filmen.*

„Itadakimas", wünschten wir einander Guten Appetit und ich griff zu meinen Stäbchen.

„Ähm", räusperte sich die Dame. „Es ist die Regel des Besitzers, dass man zuerst die Suppe probieren muss, bevor man die Nudeln essen darf. Er ist etwas ..."

„Klar!" Grinsend schnappte ich mir den geschwungenen japanischen Löffel, tauchte ihn in die Suppe und kostete.

WUUUSCH!

Kurzzeitig setzte mein Verstand aus. Es war wie eine Geschmacksexplosion, die mich vom Restaurant in den kulinarischen Himmel katapultierte! Ohne dass ich es gewollt hätte, entfuhr mir ein unkontrolliertes Stöhnen.

MEINE GÜTE!!! Dieser Löffel Suppe schmeckte, als hätte ich soeben meine Zähne in das saftigste, intensivste, bestgewürzte Stück Schweinebraten gegraben, das die Erde je gesehen hat!

„Oishi?" – *lecker?* –, fragte mich die Dame von der Immigration sichtlich erfreut.

„Ja! Unfassbar gut!" Ich war immer noch hin und weg! „So etwas habe ich …"

„STILL", unterbrach mich der Besitzer mit einem für meine Begriffe mordlüsternen Tonfall, und eine Angestellte klärte uns rasch auf, dass es verboten sei, sich zu unterhalten.

Sein seltsames Gebaren ist zwar echt schräg, aber für diesen Genuss würde ich notfalls auch auf den Händen gehen, wenn er es verlangen würde!

Nun, da wir schwiegen, erfüllte nur noch das laute Schlürfen der Gäste den Raum. Beim Nudelessen laut zu schlürfen gehört in Japan zum guten Ton und ist ein Zeichen dafür, dass das Essen schmeckt. *Wenn meine Mutter gewusst hätte, dass ich ihr als Kind mit meinem Schlürfen eigentlich ständig Komplimente fürs Essen gemacht habe, hätte sie sicher damals anders reagiert!*

Nach dem Essen bedankten wir uns herzlich bei dem Großmeister des Geschmacks und mit einem letzten lautstark-zackigen „ARIGATO GOSAIMAS!" katapultierten uns der Besitzer und seine Angestellten hinaus.

Eben ... etwas speziell.

Oktober 2016

Von Fukuoka trampte ich mit einem japanischen Pärchen in Richtung Hiroshima, und wieder klappte die Verständigung dank meiner Offline-Übersetzer-App überraschend gut. Wirklich unglaublich, was moderne Technik alles möglich macht! Etwa auf halbem Weg stellte sich dann heraus, dass die beiden eigentlich gar nicht vorgehabt hatten, Fukuoka zu verlassen. Aber als sie mich mit dem Schild gesehen hatten, dachten sie sich, dass sie mir zum Gefallen mal eben die 230 Kilometer nach Hiroshima und wieder zurück fahren könnten. Als ich das also nach einer guten Stunde endlich erfuhr, bestand ich darauf, dass sie mich bei der nächsten Raststätte absetzten, damit ich mit einem anderen Fahrzeug weiter könnte, das wirklich nach Hiroshima musste. Den beiden hatte es immerhin viel Spaß gemacht, und sie hatten auch jede Menge Fotos mit mir geschossen. Wenn ich nichts gesagt hätte, wären sie wirklich mehr als 500 Kilometer gefahren, nur, um mich nach Hiroshima zu bringen!

Bei der Erwähnung des Namens Hiroshima denken die meisten Menschen immer noch an die Atombombe, die die USA am Ende des Zweiten Weltkriegs über dieser Stadt abgeworfen hatten. Ich stellte mir die Frage, wie es kam, dass dort heutzutage etwa zwei Millionen Menschen leben. Müsste die Region nicht radioaktiv verseucht sein?

Ich erfuhr, dass es einen großen Unterschied macht, ob eine Atombombe in der Luft explodiert oder auf dem Boden. Knallt sie in den Boden, heftet sich das radioaktive Material an die Erdmassen, bleibt somit über Jahrzehnte in der Umgebung vorhanden und vergiftet diese langfristig. Explodiert die Bombe jedoch in der Luft, wie es bei Hiroshima und Nagasaki der Fall war, richtet die Sprengkraft zwar mehr Zerstörung an, aber das radioaktive Material verteilt sich viel großräumiger, und die Langzeitfolgen sind geringer. Denn die gefährlichsten Materialien zerstrahlen innerhalb der ersten Wochen und der Rest wird so sehr verdünnt, dass er praktisch harmlos wird. Überall auf der Erde kommt zu jeder Zeit eine völlig natürliche Menge an Strahlung vor, die ein Vielfaches höher ist als das, was von den Atombomben in den Jahren danach übriggeblieben ist. Dieser Unterschied verdeutlicht auch, was an Kernkraftwerken so bedenklich ist. Die explodieren nämlich im Fall des Falles am Boden.

Schließlich kam ich zu der Stadt, die eigentlich das Ziel Nummer 1 der Atombomben hätte sein sollen: Kyoto. Diese Stadt war über Jahrhunderte hinweg die Hauptstadt Japans gewesen und auch lange danach noch Sitz des kaiserlichen Hofes geblieben. Also eine historische Stätte, wie sie bedeutender kaum sein könnte. Es ist ein kleines Wunder, dass Kyoto den Krieg praktisch unversehrt überstanden hat. Denn eine Weile lang stand die ehemalige Hauptstadt an oberster Stelle der Zielliste für die Atombomben der USA, noch vor Hiroshima und Nagasaki.

Doch zum großen Glück für die Japaner und alle heutigen Touristen stellte sich ein einziger Mann gegen diese Entscheidung, der damalige Kriegsminister Henry Stimson, der etwa 20 Jahre zuvor Kyoto besucht und zu dieser

Stadt eine emotionale Bindung aufgebaut hatte. Man vermutet, dass er dort vielleicht sogar seine Flitterwochen verbracht hatte. Durch diese Erinnerungen motiviert setzte er jedenfalls alles daran, Kyoto von der Liste zu nehmen. Was ihm durch seinen persönlichen Draht zum damaligen Präsidenten auch gelingen sollte.

Im Rückblick ist es erstaunlich, dass das Schicksal der Zwei-Millionen-Einwohner-Stadt Kyoto an nur einem Mann hing – und genaugenommen an dessen Urlaubserinnerungen. Ein ziemlich gewaltiges Beispiel dafür, wie Reisen uns hilft, über den eigenen Tellerrand hinauszuschauen, und mit unseren Vorurteilen aufräumt. Wieviel schwerer besondere Erlebnisse wiegen als trockene Theorie. Und wie solche Erfahrungen uns für immer prägen. Ich bin sicherer denn je, dass es für jeden Menschen ein großer Gewinn ist, einfach mal für längere Zeit unterwegs zu sein und Neues zu entdecken. Sogar Goethe meinte schon: „Die beste Bildung findet ein gescheiter Mensch auf Reisen." Und wenn Goethe das sagt, hat er bestimmt recht!

In Japan gibt es übrigens ein Sprichwort, das jeder reiselustige junge Erwachsene kennen sollte. Es lautet: „可愛い子には旅をさせよ." Das heißt übersetzt so viel wie: „Wer sein Kind liebt, lässt es reisen." Ist das nicht unglaublich?! Und weil fast alle Eltern ihre Kinder lieben, müssen die einen ja praktisch gehen lassen! Schlimmstenfalls werden sie sagen: „Japanisches Sprichwort? Interessiert mich nicht! Du bleibst hier!" Dann war es immerhin einen Versuch wert.

In jedem Fall bin ich der Meinung: Reisen ist immer eine Reise wert!

Japan ist übrigens auch eine Reise wert! Nur leider hatte dieser „Mehrwert" dort einen wesentlich höheren Preis als in anderen Ländern. Deswegen bemühte ich mich, möglichst bald weiter nach Tokyo zu kommen, wo ich mein Visum für China ergatterte.

Wie die meisten Leute wohl wissen, ist Tokyo die derzeitige Hauptstadt von Japan. Was aber nur die wenigsten wissen, ist, was der Name bedeutet. „To" heißt nämlich auf Japanisch „Osten". Und „Kyo" ist eine gekürzte Form von „Kyoto". Also ist Tokyo das Kyoto des Ostens. Oder noch treffender: die „Hauptstadt im Osten". Man stelle sich vor, dass wir unsere Orte so benennen würden! Statt „Berlin“ würden wir „Hauptstadt im Osten“ sagen, oder statt „Hamburg“, aus dessen Umgebung ich ja komme, „Mittelpunkt der Welt“. Wir Deutschen haben zwar auch Städte mit Ortsangaben, sind aber dabei deutlich weniger poetisch. Wie zum Beispiel „Darmstadt“. Tut mir leid, das sagen zu müssen, aber das war nicht sehr gelungen. Aber Scherz beiseite: Die Art, Orte zu benennen, ist nur ein Beispiel dafür, wie verschieden die ostasiatische Denkweise und Sprache von der europäischen ist.

Die ganze Grundhaltung zum Leben ist anders. Während viele Deutsche beispielsweise ihren Beruf gewählt haben, um Geld zu verdienen, geht es den meisten Japanern eher noch um etwas anderes: Sie möchten mit ihrer Arbeit ihre Existenz rechtfertigen. Beweisen, dass sie es wert sind zu leben. Dass sie in ihrer Position etwas Nützliches zur Gesellschaft beitragen. Kein Wunder also, dass Leute, die für ihre Arbeit sterben würden, es gelegentlich auch wirklich tun. In Japan hat sich wegen der vielen Sterbefälle durch Überarbeitung sogar ein eigenes Wort dafür entwickelt: „Karoshi“. Für einige mag es ein ehrenhafter Tod sein, im Dienst für die Firma sein Leben zu lassen. Ich finde es eher tragisch.

Allerdings gibt es innerhalb Japans auch große Unterschiede. Zum Beispiel haben die Einwohner Osakas in ganz Japan den Ruf, etwas verrückter und offener zu sein als der Rest. Was dies wohl am besten veranschaulicht, ist ein Straßenexperiment: Wer jemals nach Osaka kommt und genug Mut hat, sollte vor wildfremden Japanern auf der Straße pantomimisch so tun, als würde er sie erschießen.

Ich habe das ausprobiert, und tatsächlich: Die zu einer Pistole geformte leere Hand und ein lautes „BÄNG!“ genügten, und ein großer Teil der Einwohner Osakas spielte spontan mit und lieferte mir eine theatralische Sterbeszene. Dabei machte es keinen Unterschied, ob es Teenager, Berufstätige oder sogar Rentner waren – die Leute spielten mit, und es endete in beiderseitigem Gelächter. Einige Japaner zogen sogar selber eine Luft-Waffe und gingen zum Gegenangriff über.

So etwas erlebt man nur in Osaka!

Dezember 2016

Von Osaka aus nahm ich die Fähre nach Shanghai. Und obwohl China weit von Deutschland entfernt ist, fühlte ich mich, als hätte ich nun die größten Hindernisse hinter mich gebracht. Immerhin könnte ich den Heimweg nun komplett über Land bewältigen und wäre nicht mehr darauf angewiesen, eine Position auf einem Segelboot zu finden. Dachte ich.

Obwohl Trampen in China so gut wie unbekannt ist, klappte es ausgezeichnet. Der Grund dafür ist die extreme Neugier der Chinesen, gepaart mit völliger Hemmungslosigkeit. Die meisten Leute dort scheint ganz generell kaum etwas zu stören. Weder der Lärm noch der Geruch noch die Enge, in der sie leben. Es hat auch niemand ein Problem damit, wenn Leute ihre Kinder mitten auf einem öffentlichen Platz in eine Plastiktüte kacken lassen. Ja, so etwas kommt häufiger vor. Man fand es auch offensichtlich total normal, mich zu Dutzenden neugierig zu umringen, während ich an der Straße meine Tramper-Schilder malte. Bei solchen Gelegenheiten vermuteten viele, dass ich fließend Chinesisch sprechen würde, weil die Schriftzeichen auf meinen Pappschildern so detailliert und sauber aussahen. Dabei hatte ich sie lediglich genau von den Bildern auf meinem Handy abgemalt.

Bis auf ein paar Alltagsfloskeln kommunizierte ich ebenfalls nur mithilfe einer Übersetzungs-App über mein Handy. Einmal luden mich ein chinesischer Geschäftsmann und seine Frau, die ich beim Trampen im Nord-Osten des Landes kennengelernt hatte, zum Abendessen in ein Restaurant ein. Weil sie noch nie zuvor einen weißen Mann getroffen hatten und dies somit ein besonderer Anlass war, rief der Mann auch gleich ein paar seiner Freunde an. Beim Restaurant angekommen führte die Bedienung das Ehepaar und mich in einen privaten Speiseraum. Das ist im Osten Asiens so üblich, damit man ungestört und unter sich sein kann. Der Raum war mit verzierten Kacheln ausgelegt und an den Wänden mit dunklem Holz verkleidet, das von golden schimmernden Leisten gerahmt wurde.

Der Geschäftsmann ließ sich von mir mein Handy geben und malte mit seinem Zeigefinger einige Zeichen in die Übersetzungs-App. Dann gab er es mir zum Lesen zurück: „Magst du chinesisches Essen?"

Ich tippte ihm als Antwort ins Handy, dass ich alles essen würde, was sie auch essen. Und noch mehr. Der Mann nickte zufrieden und bestellte – ohne

Karte – einige Speisen. Dann nahmen wir Platz. Anfangs waren wir zu dritt, doch dann trudelten nach und nach die Freunde des Geschäftsmannes ein, sodass wir bald sieben Leute zählten. Die Bediensteten des Restaurants stellten währenddessen immer mehr Schüsseln auf die gläserne Drehplatte in der Mitte des Tisches, bis die Beine des Möbelstücks von dem Gewicht des Essens zu ächzen anfingen. Es gab Suppen mit Fisch und Rindfleisch, Tofu, Aubergine, Hühnchen, Obst, Erdnüsse – mit Zucker ummantelt, gesalzen und geröstet –, Pilze und noch vieles mehr, das ich nicht genau zuzuordnen wusste. Da wir die Platte langsam drehten, konnte jeder sich von allem etwas nehmen.

Kaum hatten wir mit dem Mahl begonnen, füllten die Chinesen die Schnapsgläser. „Auf Kis!", sprach der Gastgeber einen Toast aus, stieß mit mir an, und wir kippten den Fusel hinunter. Er meinte damit „Chris", also mich. Wie es der Respekt verlangte, brachte ich nun meinerseits einen

Toast auf den Gastgeber aus. Was ich sagte, verstand zwar keiner der Anwesenden, aber die Geste in Richtung des Geschäftsmannes machte klar, was gemeint war.

Kaum hatte ich die brennende Flüssigkeit heruntergeschluckt, wollte mir mein Sitznachbar schon wieder nachfüllen. „Nein danke. Kein Schnaps. Nur Bier. Ich bin Deutscher!", erklärte ich und hielt schützend meine Hand über das Glas. *Wenn die so weitermachen, endet das nicht gut!*

Sie zeigten sich glücklicherweise verständnisvoll und ließen mir von da an Bier bringen. Es war ein wahrer Festschmaus. Immer, wenn sich ein Teller leerte, nahm sofort ein frischer dessen Platz ein, und unter den Duft der Speisen mischte sich der Qualm der Zigaretten. Zu meiner Verblüffung warfen die Chinesen ihre Hähnchenknochen und Zigarettenstummel einfach hinter sich. Und gelegentlich rotzten sie sogar auf den Boden. *Das erklärt, warum es hier nur Fliesen und keine Teppiche gibt.*

Alle am Tisch, bis auf die Ehefrau und mich, rauchten und soffen wie das alte Auto meiner Eltern. Als wir uns die Bäuche bis an die Fassungsgrenze vollgeschlagen hatten, verlegten sich die vier Freunde des Gastgebers auf den Versuch, mich abzufüllen. Der Reihe nach schenkte einer der Männer sich und mir ein, stieß dann mit mir an und kippte es auf ex hinunter. Was mich dazu nötigte, das Gleiche zu tun, wenn ich mein Gegenüber nicht beleidigen wollte.

Es schien mir etwas unfair, allein gegen vier wohlbeleibte Kerle bechern zu müssen. Erst recht, da ich mangels Übung nicht mehr sehr trinkfest war. Seit meiner Zeit in Guyana hatte ich weitgehend auf Alkohol verzichtet. In dieser Situation hatte ich allerdings einen ausschlaggebenden Vorteil auf meiner Seite: Sie schienen gar nicht mehr zu merken, dass sie mit ihrem Schnaps gegen mich mit Bier antranken – aus gleich großen Gläsern.

Es dauerte nur eine gute Stunde, da lagen die vier Freunde auf dem Tisch, und wir mussten den Abend beenden. *Dabei ist es erst kurz nach neun, hihi.*

Ich hatte vorher schon von Chinesen im Ausland viele Geschichten über ihre Landesgenossen gehört, und dieser Abend hatte tatsächlich ganz genau in dieses Bild gepasst. Mit einem Besuch in einem deutschen China-Restaurant hatte er jedenfalls wenig gemeinsam. Das übermäßige Rauchen und Trinken, die Toasts, die ungewohnten Tischmanieren und das zu zwei Dritteln übrig gelassene Essen.

Letzteres tat mir am meisten leid. Aber das Neujahrsfest war nicht mehr weit weg, und die Chinesen lassen in dieser Zeit viele Speisen fast unangetastet. Angeblich soll das Glück bringen und Überfluss im nächsten Jahr bescheren.

Obwohl Japan, China und Korea so relativ nah beieinander liegen, wurde mir noch einmal bewusst, wie unterschiedlich diese Länder sind. Allein, wie sehr sich das Essen in Japan von dem in China unterscheidet! Oder dass die Japaner oder Koreaner tief beleidigt sind, wenn man sie mit Chinesen verwechselt, die für sie wohl fast barbarische Züge haben.

Gleichzeitig zog ich für mich ein Zwischenfazit: Natürlich ist es toll, auf Reisen so viele verschiedene, zum Teil wirklich atemberaubende Landschaften zu sehen. Aber zumindest für mich waren sie nicht das Allerbeste am Unterwegssein. Eigentlich kamen sie sogar erst an dritter Stelle. Denn die kulinarischen Erfahrungen waren definitiv noch wunderbarer und außergewöhnlicher!

Aber allen voran waren es die Menschen, die ich unterwegs traf, die für mich das Beste am Reisen ausmachten. Eine herrliche Landschaft genießt man für den Augenblick und vielleicht später auf Fotos (die aber die Realität meist ohnehin nur bruchstückhaft wiedergeben können), aber die Geschichten und Begegnungen mit Menschen sind es, die wir für immer bei uns tragen und die uns prägen.

Dezember 2016

Als ich Peking (Beijing) erreichte, verstand ich, warum man China nicht innerhalb der Wintermonate besuchen soll: Die gesamte Stadt war in eine dicke braungraue Wolkensuppe aus Smog eingehüllt. Die Abgase stammten vorwiegend von den Fabriken außerhalb der Metropole, wurden aber von den Wetterverhältnissen in der Umgebung festgehalten. Da der Zustand in den Nachrichten als „gesundheitlich kritisch" beurteilt wurde, besorgte ich mir in

einer Apotheke eine Atemschutzmaske. Während ich damit die Stadt erkundete, sah ich aus, als wäre ich gerade von einer krassen Underground-Raver-Techno-Party entflohen. Wobei das unzähligen anderen auch so ging, die ebenfalls eine schwitzige, stickige Maske der verpesteten Luft vorzogen. Davon abgesehen gönnte ich mir als kulinarische Entschädigung eine original Peking-Ente und ein paar frittierte Skorpione.

Obwohl der schmutzige Abgasnebel ein ständiges Phänomen zu sein schien, verzog sich der giftige Dunst ausgerechnet an dem Tag, an dem ich die Chinesische Mauer besichtigen wollte. Endlich genoss ich einmal wieder blauen Himmel, Sonnenschein und Sauerstoff! Der Abschnitt der Mauer, zu dem ich gelangte, war so perfekt restauriert worden, dass ich mir nicht sicher war, was davon überhaupt noch historisch war. Hübsch anzusehen waren die spitzen Zinnen und ordentlichen Mauern aber durchaus.

Der überwiegende Teil der Chinesischen Mauer ist allerdings im Zerfallen begriffen und wurde auch nicht mit Felssteinen erbaut, sondern besteht nur aus Lehm und Erde. Es wäre also gar nicht möglich, die Chinesische Mauer tagelang romantisch auf einem Fahrrad entlangzufahren, wie sich das manche vorstellen.

Ein anderer verbreiteter Mythos lautet, dass man die Chinesische Mauer vom Mond aus sehen könnte. Auch das ist leider Unfug – aber natürlich ein genialer Marketing-Gag! Tatsächlich ist die Mauer dafür bei Weitem nicht breit genug. An der breitesten Stelle misst sie gerade einmal 9,1 Meter. Im Vergleich zu den 384.400 Kilometern, die der Mond von der Erde entfernt ist, wäre das beispielsweise so, als ob man mit bloßem Auge ein Haar aus zwei bis drei Kilometern Entfernung sehen wollte. Wem das gelingt, der könnte dann allerdings auch sein eigenes Haus vom Mond aus sehen, vorausgesetzt, es misst mehr als 9 mal 9 Meter. Viel Glück!

Aber trotz dieser kleinen Enttäuschungen war die Mauer noch immer sehr beeindruckend! Immerhin ist sie, was die Masse und das Volumen betrifft, das größte Bauwerk der Welt. Außerdem windet sie sich enorm steile

Gebirgshänge hoch. *Wie unglaublich viel Zeit, Energie, Arbeitskraft und Geld das gekostet haben muss!*

Für ihren ursprünglichen Zweck war die Mauer aber vielleicht eine der größten Fehlinvestitionen der Jahrhunderte. Denn die Konstruktion, die schon beim Bau Hunderttausende Leben gekostet hatte, sollte das Land vor Feinden aus dem Norden schützen. Was allerdings nicht so richtig funktionierte. Denn statt die Tore zu erstürmen, haben die Angreifer mehrfach einfach nur die Wachen bestochen und somit freie Bahn gehabt. Tragisch komisch. Der Teufel steckte mal wieder im Detail. Wer nicht gewissenhaft im Kleinen ist, bringt oft große Dinge zum Scheitern.

Die Weihnachtstage verbrachte ich in Xi'an, wo die wirklich beeindruckende Ausgrabungsstätte der berühmten 2.000 Jahre alten Terracotta-Armee liegt. Danach reiste ich wieder südwärts. Ich hatte vor, in die Umgebung von Guilin

zu gelangen, um dort die Kormoranfischer bei ihrem Handwerk zu sehen. Anstatt mit Angel und Haken fangen die Leute an dem Ort nämlich traditionell mithilfe einer Lampe und eines gezähmten Kormoran-Vogels Fische. Sie fahren bei Nacht hinaus auf den Fluss und zünden die Lampe an. Das Licht zieht die unterschiedlichsten Fische an, die der Kormoran dann mit einem Sprung ins Wasser fängt. Jedoch verhindert eine Schnur um den Hals des Vogels, dass er den frischen Fang hinunterschluckt, sodass sein Besitzer ihm den Fisch einfach aus dem Schnabel klauen kann. Die Bilder, die ich von dieser althergebrachten Arbeit gesehen hatte, waren so phänomenal, dass ich das unbedingt mit eigenen Augen sehen wollte.

In der Umgebung von Xi'an hatte ich noch bei -3°C draußen in meinem Zelt übernachtet. Nur einen Tag später und 1.000 Kilometer weiter südlich bei Guilin konnte ich im T-Shirt herumlaufen. Der Temperaturunterschied war gigantisch!

Ich begab mich zu Fuß auf eine Erkundungstour. Und während ich mit meinem wuchtigen Rucksack über die unbefestigten Wege streifte, raubte mir nicht die Anstrengung den Atem, sondern die Landschaft! Sattgrüne Reis- und Gemüsefelder, zwischen denen Chinesen mit gelben Strohhüten den Boden umgruben oder Pflanzen zu Bündeln schnürten. Um die Felder verteilten sich schlichte Häuser mit Hühnerställen, einige Bambus-Wäldchen und schwerfällige Wasserbüffel. *Ich würde gerne mal auf einem dieser stämmigen Tiere reiten. So, wie es die Kinder hier tun.*

Der absolute Blickfang waren aber die gewaltigen, spitz zulaufenden Berge, die wie kolossale Zuckerhüte aus dem Boden ragten. Irgendwie sahen sie aus wie Gebilde aus einem Traum – gleichzeitig surreal und vertraut. Zu Füßen der Gesteinsriesen plätscherte ein Fluss dahin. *Wenn ich mich jemals irgendwo zur Ruhe setze, dann an so einem Ort!*, ging es mir durch den Kopf. *Vorausgesetzt, die Natur bleibt bis dahin so erhalten.*

Ich folgte einem steinigen Flusslauf bis in ein Dorf. Es war bereits spät geworden und die Abendsonne warf ihren warmen Schein auf die weiß gestrichenen Häuser. Ein paar Hunde streiften umher und viele der Türen standen offen, sodass man geradewegs in die Häuser spähen konnte. Ich erhaschte einen Blick auf ein Portrait von Mao Zedong, das direkt neben einem altmodischen Sofa hing. Vor dem Haus, im Innenhof, saß eine chinesische Familie mit Mutter, Großmutter und vier Kindern. Der Mann war vermutlich noch auf dem Feld. *Mensch! Echtes, authentisches chinesisches Landleben! So etwas hatte ich mir gewünscht zu sehen!,* freute ich mich still. Im Vorbeigehen grüßte ich die Familie mit einem „Ni Hao!“ und sie lächelten freundlich zurück.

Meine Füße führten mich an einen gepflasterten Bootssteg, an dem floßähnliche Boote vor sich hin dümpelten. Genauer gesagt hatte man sie aus sechs dicken Rohren zusammengebunden, die zu meiner Enttäuschung bei näherem Hinsehen aber nicht aus Bambus, sondern aus Plastik bestanden. *Wenn es hier in der Gegend Kormoranfischer gibt, dann vielleicht genau an dieser Stelle!* Ich ließ mein Gepäck niedersinken, hockte mich an das Ufer und beobachtete still den Sonnenuntergang. Die Strömung bildete kleine Strudel auf der Wasseroberfläche und die Silhouetten des Bambus am Ufer spiegelten sich dunkel auf dem ansonsten friedlichen Gewässer. Der Geruch von Holzfeuer lag in der Luft. In den Häusern hatten die Leute angefangen, ihr Abendessen zu kochen. Von irgendwo auf der anderen Seite des Ufers erklang leise Musik von Trommeln, Schellen und dudelsackähnlichen Tröten. Vermutlich feierte jemand ein Fest. Ab und an hörte ich sogar das entlegene Knallen von Feuerwerkskörpern.

Während ich schweigend am Fluss saß und meine Gedanken vom Fischen und Feiern zu einem geeigneten Schlafplatz schweiften, musste ich plötzlich an ein chinesisches Sprichwort denken, das ich mir notiert hatte. Es lautete: „Willst du eine Stunde glücklich sein, mach ein Nickerchen. Willst du einen Tag glücklich sein, geh angeln. Willst du einen Monat glücklich sein, heirate. Willst du ein ganzes Jahr glücklich sein, erbe ein Vermögen. Willst du aber dein Leben lang glücklich sein, hilf anderen Menschen."

Wertvoll und herrlich herausfordernd! Lediglich bei den Zeitangaben war ich mir nicht ganz sicher. *Kormoranen beim Fischen zuzusehen würde mich sicher länger glücklich machen als nur einen Tag.*

Die erste Person, der ich in der hereinbrechenden Dunkelheit am Steg begegnete, war ein Mann mittleren Alters, der in einem Blecheimer seine Hose zum Waschen trug. „Entschuldigung", machte ich sogleich auf mich aufmerksam und trat zu dem Chinesen. Vielleicht konnte er mir ja weiterhelfen.

Der Mann musterte mich irritiert. Aber als ich ihm mein Handy in die Hand drückte, nahm er es bereitwillig entgegen. Auf dem kleinen Display hatte ich bereits einen chinesischen Text vorbereitet: *Wo finde ich Kormoranfischer? Ich möchte mit ihnen hinausfahren.*

Beim Lesen murmelte der Mann jedes Wort mit. Als er geendet hatte, schüttelte er lachend den Kopf. Rasch zeigte ich ihm, wie er mir seine Antwort auf den Bildschirm zeichnen konnte.

Meinerseits las ich dann die Übersetzung: „Kormoran nein. Nur für Touristen. Überall Fischen verboten."

Was? Das kann doch nicht sein Ernst sein! Ich fragte ihn, wofür die Boote hier am Steg dienten. „Transport. Fischen hat Regierung verboten."

So ein Reinfall! Na gut, ich hätte mir eigentlich denken können, dass bei dem enormen Wirtschaftswachstum auch entlegene Orte nicht ohne Veränderung bleiben. Wobei vieles noch immer allen Stereotypen entspricht!

Ich bedankte mich und ließ den Herrn weiter seine Hose schrubben. *Die magische Stimmung der Umgebung ist den Ausflug trotz allem wert! Unsere Erde ist schlichtweg ein unübertroffenes Kunstwerk! Diese Vielfalt, diese Details, diese Schönheit!*

Jahreswechsel 2016/2017

Die Silvesternacht verbrachte ich am Telefon mit Michal. Inzwischen hatten wir beide schon das Gefühl, uns sehr gut zu kennen, obwohl wir uns noch nie gesehen hatten – von hin- und hergeschickten kurzen Videobotschaften einmal abgesehen. Irgendwie war diese Art des Kennenlernens zwar ein bisschen ungewöhnlich, aber auch spannend und so ganz anders, als wenn man sich im täglichen Leben begegnet. Reduzierter, aber auch intensiver. Und zumindest ich spürte deutlich, dass diese Spannung zwischen uns immer mehr anwuchs. Noch immer wusste ich aber nicht, ob es Michal auch so ging oder ob sie in mir weiterhin nur einen guten Freund sah ...

Von Guilin aus trampte ich nach Vietnam. Kommunistische Banner am Grenzübergang erinnerten die Einreisenden sofort daran, wer damals aus dem Vietnam-Krieg siegreich hervorgegangen war. Kleiner Tipp: Die Vereinigten Staaten waren es nicht.

Und obwohl man in den Medien viel von Überwachung und Verboten liest, empfand ich in Vietnam genau das Gegenteil, nämlich wieder ein deutliches Gefühl von Freiheit. Im Alltag schien es, als wäre hier fast alles erlaubt. Oder würde zumindest nicht bestraft. Vieles läuft über Freundschaften und Kontakte, nicht über Papier. Jedenfalls kein bürokratisches Papier. Vielleicht liegt das daran, dass man in solchen Ländern mit so vielen Menschen dicht aufeinander wohnt. Das zwingt einen ja zu einem sehr persönlichen und vertrauten Umgang mit allen. Viel familiärer als in den geregelten, westlichen Metropolen. Viel menschlicher in jeder Hinsicht – ein Umfeld, in dem ich mich pudelwohl fühlte.

Zu meiner Freude entpuppte sich Vietnam als Land voller herzensguter Bewohner, faszinierender Landschaften und leckerem exotischem Essen – und zudem als eines der günstigsten Länder Südostasiens. Wobei man aufpassen sollte, was genau man bestellt. Denn obwohl wir immer den Chinesen den Schuh zuschieben, Hunde zu essen, landet der vierbeinige Freund des weißen Menschen in Vietnam noch weitaus häufiger auf dem Teller. Zumindest schien es mir so. Katzen übrigens auch. Genaugenommen werden in so einigen Nationen Hunde gegessen, von denen wir es nicht vermuten würden. Darunter Korea, Französisch-Polynesien, der Nordosten Indiens, auf Hawaii und vereinzelt sogar in der Schweiz!

Januar 2017

Als mein Visum für Vietnam ablief und ich nach Laos ausreisen musste, nahm ich mir vor, nur ein neues Visum zu beantragen und sofort wieder zurückzukehren. Die vielen Vorzüge Vietnams und die Freundschaften, die ich dort gewonnen hatte, machten es zum idealen Standort, um längere Zeit irgendwo in Strandnähe ein Zimmer zu mieten und an meinem Reisebericht zu schreiben. Denn obwohl ich bisher so gut wie lückenlos Tagebuch geführt hatte, wollte ich die vielen Erfahrungen meiner Reise möglichst noch vor meiner Heimkehr geordnet auf Papier bringen. Denn wer konnte wissen, wann sich mir zurück im schnellen deutschen Alltag noch eine Gelegenheit dazu bieten würde?

Als ich Vientiane, die Hauptstadt von Laos, erreichte, lief ich also schnurstracks zur vietnamesischen Botschaft. Je eher ich das Visum für Vietnam in der Tasche hätte, desto besser. Auf dem Hinweg hatte ich Benzinschmuggler kennengelernt, die in einer Woche wieder von Laos nach Vietnam fahren wollten und mich mitnehmen würden. Wenn ich bis dahin mein neues Visum hatte, konnte ich also noch vor dem chinesischen Neujahrsfest, dem größten Fest in Vietnam, wieder dort bei meinen Freunden sein.

An der Hausecke des vietnamesischen Konsulats wechselte ich mein schmuddeliges Unterhemd gegen ein sauberes Polo-Shirt. Manche Behörden haben Kleiderordnungen. *Ich möchte ja nichts riskieren.* Dann trat ich ein. Das Amt bestand aus einem einzigen, hell gefliesten Raum, an dessen schmalem Kopfende sich ein auf Hochglanz polierter Verwaltungsschalter befand. Auf der rechten Seite hatte man Plastiksitze auf eine Metallleiste geschraubt. Ähnlich, wie man sie von Flughäfen kennt.

Die Beamtin des Konsulats reichte mir zwei Formulare, und da ich mittlerweile schon Routine in diesen Dingen hatte, füllte ich die Bögen rasch aus. Als ich die Dokumente wieder einreichte, bot mir die Beamtin an, das Visum gegen einen Aufpreis sofort auszustellen. Zunächst schien mir das ein tolles Angebot. Aber weil die Frau nach eigenem Ermessen dann doch das Doppelte des normalen Betrags verlangte, verzichtete ich. Was sich als glücklicher Zufall herausstellen sollte.

Ich wollte gerade gehen, da kam ein junges europäisch aussehendes Pärchen herein. Ihre tiefe Bräune und das sonnengebleichte Haar verrieten, dass sie nicht zu den typischen Kurzzeit-Backpackern gehörten, sondern schon länger unterwegs waren.

„Wo kommt ihr her?", fragte ich die beiden neugierig.

„Polen", antwortete der Mann knapp.

„Und ihr seid schon länger unterwegs?", vermutete ich.

„Ja. Viele Monate. Genaugenommen sind wir ohne Flugzeug hierhergekommen."

Ich lachte. „Sieh an! Ich auch! Welche Route habt ihr genommen?"

Jetzt wirkten die beiden schon interessierter. „Über Russland, die Mongolei und China. Und du?"

„Ich komme von der anderen Richtung her. Über den Atlantik und Pazifik. Und bald geht's über Indien wieder nach Europa."

„Oh!" Nun schaute mich die Frau erstaunt an. „Du möchtest dann also doch noch ein Flugzeug benutzen?"

Verunsichert schüttelte ich den Kopf. „Nein, das ist für mich eigentlich keine Option. Wieso?“

„Wie willst du dann nach Indien kommen?“

„Über Myanmar“, schlug ich vor. Schließlich ist das die naheliegendste Landverbindung. Und ich hatte mich vor einem halben Jahr informiert. Die Grenzen waren zu dem Zeitpunkt offen gewesen.

„Tut mir Leid, Bro“, übernahm der Mann wieder, „die Grenzen zwischen Indien und Myanmar sind dicht. Das haben wir gerade erst überprüft. Sonst wäre es auch unsere Richtung gewesen.“

Schluck! Wenn er recht hat, macht mir das einen ganz schönen Strich durch die Rechnung! Nach Indien will ich aber unbedingt!

Ich verabschiedete mich rasch und eilte zum nächstgelegenen Café mit Internet. Meinen Pass hatte ich bei der vietnamesischen Behörde gelassen. Weil ich allerdings den Aufpreis für die sofortige Bearbeitung nicht bezahlt hatte, konnte ich Gott sei Dank noch bis zum späten Nachmittag dort Bescheid geben, falls ich doch kein Visum wollte. Jetzt war es um die Mittagszeit.

Meine Recherchen ergaben, dass das polnische Pärchen recht hatte: Myanmar hatte vor fünf Monaten die Grenze nach Indien wieder gesperrt und damit meinen ursprünglichen Plan in die Mülltonne verfrachtet. Aber unter keinen Umständen wollte ich ein Flugzeug benutzen. Zum einen wollte ich das wertvolle Reisegefühl nicht zerstören, das ich mir bisher so mühevoll erhalten hatte. Denn beim Fliegen steigt man an einem Ort ein und an einem völlig anderen Ort wieder aus, ohne das „Zwischendrin“ erlebt zu haben. Und nachdem ich es schon ohne Flieger über den Atlantik und den Pazifik geschafft hatte, hatte ich nun erst recht den Ansporn, das auch bis zum Ende durchzuziehen!

Somit blieben mir nur noch zwei Alternativen: Ich könnte wieder zurück nach China und von dort über die ehemaligen Sowjet-Staaten oder direkt über Russland zurück nach Europa reisen. Das bedeutete jedoch kälteres Wetter, die Visa wären teuer und umständlich zu ergattern, und ich würde Indien nicht sehen. Die zweite Variante: Obwohl es keine Fähren zwischen Südostasien und Indien gibt und auch sonst kaum Schiffsverkehr hinüber, könnte ich dennoch versuchen, den Indischen Ozean nach Indien zu überqueren.

Die einfachere dieser beiden Optionen war mit Sicherheit die erste. In Internetforen fand ich heraus, dass bereits einige Backpacker in Thailand auf die Idee gekommen waren, die zweite Option zu versuchen. Und nicht einer davon hatte es geschafft. Wenn man ohne Flugzeug nach Indien reist, braucht man zudem bereits im Voraus ein Visum im Pass. Das zu bekommen dauert allerdings einige Wochen. Ich müsste also so schnell wie möglich ein Indien-Visum beantragen und bezahlen, ohne überhaupt zu wissen, ob ich jemals einen Weg dorthin finden würde. Anders gesagt: Option 2 wäre gewissermaßen ein „All-In".

In dem Fall würde ich auf die bewährte Art versuchen, auf eine Segeljacht zu kommen. Eine kurze Nachforschung in dieser Richtung verriet leider, dass aufgrund der ungeheuerlichen Bürokratie die allerwenigsten Segler in Indien stoppten. *Klingt nicht gut. Aber wann ist denn überhaupt die Segelzeit für den Indischen Ozean?* Auch das ließ sich schnell herausfinden. Ein paar Klicks und … Zu meinem Erstaunen war sie haargenau: JETZT!

Viel Zeit, diese im Grunde aberwitzige zweite Option weiter zu überdenken, hatte ich jedoch nicht mehr. Die vietnamesische Behörde würde in wenigen Minuten schließen, und wenn ich meinen Pass wiederhaben wollte, um so schnell wie möglich auf Bootssuche zu gehen, müsste ich sofort das Vietnam-Visum abbrechen. Fieberhaft überlegte ich: *Also: Option Nummer 1 oder Option Nummer 2?*

Es wäre natürlich vernünftiger gewesen, die erste zu nehmen. Ich fragte Gott und hatte plötzlich eine unerwartete Gewissheit, dass ich mich für die zweite Variante entscheiden sollte. Es war ein Gefühl, das man schwer beschreiben kann. Am ehesten kann ich es mit einem inneren Kompass vergleichen, der die Richtung angibt. Normalerweise stehe ich als eher mathematisch-naturwissenschaftlich veranlagte Person solchen vagen Gefühlen eher skeptisch gegenüber. Aber in diesem Fall war es anders. Es fühlte sich an, als würde jemand mir nicht nur mit dem Zaunpfahl winken, sondern mir vielmehr damit noch eins überbraten, damit ich es auch wirklich checke. Wie damals, als ich über den Atlantik wollte und dann in Spanien zunächst den Segellehrer getroffen hatte und ausgerechnet zu dem Zeitpunkt auch noch die richtige Segelzeit vor der Tür stand. Oder als ich in Südamerika wegen des Umzugs meiner Familie hätte nach Hause fliegen müssen, aber das Ummelden aufgrund eines kaputten Druckers doch noch geklappt hatte.

Auch da hatte ich dieses Kompass-Gefühl gehabt. Alle Zeichen hatten auf Grün gestanden, und es war auch wirklich so gekommen. Nicht anders war es mit dem Boot von den Philippinen nach Korea.

Es war kein Gefühl, das ich häufig hatte. Im Gegenteil war es äußerst selten. Aber dann auch sehr eindeutig. So wie jetzt.

Noch nie habe ich mit jemandem über die Myanmar-Route geredet. Und dass mich ausgerechnet heute jemand darauf anspricht, da die perfekte Segelzeit ist, ich noch keine Wohnung in Vietnam gemietet habe, zufällig das Sofort-Visum nicht genommen habe, sondern noch flexibel bin, und sowieso gerade Richtung Südwesten reise …

Meine Entscheidung war also gefallen. Und von meiner langen Zeit in Seglerkreisen wusste ich auch schon genau, wo ich anfangen würde: *THAILAND, ICH KOMME!*

Januar 2017

Von Vientiane aus reiste ich also nach Bangkok und schickte dort per Express meinen Reisepass und alle nötigen Formulare nach Deutschland, um den Visumsantrag für Indien zu stellen. Ein Visum für Pakistan und den Iran konnte ebenfalls nur meine Familie in Deutschland für mich beantragen. Rechtlich ist es in vielen Ländern nicht explizit verboten, ohne Ausweis unterwegs zu sein. Jedoch muss man sich ausweisen können, wenn man gefragt wird, weswegen ich generell von solchen Aktionen abraten würde, falls es sich irgendwie vermeiden lässt.

Bis mein Pass nach Deutschland und wieder zurück gereist war, würden sicher ein paar Wochen vergehen. In dieser Zeit, so hatte ich mir vorgenommen, wollte ich ein Boot nach Indien finden. Meine erste Anlaufstelle war die Insel von Phuket. Neben Langkawi, das in Malaysia liegt, ist Phuket der größte Jacht-Knotenpunkt auf der Seite des Indischen Ozeans. Und weil der drahtige Russe, mit dem ich nach Korea gesegelt war, dort lebte und mit Jachten arbeitete, hatte ich bereits den perfekten Ausgangspunkt.

In Phuket angekommen, stellte sich heraus, dass sogar der Kapitän, mit dem wir auf dem ostchinesischen Meer gesegelt waren, in diesen Tagen dort arbeitete. Somit hatten uns die Umstände noch einmal alle drei vereint. Was für ein schönes Wiedersehen!

Ich ging den beiden bei der Arbeit zur Hand, und der drahtige Russe half mir brüderlich mit einem Schlafplatz in seinem Wohnzimmer aus. Außerdem machte er mich mit vielen wichtigen Schlüsselpersonen bekannt. Er war wirklich ein außergewöhnlich netter Kerl! Dank seiner Hilfe dauerte es trotz der ungünstigen Prognose nur zwei Wochen, bis ich jemanden gefunden hatte, der vorhatte, Anfang März nach Indien zu segeln. Diesmal sogar ein deutscher Skipper!

Mein Reisepass schaffte es nach erfolgreicher Visum-Mission wirklich auf den letzten Drücker wieder zu mir nach Thailand. Hätte der Pass nur wenige Tage länger gebraucht, hätte ich meine Aufenthaltszeit überzogen und eine Strafe zahlen müssen. Aber so war nochmal alles gut gegangen. Weil ich noch etwas Zeit hatte, bis der deutsche Skipper in Phuket ablegen wollte, und weil ich mein Thailand-Visum verlängern lassen wollte, machte ich noch einen Abstecher südwärts nach Malaysia und Singapur. Als ich wieder auf dem Rückweg war und gerade zu Fuß die Grenze nach Thailand überquert hatte, geriet ich jedoch noch einmal in Schwierigkeiten.

Februar 2017

Ich wanderte spät abends die Hauptstraße des Grenzstädtchens entlang, die noch die Wärme des Tages abstrahlte, und hielt Ausschau nach einem geeigneten Platz für Tramper. Ich hatte keine Ahnung, wie weit ich noch würde gehen müssen. Die Straße verlief in Wellenform über die Hügel, die mir die Sicht versperrten. Unter meinen Flip-Flops wechselte die Farbe der Gehwegplatten zwischen aschgrau und lehmrot. Die Ventilatoren der Straßenhändler wehten mir den Duft von frittiertem Hähnchen zu. Hinter fahrbaren Theken saßen die Essensverkäufer auf Plastikstühlen und unterhielten sich mit Freunden und Passanten. Papier zum Einwickeln der Gerichte und Chili-Beutel für die Kunden lagen bereit. Über dem Straßenrand spannte sich ein wirres Netz aus Stromleitungen von einem Betonpfeiler zum nächsten. Darunter parkten reihenweise Motorroller.

Eine Viertelstunde lang folgte ich der Straße schon, als die Läden und Straßenrestaurants zu meiner Seite langsam weniger wurden. Aber immer noch war keine günstige Stelle in Sicht, wo Fahrzeuge stoppen müssten. Und langsam zweifelte ich auch daran, dass überhaupt noch eine käme. *Ich hätte direkt an der Grenze warten sollen!* Aber dafür war ich jetzt schon zu weit gelaufen.

„Tschuldigung, einen Moment!", winkte ich einem Ehepaar, das gerade dabei war, in einen olivgrünen Kleinwagen am Straßenrand zu steigen. Neugierig blickten die beiden mir entgegen. Ich holte mein Telefon hervor und zeigte dem Ehepaar meine thailändische Nachricht: *Könnten Sie mich bis zur nächsten Ampel auf der Hauptstraße mitnehmen?*

„Ich kann kein Thai lesen", gestand mir der Mann auf Englisch. „Wir kommen aus Malaysia. Was möchtest du?"

Noch besser. Ich wiederholte dieselbe Frage in ihrer Sprache.

„Gern nehmen wir dich mit", willigte das Ehepaar ein, und ich quetschte mich auf die enge Rückbank neben einige Einkaufstüten. Der Mann startete das Auto und setzte mehrmals vor und zurück, ohne wegzukommen. Ein Blick durch die Heckscheibe machte deutlich wieso: Ein Rollerfahrer hatte ihn zugeparkt.

„Das haben wir gleich." Ich schwang die Tür auf und hievte den Roller etwas nach hinten, sodass der Mann ausparken konnte. Als ich mich wieder auf die Rückbank setzte, bedankten sich die beiden. „Das ist doch selbstverständlich", wiegelte ich ab. „Wo fahren Sie hin?"

„Wir suchen eigentlich nur eine Apotheke", gestand der Mann. „Wir können dich deswegen wirklich nur ein kleines Stück mitnehmen."

In der Tat setzten sie mich schon etwa einen Kilometer weiter neben einem Lebensmittelgeschäft auf einem Hügel wieder ab. *Besser als nichts!* Ich ging also erneut zu Fuß weiter. Vorbei an einer Diskothek, an der gerade eine Polizeistreife die Insassen eines schwarzen Geländewagens kontrollierte. Nach ein paar Hundert Metern griff ich in meine Hosentasche, um den Weg auf der Offline-Karte in meinem Handy zu studieren. Aber meine Hand ging ins Leere. Ich steckte meine andere Hand in die verbliebene Hosentasche, aber da war auch nichts. *Das kann doch nicht …* Hektisch klopfte ich meine Hose ab. Alles flach. *Wo ist mein Handy?!* Ich wurde nervös. Zwar war es kein Hightech-Gerät gewesen, aber für mich trotzdem einer meiner teuersten

Ausrüstungsgegenstände. Und noch größer als der Wertverlust war der Schwund des Inhalts! *Wichtige Kontakte, Notizen, Fotos, Kommunikation ...* Sein Smartphone zu verlieren gehört zu den größten Luxus-Albträumen des modernen Menschen! Oder nein, Luxus hin oder her – es ist *wirklich* ein Albtraum!

Wann habe ich es zum letzten Mal benutzt?, überlegte ich fieberhaft mit angehaltenem Atem. *Der Kleinwagen!* Es musste mir auf der Rückbank aus der Tasche gerutscht sein. Auf dem Absatz machte ich kehrt und rannte den Hügel hinauf, in die Richtung, aus der ich gekommen war. Mein Rucksack schaukelte wild hin und her. Rasch begannen meine Beine unter dem Gewicht immer schwerer zu werden. Ich war bereits ziemlich aus der Puste, erlaubte es mir aber nicht, zu verschnaufen. *Zeitfenster muss man nutzen, solange sie offen sind!*

Keuchend hechtete ich weiter. Vorbei an der Disko, vor der noch immer die Polizei und der Geländewagen standen. Als ich neben dem Lebensmittelgeschäft einen weißen PKW ausmachen konnte, verlangsamte ich meine Schritte. *War das der Wagen?* Ich konnte mich nicht mehr recht an die Farbe oder das Modell erinnern. Es war schon dunkel, ich hatte wenig geschlafen und überhaupt war ich schon mit so vielen Autos mitgefahren, dass solche Details nicht mehr unbedingt hängen blieben.

Als ich durch die Fensterscheiben in das Innere des Fahrzeugs blickte, setzte erneut mein Atem aus. Weder war da ein Handy noch überhaupt ein Rücksitz! *Das falsche Auto! NEEEIN!!!* Wild blickte ich umher auf der Suche nach irgendeinem Hinweis. Aber es half nichts: Der Wagen war weg und mit ihm mein Telefon. *Ich glaub das nicht!*

Eilig stürmte ich zur Disko, wo noch alles war wie vorher. Jetzt erkannte ich auch, dass der Geländewagen wohl der Polizei gehörte und nicht kontrolliert wurde.

„Entschuldigung ...“, keuchte ich höflich, bevor ich den nächstbesten Polizisten mit meinen Sorgen überschüttete: „MichhabenzweiLeutemitgenommenundmeinTelefonistmirrausgefallenunddannbinichweggelaufenundhabeesgemerktundalsichwiederdawarwarensieweg!“

Selbst wenn der Polizist Englisch gekonnt hätte, hätte er wohl nichts verstanden. Ich griff in meine Tasche und wollte meine Übersetzer-App benutzen. Aber mein Telefon war ja weg!

Immerhin verstand der Polizist, dass ich irgendetwas wollte. Er wies mich an, auf seinen Roller zu steigen und mit ihm zur Polizeistation zu fahren, die nur 200 Meter entfernt lag. *Vielleicht kann man über die Sicherheitskameras des Lebensmittelgeschäfts das Auto erkennen? Und dann an der Grenze abfangen, wenn sie wieder nach Malaysia fahren? Oder sogar schon vorher aufspüren? Irgendeine Möglichkeit muss es doch geben!*

Der Polizist nahm mich mit in das Büro des Reviers. Dann erklärte ich einem Beamten, der ein wenig Englisch konnte, auf etwas verständlichere Art die Lage. Sie baten mich, auf ein paar Kollegen zu warten, und schoben mir einen Stuhl hin. Aber ich lief stattdessen wieder nach draußen zur Einfahrt. Die Polizisten fanden das sichtlich merkwürdig und winkten mir energisch zu, zurückzukommen.

„Ich möchte die Straße einsehen. Nur für den Fall, dass sie zurückkommen", rief ich über die Schulter. Ich war hin und her gerissen. Auf der einen Seite redeten die Polizisten auf mich ein, reinzukommen. Auf der anderen Seite warf ich ständig rasche Blicke über die Schulter auf den Verkehr. Wahrscheinlich sah ich aus, als hätte ich Muskelzuckungen im Nacken.

„Können wir das nicht hier draußen ...", setzte ich an und unterbrach mich schlagartig: „DA!"

Auf der anderen Straßenseite fuhr ein olivgrüner Kleinwagen vorbei in die Richtung des Convenience Stores. *Könnte er das sein?* Der schattenhafte Umriss des Fahrers war nach vorne gebeugt, so, als suchte er etwas. *Oder jemanden!* Mein Herz raste.

„ICH GLAUBE, ICH HABE DAS AUTO GESEHEN! SCHNELL, ICH MUSS ZUM LEBENSMITTELGESCHÄFT!", rief ich aus und schaute erwartungsvoll in die Runde. Keiner rührte auch nur einen Finger. In den Augen der Polizisten las ich Verwirrung. *Wahrscheinlich denken die, ich bin verrückt! Kann ich ihnen nicht übel nehmen!* Ich spurtete also zur Einfahrt, um das Stück zu Fuß zu bewältigen.

„YOOT!", schrie hinter mir jemand STOP! auf Thailändisch. „Er fährt dich", erklärte mir der Beamte, der Englisch sprach. Heilfroh stieg ich auf und wir düsten ... nicht los.

Mein Vordermann wechselte ein paar Worte mit den anderen Polizisten. Diese antworteten. Und dann wieder er. Worum es ging, verstand ich nicht. Aber eins verstand ich: *Wir bewegen uns nicht!!!* Nach etwa einer halben

Minute sprang ich wieder vom Roller und lief zum zweiten Mal in Richtung Ausgang. *Ich habe keine Zeit dafür! Wenn die Malaysier hier nach mir suchen, dann sicher nicht sehr lange!*

„Schon gut. Er nimmt dich mit“, rief ein Beamter hinter mir.

Während ich noch überlegte, ob ich dem Glauben schenken sollte, holte mich der Rollerfahrer ein. Ich sprang auf, und dann rasten wir auf der falschen Straßenseite die Anhöhe hinauf. Die Straßenabgrenzung in der Mitte hinderte uns daran, schnell zur richtigen Seite zu wechseln. Dafür müsste man einen Umweg machen. *Darf ein Polizist so etwas?*, schoss es mir durch den Kopf. *Egal. Hauptsache, wir kommen schnell an!*

„Hier, hier! Yoot!“, veranlasste ich ihn auf der Höhe des Lebensmittelgeschäfts anzuhalten. Vor dem Eingang stand … *DER OLIVGRÜNE KLEINWAGEN!!!* Ich spähte durch die Fenster in das Innere des Wagens. *Das ist das richtige Auto!* Nur mein Smartphone konnte ich nicht entdecken.

„He!“, machte mich im selben Moment ein Straßenhändler auf etwas aufmerksam. Er stand nur einige Meter weiter und zeigte mit ausgestrecktem Arm in die Richtung der Diskothek.

An der Ampel vor der Diskothek sah ich das malaysische Ehepaar! Beide spähten besorgt suchend in der Gegend umher. „Danke!“, rief ich dem Händler zu und rannte los. „HIER! HALLO!“

„Wir haben dein Handy!“, riefen sie zurück.

Als ich die beiden erreicht hatte, fiel ich ihnen plump und ohne Worte um den Hals. Das schien ihnen etwas unangenehm zu sein; wahrscheinlich ist man in Malaysia gegenüber Fremden nicht so überschwänglich. Aber ich war einfach zu glücklich! Irgendwie musste ich meiner Dankbarkeit und Erleichterung Luft machen!

„Beim Ausräumen der Einkäufe haben wir bemerkt, dass dein Handy auf dem Rücksitz lag, und sind sofort umgekehrt“, erklärte die Frau.

„Ich weiß gar nicht, wie ich Ihnen danken kann!“

„Das ist doch selbstverständlich“, wiederholten sie meine eigenen Worte von vorhin.

Als sie wieder fort waren, schüttelte ich den Kopf. All die Aufregung wegen eines einzigen Kilometers!

Zurück in Phuket kam ich mit dem deutschen Skipper überein, ihn bis zu den indischen Andamanen-Inseln zu begleiten. Von dort würde er dann weiter bis nach Sri Lanka segeln, während ich mit der Fähre nach Kalkutta übersetzten wollte. Soweit die Theorie.

Bevor wir jedoch den Indischen Ozean in Angriff nahmen, segelten wir zu einer thailändischen Felsinsel, die wir erkunden wollten. Mein neuer Skipper war ein abgebrühter Abenteurer und Entdecker von Indiana-Jones-Kaliber. Eine absolut coole Socke!

Der Anblick dieses unbewohnten Dschungel-Eilandes hätte mich wieder fast vom Hocker gerissen – wenn ich einen gehabt hätte! Die Bucht, in der wir ankerten, sah einfach gigantisch aus! Das Gestein war gemasert und wies unzählige Löcher und Stalaktiten auf, die sich gleich einem offenen Schlund aus dem Berg heraus über das Wasser reckten. An den steilen Wänden hangelten sich Affen entlang und im Hintergrund ragte die Karstlandschaft der Provinz Phang-Nga aus dem Meer wie die Panzerstacheln eines gigantischen Urtieres.

„Man kommt sich vor wie in dem King-Kong-Film! Fehlt nur noch der Riesengorilla da oben auf dem Felsen, der sich auf die Brust trommelt!“, schloss der Skipper begeistert.

Bei Ebbe machten wir das Dinghi startklar und ruderten mit Kopflampen ausgerüstet in eine Höhle, die gegenüber von unserem Ankerplatz lag. Der Zahn der Zeit hatte sich ungeheuer tief in den Fels gegraben. Vorhin noch hatte das Salzwasser die Öffnung verdeckt; jetzt jedoch gab der niedrigere Meeresspiegel den Eingang in den Berg wieder frei.

Bereits nach ein paar Biegungen drang kein Tageslicht mehr zu uns durch. Die feuchte Luft war abgestanden und stickig. An den Tropfsteinen von der Decke hingen Scharen von Fledermäusen. Ihr samtiges braunes Fell, die zugekniffenen schrumpeligen Augen und ihre plattgedrückten Schnauzen ließen sie ein wenig aussehen wie Schweinchen mit Flügeln. *Flederschweine!*, dachte ich und musste grinsen. Immer tiefer ruderten wir hinein, bis wir irgendwann den hintersten Punkt der Höhle erreichten. Dort versperrte uns die Wand den Weg. Jedoch schimmerte unterhalb der Wasseroberfläche Licht hindurch.

„Da muss ein Durchgang sein!", schlussfolgerte der Skipper.

„Also, ich würde mich als Testtaucher anbieten!"

„Dann mal los!", gab mir der Skipper grünes Licht.

Ich ließ ich mich also ins Wasser gleiten und schwamm etwa zehn Meter unter den niedrigen Stalaktiten hindurch zu der Stelle, an der wir den Durchgang vermuteten. Dort tauchte ich ab. Dem Licht nach. Im Vergleich zum Rest der Höhle fühlte sich der Durchgang schmal an. Knapp über einen Meter, schätzte ich.

Nach wenigen Metern führte das Loch ins Freie, und nachdem ich mir das Salzwasser aus den Augen gerieben hatte, staunte ich nicht schlecht! *Eine eingeschlossene Lagune in der Mitte des Berges!* Wie ein Kessel von bestimmt hundert Metern Durchmesser ragten die bewachsenen Felswände steil in die Höhe. Auf der Nordseite zweigte außerdem ein Flussarm ab. *Wohin der wohl führt? Vielleicht haben ja Piraten früher hier einen Schatz versteckt?* Gepasst hätte so etwas jedenfalls zu dem abenteuerlichen Ambiente! Gerade wollte ich losschwimmen, um nachzusehen, da dämmerte mir, dass ich ja irgendwie wieder den Rückweg finden musste!

Ich hielt inne und musterte die graue Steinwand hinter mir. *Wo zum Henker ist der Durchgang?!* Von innen hatte ich einfach nur dem Licht folgen müssen. Aber wo jetzt der Unterwassereingang zu der finsteren Höhle war, konnte ich von hier aus nicht erkennen. Wir hatten durch die schon steigenden Gezeiten auflaufendes Wasser, und der Tunnel wurde immer weiter überflutet. Wenn ich es jetzt nicht zurück schaffte, müsste ich zehn Stunden bis zur nächsten Ebbe warten, und selbst dann war noch nicht gesagt, dass ich den Tunnel überhaupt wiederfinden würde. Und der Skipper wusste außerdem noch nicht mal, ob ich es hier ins Freie geschafft hatte. *Wenn ich nicht wiederkomme, schlägt er am Ende noch Alarm! So einen Ärger darf ich auf keinen Fall machen!*

„HÖÖÖRRRST DUUUU MIICH??!", rief ich laut und horchte. Keine Antwort. Das Wasser und der dicke Fels isolierten den Schall komplett. Ich tauchte etwas an der Wand entlang und tastete mit meinen Fingern die schroffen Kanten ab. Da gab es massenhaft Aushöhlungen, durch die ich tauchen könnte! Und das Letzte, was ich wollte, war, in einer Unterwasserhöhle zu ertrinken, weil ich mich für den falschen Tunnel entschieden hatte! Ich tauchte auf, atmete tief durch und überlegte, was ich tun konnte. Bis zur Ebbe zu warten war jedenfalls keine Option.

Moment! Einige Meter neben mir entdeckte ich sanfte Wirbel auf der Wasseroberfläche. *Hier fließt was! Wenn Wasser hereinströmt, muss irgendwo hier der Durchgang sein!* Ich tauchte ab und tastete mich an der Wand entlang. In den Berg hinein. Das Wasser war trüb, und je weiter ich kam, desto finsterer wurde es. Ich fühlte mich blind wie ein Maulwurf. Ein Zerren in meinen Lungen signalisierte, dass mir bald die Luft ausgehen würde. Ich ignorierte es und tauchte weiter. *Irgendwo hier muss es doch wieder nach oben gehen …*

Meine Beine strichen an scharfen Kanten vorbei, meine Hände tasteten nach einem Hohlraum zum Luft holen, fanden aber nur Stein und Wasser. Panik machte sich in mir breit. Mein Herzschlag beschleunigte sich und ließ meine Luft noch knapper werden. Ich versuchte mich zu beruhigen. Von irgendwoher schoss mir eine Geschichte des Motivationsredners Eric Thomas durch den Kopf. In dessen Erzählung kam ein Mann, der erfolgreich sein wollte, zu einem Weisen, um von diesem zu lernen. Der Weise führte ihn zum Meer und tauchte ihn unter. Und als der Mann Luft holen wollte, drückte der Weise ihn wieder herunter. Der Mann bekam Angst und versuchte sich zu wehren, aber der Weise drückte ihn noch immer unter Wasser. Erst als der Mann schon kurz davor war, das Bewusstsein zu verlieren, ließ der Weise ihn auftauchen. Während der Mann wild nach Luft schnappte, sagte der Weise: „Wenn du etwas so sehr willst, wie du jetzt atmen möchtest, dann wirst du es kriegen."

Sehr motivierend, um sich zusammenzureißen! Aber ehrlich gesagt möchte ich gerade lieber atmen als den blöden Durchgang zu finden. Das wird mir zu gefährlich. Ich fasste den Entschluss, umzukehren. Wie zuvor fand ich den Rückweg zum Glück relativ leicht. *Immer dem Licht nach!* Nur musste ich langsam vorgehen, um meinen Kopf nicht an einem der Stalaktiten zu stoßen.

Endlich wieder im Freien schnappte ich nach Atem. Heilfroh, dass kein Weiser da war, um mich daran zu hindern. Sobald sich mein Puls wieder beruhigt hatte, startete ich einen neuen Tauchversuch. Ebenfalls vergeblich. Erst beim dritten Mal fand ich endlich den Durchgang zurück in die Höhle.

„Wo warst du denn so lange?", fragte mich der Skipper erleichtert, als ich wieder auf das Dinghi zuschwamm.

„Ich hätte beinah den Weg zurück nicht gefunden!" Rasch schilderte ich mein gefährliches Erlebnis. Es dauerte aber nicht lange, da geriet ich trotz allem ins Schwärmen über die verborgene Lagune. Zögernd ließ ich das Dinghi wieder los. „Ich muss noch einmal zurück. Nur drei Minuten", erklärte ich.

„Pass auf dich auf", gab der Skipper mir noch besorgt mit. Dann tauchte ich wieder zurück und erreichte rasch die Lagune.

Diesmal jedoch prägte ich mir die Stelle genaustens ein, wo der Durchgang lag. Dann kraulte ich los, zu dem Flusslauf, der die Lagune verließ. Gerade weit genug, um zu erkennen, dass der Fluss in eine weitere Lagune führte. Ich war von dem Anblick so begeistert, dass ich die drei Minuten weit überzog.

Als ich zurückkehrte, war der Wasserpegel weiter angestiegen und der Tunnel bereits viel weiter im Wasser versunken als zuvor. Aber zum Glück wusste ich ja jetzt, wo ich entlang musste.

„Da sind mehrere verstecke Lagunen! Einfach krass!", prustete ich beim Auftauchen in der Höhle.

„Wir müssen später bei ablaufendem Wasser unbedingt noch einmal wiederkommen! Dann tauche ich und du bleibst hier!", sagte der Skipper voller Vorfreude.

Eine versteckte Goldkiste von Piraten fanden wir leider nicht, als wir zurückkehrten. Aber das brauchte es auch nicht. *Der wahre Schatz hier ist das Naturphänomen!*

Von Thailand aus segelten wir zu den Andamanen-Inseln. Obwohl die Inseln noch weit vom Festland entfernt waren, herrschte hier bereits typisch indisches „exotisches Durcheinander und Gewusel"! Hupende Motordreiräder, bunt bemalte Wellblechhäuser, kreischend übersteuerte Lautsprecher, die ihre fernöstliche Musik alle durcheinander spielten, aufdringlich duftende Räucherstäbchen und Speisen, noch aufdringlicher duftende Bettler, Frauen in farbenfrohen Saris und natürlich jede Menge frei laufende Kühe, die zwischen Bergen von Müll nach Nahrung stöberten. Überhaupt – der Müll! Schon hier wurde deutlich, was sich später auf dem Festland bestätigte: Indien hat ein riesiges Abfallproblem. Plastikmüll, Verpackungen, einfach alles wird wahllos in die Gegend geworfen. So etwas wie Müllbeseitigung gibt es kaum, und es interessiert auch niemanden. Das scheint nicht nur durch die Armut begründet, sondern leider auch durch die Gesellschaft und Kultur.

Ich habe einen indischen Freund, der einen Teil seiner Arztausbildung in Russland absolviert hat, und das Erste, was er dachte, als er nach langer Zeit wieder in seine Heimat kam, war: „Indien ist wie ein gigantischer Zoo! Als ich die Gerüche, die Hitze und die chaotischen Leute wahrnahm, dachte ich: ‚*Wo zur Hölle bin ich hier gelandet?*'"

Es ist wirklich ein Land, das polarisiert. Entweder man liebt es oder man hasst es. Dazwischen gibt es kaum etwas. Meinem ersten Eindruck nach gehörte ich wohl zu denen, die es lieben! Diese Vielfalt an Dingen, die neu und fremdartig sind, eroberte das Reiseherz im Nullkommanichts! Ungeachtet dessen sollte ich die Schattenseiten Indiens noch bald genug kennenlernen …

Da er von den aufgeblähten bürokratischen Formalien der Ankunft und Abfahrt in Indien wusste, hatte der deutsche Skipper eine Reiseagentur beauftragt, bei diesen zu helfen. Als ich nun von Bord ging, musste ich an diese Agentur im letzten Moment noch umgerechnet 35 Euro für eine „Abmeldungsgebühr" bezahlen. *Vermutlich für die Einwanderungsbehörde, weil man ohne Boot auf den Andamanen eine besondere Erlaubnis braucht.*

Wie vereinbart brach der Deutsche dann mit seinem Segelboot nach Sri Lanka auf, und ich marschierte zum Hafenterminal, um mir dort ein Ticket für die Fähre aufs Festland zu besorgen. Schon der Papierkram, den man bewältigen musste, um überhaupt an den Schalter gelassen zu werden, war unmenschlich! Ich brauchte zwei Passbilder, mehrere Kopien des Reisepasses, Kopien einer Sondergebietszulassung und unzählige Formulare mehr, in denen man sogar meinen Brustumfang und die Anzahl und Lage meiner Leberflecke wissen wollte! *Für den Laufsteg mag das wichtig sein. Aber wieso muss man das angeben, um ein Bootsticket zu kaufen?!*

Die Tickets für die nächsten Tage waren bereits ausverkauft; ich bekam nur noch eins für die Fähre in sechs Tagen. *Kein Problem. Dann toure ich einfach noch eine Woche um die Insel.* Jetzt musste ich nur noch bei der Reiseagentur das Ticket vorlegen. Darum hatten sie mich jedenfalls gebeten. Danach wäre dann alles geregelt. Oder nicht?

Ich öffnete die Tür zur Agentur und trat ein. Der Raum bot einen angenehm kühlen Kontrast zu draußen, da die Klimaanlage das Büro auf einer erträglichen Temperatur hielt. Drinnen tippten mehrere Inder – dem Anschein nach fleißig – auf ihre Computer ein.

„Ich würde gern mit dem Chef reden", meldete ich an.

„Ich gebe ihm Bescheid. Er kommt gleich", antwortete einer der Angestellten und bedeutete mir, auf einem zerschlissenen Sofa Platz zu nehmen.

An den mit Holz verkleideten Wänden hingen Poster, die Werbung für die nationale Fluggesellschaft „Air India" machten. Abgebildet waren ein Flugzeug und ein fliegender Teppich mit dem Slogan: „Erlebe den Unterschied".

Nach zwei Stunden traf der Chef ein und setzte sich auf einen ledernen Bürostuhl, hinter dem breitesten Ende des Schreibtisches. „Gleich" schien ein sehr dehnbarer Begriff zu sein!

„Was gibt's, hast du dein Ticket?", fragte er mich.

Ich kramte das Ticket aus meiner Tasche und legte es ihm hin. „Jep, alles erledigt. In sechs Tagen legen wir ab."

„WAS?! Das geht nicht!", rief der Chef schockiert. „Du musst innerhalb von drei Tagen die Andamanen verlassen! Das war die einzige Bedingung, unter der dich die Einwanderungsbehörde von Bord gelassen hat. Drei Tage Transitzeit!"

Wie bitte? Gut, dass ich das erst jetzt erfahre. „Mein Visum und all die bisherigen Formulare reichen da nicht?"

Der Chef der Agentur schüttelte den Kopf. Was in Indien verwirrenderweise auch „Ja" heißen kann, aber in diesem Fall eindeutig „Nein" bedeutete. „Die Andamanen sind eine *restricted area,* für die jeder Besucher eine Sondererlaubnis braucht, die man auf dem Festland beantragen muss", erklärte er.

„Eine Sondererlaubnis, zusätzlich zu der Sondergebietszulassung des Bootes?", runzelte ich die Stirn.

„Du hast es erfasst."

Ich warf die Hände in die Luft. „Und wofür, bitte, war dann die Abmeldungsgebühr, die ich bezahlt habe?"

„Für den Transport zum Hotel und zum Flughafen."

„Wann soll das denn stattgefunden haben?!" *Mal abgesehen davon, dass ich weder Hotel noch Flugzeug nutze. Und warum nennt man es dann „Abmeldungsgebühr" und nicht einfach „Transport"?!*

„Den Service hast du nicht in Anspruch genommen. Also kann ich dir achtzig Prozent der Gebühr erstatten", zeigte der Chef sich großzügig.

Na, immerhin. „Und was", kam ich auf den eigentlichen Punkt zurück, „wenn ich mein Bootsticket nicht umtauschen kann und länger bleiben muss? Denn die Fähre in zwei Tagen ist ausgebucht, das hat man mir am Schalter gesagt."

„Dann setzt dich die Einwanderungsbehörde in einen Flieger. Auf deine eigene Rechnung", schloss der Chef ernst.

Was? Damit wäre mein Vorhaben „Ohne Flugzeug um die Welt" so kurz vor der Ziellinie doch noch im Eimer?! Das darf nicht passieren! Und ich habe nur noch einen Tag, um etwas dagegen zu unternehmen.

Ich versuchte es noch ein weiteres Mal direkt bei der Leitung des Hafenterminals und erhielt abermals dieselbe Antwort: „Ausgebucht."

Jetzt brauche ich wirklich ein Wunder!, dachte ich. Und es mag wenig überraschen – auch dieses Mal hatte ich trotz aller ungünstigen Umstände das Gefühl, dass es irgendwie klappen würde.

Erstmal setzte ich mich in den überdachten Wartebereich des Terminals und grübelte über meine Situation nach. Schweißtropfen rannen meine Schläfe herab, und ich war dankbar, dass über meiner Bank ein Ventilator kreiste. Einige Plätze weiter drängelten und rauften sich ein paar Dutzend Inder in der Schlange vor den Schaltern. Zum Thema Disziplin und Fähigkeit, eine geordnete Schlange zu bilden, könnten sie von deutschen Kindergartenkindern noch einiges lernen.

„Darf ich mich zu Ihnen setzen?" Damit deutete ein korpulenter weißer Mann mit schütterem Haar auf den freien Platz neben mir. Er trug graue Shorts, Sandalen und ein lila Karo-Hemd.

„Nur zu!", nickte ich.

Wir kamen ins Gespräch. Er stammte aus Belgien und war gerade mit einer Fähre auf den Andamanen angekommen. „Und was führt dich hierher?", fragte er seinerseits.

Ich schilderte ihm, wie ich es den ganzen Weg bis hierher geschafft hatte und jetzt doch wieder vor Hindernissen stand, die den weiteren Verlauf meiner Reise gefährdeten.

„Du packst das!", versuchte er mich zu ermutigen. „Wenn ich nach unserem kurzen Gespräch eines über dich sagen kann, dann, dass du offensichtlich ein Typ bist, der Dinge möglich macht."

„Nein, das verstehst du falsch", widersprach ich ihm. „Unzählige Male hätte ich mir auch ein Bein ausreißen können, es hätte nichts bewegt, wenn die Umstände nicht mitgespielt hätten. Es gab so viele Situationen, die völlig außerhalb meiner Einflussmöglichkeiten lagen und trotzdem irgendwie immer gut ausgingen. Aber ganz sicher NICHT, weil ich irgendwie besonders wäre oder etwas Großartiges dafür getan hätte!"

„Ein bisschen Glück gehört immer dazu", winkte der Belgier ab.

„‚Ein bisschen' ist stark untertrieben", lachte ich. „Weißt du, ich habe so viel erlebt, dass es regelrecht unvernünftig wäre, dabei noch an Zufall zu glauben."

„Also glaubst du an Schicksal?", zog der Belgier eine Augenbraue hoch.

„Eigentlich glaube ich an Gnade", fasste ich meine bisherigen Erkenntnisse zusammen. „Ich glaube, dass es weder eine Gesetzmäßigkeit ist noch Zufall, und schon gar nicht, dass ich das irgendwie mehr verdient hätte als irgendjemand anders. Ich glaube, dass es ein Geschenk ist, das mich dazu anspornen soll, nach dem Geber zu suchen."

Ziemlich unspektakulär und ohne Trommelwirbel versuchte ich es am nächsten Tag erneut und … bekam das Ticket, das ich brauchte! Ob irgendjemand kurz vorher eines zurückgegeben hatte oder eine andere Begebenheit mir diesen Platz verschafft hatte, wusste ich nicht. Aber ich wusste, dass es wieder einmal nicht mein Verdienst gewesen war!

März 2017

Die Fähre erreichte Kalkutta nach dreieinhalb Tagen. Den ganzen letzten Tag über fuhren wir Dutzende von Kilometern ein Flussdelta hinauf. Und überall säumten die Schornsteine von Ziegelbrennereien das Ufer. Es müssen Hunderte von Brennereien gewesen sein.

Unterwegs hatte ich noch eine Nachricht von Michal erhalten, die mich gleichermaßen überraschte wie nervös machte. Mittlerweile waren es schon 15 Monate, die wir in Kontakt standen. Schon länger witzelten wir nach ausführlichen Gesprächen öfter: „ … aber das besprechen wir dann alles mal bei einem Kaffee." An der Grenze zwischen Ironie und Ernst vereinbarten wir schließlich einen Treffpunkt für diesen versprochenen Kaffee: Mumbai.

Ich überließ es Michal, das Datum zu bestimmen, und sie suchte sich den 1. April aus. Leider hatte ich keine Ahnung, wie ernst ich diese Ankündigung nehmen sollte. Denn ich hatte schon mitbekommen, dass Michal berüchtigt war für ihre ziemlich extremen Aprilscherze. Trotzdem freute ich mich auch wie verrückt, falls das Ganze kein Scherz sein sollte. Wenn sie tatsächlich nach Indien kam, würde ich wohl endlich erfahren, ob sie in mir mehr sah als „nur einen Freund". Denn dass es bei mir viel weiter ging, war inzwischen nicht mehr von der Hand zu weisen. Wenn sie nicht kam, dann hätte sie es sich im wahrsten Sinne des Wortes „verscherzt“ ... aber dann wüssten wir beide zumindest, woran wir waren.

Mir blieben sieben Tage, um die 2.000 Kilometer von Kalkutta nach Mumbai zu überbrücken und Michal dort vom Flughafen abzuholen. Was auf einer deutschen Autobahn innerhalb von ein bis zwei Tagen bewältigt wäre, dauert in Indien jedoch *etwas* länger.

Konkreter ausgedrückt: Ich kroch mit verschiedenen LKWs bei etwa 40 Stundenkilometern über die *National Highways*, während die Sonne heiß auf das Blech der bunt bemalten Karosserien brannte. Indien und Pakistan wurden in diesem März von einer Hitzewelle mit Rekordtemperaturen von bis zu 51 °C regelrecht überrollt. Zahlen, die es seit 1956 nicht mehr gegeben hatte.

Trotz der geringen Geschwindigkeit schaukelte das Gefährt jedes Mal bedrohlich, wenn der Fahrer im letzten Moment sein Steuer herumriss, um einem Schlagloch oder einer Kuh auszuweichen. Von beidem gab es auf der Hauptstraße, die durch die nördliche Steppe führte, gefühlt mehr als Asphaltflächen. Und massenhaft umgekippte Fahrzeuge am Straßenrand erinnerten daran, dass diese Gefahren zuweilen auch Verluste forderten.

Um sich vor Unfällen zu schützen, haben viele Lastwagenfahrer eine kleine Statue der hinduistischen Gottheit „Shiva“ auf ihrem Armaturenbrett, der sie morgens und abends ein Rauchopfer in Form von Marihuana darbringen. Das bringt ihnen nicht nur ein gutes Gewissen, sondern auch gute Laune, die man sofort in ein spirituelles Liedchen einfließen lassen kann. So erlebte ich es zumindest bei zwei Truckern, mit denen ich unterwegs war.

Eines Nachts kam der LKW, mit dem ich gerade trampte, stotternd zum Stehen. Einer der beiden Fahrer saß am Steuer, während sein Kamerad neben mir auf der Rückbank lag und schlief. Es war bereits weit nach Mitternacht.

„Musst du mal raus?", wandte sich der Fahrer zu mir um, und ich hob schlaftrunken den Kopf.

„Ja, dringend", lallte ich noch völlig benebelt. Dann rappelte ich mich auf und kletterte nach draußen. Irgendwie war mir schwindelig. Wir hatten in einem kleinen Städtchen gehalten. Am Nachthimmel funkelten die Sterne, darunter schälten sich die schattenhaften Umrisse einiger weiträumig verteilter Häuser aus dem düsteren Blau des Horizonts. Die Weite ließ den Ort einsam und leer wirken.

Ich schlurfte durch den Staub an der Rückseite des LKW zu einem kargen Baum und knöpfte meine Hose auf. In Indien gibt es an den wenigsten Orten richtige Toiletten. Anstatt beispielsweise ein Loch zu graben oder Abwasserleitungen zu verlegen, verrichten die Leute ihre Geschäfte einfach mit einer Flasche Wasser irgendwo in der Pampa. Es gibt Dörfer mit Hunderten von Einwohnern und nicht einem einzigen richtigen Klo!

Erleichtert ließ ich den Dingen freien Lauf. Doch es kam nichts, bis auf ein paar Tropfen. Dabei fühlte es sich aber so an, als wäre enormer Druck drauf. Ich stützte mich an den glatten Stamm des Baumes und presste angestrengt weiter. *Warum kommt denn nichts?!* Es war, als wäre meine Harnröhre blockiert. *Das muss ein Stein in meiner Blase sein!,* vermutete ich. Ich hatte zwar noch nie einen Blasenstein gehabt und wusste nicht, wie sich das anfühlt. Aber das schien mir die einzige Erklärung. Erneut versuchte ich zu drücken und wurde von einem Schwindelanfall übermannt. Das Bild vor meinen Augen verdunkelte sich und zu den Sternen kamen Hunderte weiterer Lichtpunkte hinzu. Ich atmete mehrmals tief durch und stützte mich auf meine Knie, bis das Schwindelgefühl halbwegs verschwunden war. *So wird das nichts. Ich brauche einen ungestörten Ort, wo ich den Stein mit aller Kraft herauspressen kann.* Eine andere Idee, um dieses Dilemma zu lösen, hatte ich nicht. Ich wollte nicht riskieren, dass mir vielleicht irgendwann die Blase platzte.

Nach wie vor benommen tappte ich die Straße hinunter zu einem größeren Gebäude. Dann folgte ich der Mauer auf die Hinterseite. Es war stockfinster und roch nach Fäkalien. *Bin wohl nicht der Erste, der die Idee hatte.* Unter jedem meiner Schritte raschelte das Laub, das den Boden bedeckte. Dazwischen lagen schillernde Plastiküberreste.

Ich blieb stehen. Innerlich bereitete ich mich darauf vor, dass das gleich schmerzhaft werden könnte. Dann spannte ich meine Bauchmuskeln an und presste so sehr, wie es nur ging. Mir wurde schlecht, alles um mich herum drehte sich. Ich sackte auf einen Beton-Vorsprung neben mir an der Mauer.

Dreckig. Aber besser als der Booo … deee… e … nn.

Was ist das für ein widerlicher Geruch?! Ich blinzelte. *Laub? Wo bin ich?* Um meine Nase herum fühlte ich irgendetwas Weiches. *Gott sei Dank ist es dunkel!* Ich krallte meine Finger in die Blätter und stemmte mich nach oben. *Wie viel Zeit ist vergangen? Wie lange war ich bewusstlos? Wo ist der LKW?*

Schritt für Schritt kämpfte ich mich an der Mauer auf meine wackeligen Beine. Aus meinem Haar rieselte Erde. Überall an mir klebten breite Dreckspuren. *Zumindest war meine Landung weich.* Vorsichtig setzte ich einen Fuß vor den anderen. Alle Kraft war aus meinem Körper gewichen. Ich fühlte mich leer. Zittrig. Schlaff. Wie ein Zombie schwankte ich zur Straße. Und wahrscheinlich sah ich auch so aus.

Im roten Rücklicht des LKW stand der indische Fahrer. Er wandte seinen Kopf hin und her, auf der Suche nach dem verlorenen Tramper.

„HIER!", keuchte ich und stolperte ihm entgegen.

Er nickte und sagte harsch: „Komm! Wir wollen weiter!" Und schon eilte er zur Fahrerkabine. Im Halbdunkel hatte er nicht bemerkt, wie mitgenommen und kreidebleich ich war.

Verzweifelt wackelte ich ihm nach. „NEIN! HIER!" Schon diese kurzen Ausrufe kosteten mich meine ganze Kraft. „Ich … brauche … Hilfe", entfuhr es mir gerade noch. Dann sackte ich wieder auf die Knie und stürzte mit meinen Händen in den Staub. Keuchend kämpfte ich mit der Übelkeit. Vor meinen Augen flimmerte es.

Einen Moment später griffen zwei Hände unter meine Achseln und zogen mich zurück auf die Beine. Der Inder war umgekehrt. „Ich ... wollte pinkeln. Und bin umgekippt", erklärte ich schlotternd. Meinen Blick musste ich starr auf den Boden richten, um mich nicht zu übergeben.

Der Inder schleifte mich schweigend zum LKW. Ich wollte ihm helfen und strampelte mit den Beinen, machte es damit aber eher schlimmer als besser. *Ich bin so dankbar, dass ich nicht allein bin!*

Als wir den Lastwagen erreicht hatten, legte er meine Hände auf den Tritt, damit ich mich festhalten konnte. „Wir müssen dich saubermachen!" Doch während er in die Kabine griff, um eine Flasche Wasser herauszuholen, ging ich wieder in die Knie. Es tat mir so leid, aber mein Körper gehorchte mir einfach nicht mehr.

Der Inder half mir, mich wieder hochzuziehen. Dann stützte er mich und schüttete Wasser über die Schmutzspuren, während ich versuchte, sie abzureiben. Zusammen mit dem Schmutz wich auch etwas von der Taubheit aus meinem Kopf, sodass wir mich gemeinsam in die Fahrerkabine zerren konnten. Ich stank noch immer nach Unrat und nach wie vor klebten Dreckklümpchen in meinen Haaren. *Bitte, lass es Erde sein!*

Ratternd setzten wir uns in Bewegung. Der Beifahrer schlief nach wie vor auf einer Wolldecke auf der Rückbank. *Zu meinem Glück sehen die Inder das mit der Hygiene nicht so eng. Der Sitz war ohnehin nicht der Sauberste.*

„Trink!", damit warf mir der Inder eine Wasserflasche in den Schoß.

Ohne nachzudenken nahm ich ein paar gierige Schlucke. Dann hielt ich inne. „Ich darf nicht mehr. Meine Blase platzt sonst", gab ich zu bedenken.

Der Inder steckte sich lachend etwas Kautabak in seinen Mund. „Nichts platzt. Du bist dehydriert. Dein Körper spielt dir Theater vor."

Ich brauchte einen Moment, um zu verstehen, was er meinte. *Das Gefühl in meiner Blase ist also gar nicht echt?* Jetzt musste ich auch lachen. Genauer betrachtet fand ich das eigentlich ganz witzig. *Wie ein Bescheuerter hab ich versucht, Wasser zu lassen, obwohl ich eigentlich welches trinken muss!* Und dann bin ich bei diesem ehrenvollen Versuch noch volle Breitseite in einen Haufen indische – ich will es nicht benennen – gekippt. *Angeschmiert!*

Am Morgen darauf besorgte der Fahrer mir noch eine Zweiliter-Flasche Cola, die ich mit zwei Teelöffeln Salz ergänzte. Bis zum Nachmittag ging es mir damit bereits wieder deutlich besser.

Ich habe daraus gelernt, dass man immer darauf achten sollte, genug zu trinken. Ebenso habe ich gelernt, dass man nicht unterschätzen sollte, wie lebenswichtig es ist, dass andere Menschen für einen da sind. Gerade dann, wenn es einem schlecht geht. Die LKW-Fahrer hätten mich auch einfach liegen lassen und mit meinem Rucksack wegfahren können. Aber stattdessen haben sie sich um mich gekümmert. Ich kann schwer ausdrücken, wie dankbar ich ihnen auch jetzt noch dafür bin!

Wir alle wünschen uns Menschen, die auch dann noch zu uns stehen, wenn es sie etwas kostet. Aber sind auch wir bereit, zu anderen zu stehen, wenn es *uns* was kostet? Diese beiden indischen LKW-Fahrer werden in ihrem Leben nie so viel Geld haben wie die meisten Deutschen. Aber sie – wie unzählige andere Menschen auf meiner Reise – haben ohne Bedenken in ihre Kinder, Familien und sogar mich als Fremden investiert. Und das wird sie letztlich glücklicher machen, als die meisten Deutschen es sind.

Eine Harvard-Studie, die über 75 Jahre hinweg Hunderte von Männern der verschiedensten sozialen Hintergründe begleitete, hat Folgendes herausgefunden: Die glücklichsten und gesündesten Männer sind nicht etwa die erfolgreichsten, berühmtesten oder reichsten. Auch nicht die bestaussehenden, begabtesten oder gebildetsten. Im Gegenteil, all diese Faktoren tragen nur geringfügig zu unserer Zufriedenheit im Leben bei. Ganz im Gegensatz zu dem, was uns viele Magazine, Fernsehsender und Internetseiten erzählen wollen. Die glücklichsten Menschen sind die mit guten Beziehungen! Das ist so enorm bedeutsam, dass ich es gleich nochmal wiederholen möchte: Die glücklichsten Menschen sind die mit guten Beziehungen! Diejenigen, die Familie und Freunde um sich haben, auf die sie sich verlassen können und die auch in schlechten Zeiten für sie da sind – und umgekehrt, denn kaum etwas macht so glücklich, wie anderen Menschen zu helfen.

Das ist zwar beinahe sowas wie eine „Kindergartenweisheit" – jeder weiß das und würde es auch unterschreiben. Tatsächlich gibt es aber gerade in den reichen westlichen Ländern immer mehr einsame Menschen. Irgendwas scheinen wir also in der Umsetzung verkehrt zu machen. Ich kenne auch meine eigene Tendenz, doch immer wieder zu viele Zusagen für irgendwelche Arbeiten zu machen und dann nicht genug Zeit für die Menschen um mich herum zu haben. Dabei möchte ich doch gerade diese zu meiner obersten Priorität machen!

Es ist also etwas, dass wir uns nicht nur einmal vornehmen, sondern täglich neu. Meilenweit vor Karriere, Wohlstand, Aussehen oder Beliebtheit ist es mein Ziel geworden, gute Beziehungen zu leben und Menschen die Wertschätzung und Zeit einzuräumen, die sie verdienen.

April 2017

In Mumbai fand ich bei einem Mitglied des Couchsurfing-Netzwerks eine Unterkunft. Glücklicherweise bot sich mir dort auch gleichzeitig die Gelegenheit, gründlich zu duschen – was für ein Segen! – und meine Sachen zu waschen. Mein Gastgeber beglückte mich außerdem mit einem leckeren Currygericht. Ein wirklich sehr netter Mann!

Am nächsten Tag sollte Michals Flieger ankommen. Schon Stunden vor Sonnenaufgang stand ich auf und verließ das Haus, um es auch ja pünktlich zum Flughafen zu schaffen. Schließlich ist der erste Eindruck wichtig! Die Straßenbeleuchtung funktionierte nicht, und die Gassen wirkten einsam und verlassen. Am Wegrand schlief ein Hund, der erschrocken hochfuhr, als ich ihn passierte.

Das chaotische indische Bahnsystem lief überraschend nach Plan. So erreichte ich lange vor Michals Ankunft den Flughafen und stand bald mit Hunderten von Indern im Ankunftsbereich. *Beeindruckend!* Die Architektur des Gebäudes wirkte wie ein gewaltiges Bio-Raumschiff. Leuchtende Säulen dockten wie immense Treibstoff-Arme an der Decke an und erinnerten gleichzeitig an das überdimensionierte Wurzelwerk eines Baumes. Der Wartebereich war mit tropischen Pflanzen und Springbrunnen ausgestattet, sodass es auch ein Luxuskaufhaus hätte sein können. Aus versteckten Lautsprechern klang entspannte Lounge-Musik und bildete einen ironischen Kontrast zu den drängelnden Indern.

Nach einer gefühlten Ewigkeit kam Michal dann endlich durch die Drehtüren und lief auf den Ausgang der polierten Edelstahlabsperrung zu. In der großen Menge hatte sie mich zunächst noch nicht entdeckt, und ich ging unbemerkt auf sie zu. *Wow, sie sieht viel besser aus, als ich gedacht hatte,* war mein erster Gedanke. *Ich bin gerade so noch ein sichtbares Stück größer als sie,* war der zweite.

Kurz vor der Begrüßungsumarmung trafen sich unsere Blicke, und zum ersten Mal schauten wir uns aus nächster Nähe in die Augen. Ihre waren strahlend hell und grün-braun, und einen Moment lang war es, als hätte jemand auf den Auslöser einer Fotokamera gedrückt. Es fühlte sich so an, als würde das Bild einige Sekunden stillstehen, bevor alles wieder normal weiterlief.

Eben war ich noch völlig gelassen gewesen, aber für die Dauer dieses Momentes spürte ich einen ganzen Ansturm von Gefühlen, und ich dachte: *Vielleicht ist sie wirklich die Frau, mit der ich mein Leben verbringen werde!*

Michal und ich hatten zehn Tage zusammen in Mumbai. Die Stimmung zwischen uns war anfangs ein bisschen eigenartig. Einerseits kannten wir uns durch die vielen Gespräche und Mails gefühlt in- und auswendig, andererseits waren wir uns jetzt, wo wir uns tatsächlich gegenüberstanden, auch total fremd. Doch im Lauf der Woche legte sich diese innere Distanz mehr und mehr. Während wir uns von dem lebendigen Chaos der Stadt hierhin und dorthin treiben ließen, führten wir lange Gespräche und stellten wieder einmal fest, dass wir in den meisten Punkten sehr ähnliche Einstellungen hatten. Doch damit waren wir der Antwort auf die Frage, was jetzt eigentlich mit uns beiden war, noch nicht wirklich nähergekommen.

„Was begeistert dich so richtig?", fragte Michal am zweiten Abend, als wir zusammen durch die Gegend liefen.

Du!, hätte ich am liebsten geantwortet, verkniff es mir aber. Und dann entschied ich mich spontan dazu, Licht ins Dunkel zu bringen. Ob es dadurch wirklich heller oder dunkler werden würde, wusste ich allerdings nicht ... „Ist es okay, wenn ich dich küsse?", fragte ich Michal völlig zusammenhangslos mitten in einem Gespräch.

„Wie – was ... okay?", erwiderte sie sichtlich erschrocken.

Und ich gab ihr den Kuss, auf den ich schon so lange gewartet hatte. *Etwas ungeschickt vielleicht, aber hey – es hat funktioniert!*

Der erste Schritt war also getan! Und weil Michal und ich beide Typen sind, die mit Bedacht in etwas so Wichtiges starten wollten, machten wir uns viele Gedanken darum, wie wir unsere nagelneue Beziehung gestalten wollten. Das mag vielen vorkommen wie „zu viele Gedanken machen" für den Anfang. Aber wenn man Autofahren möchte, macht man ja auch erstmal einen Führerschein und bereitet sich vor, um keinen Unfall zu bauen. Und Autofahren erscheint mir um einiges leichter, als eine gute Beziehung zu führen.

Was ich mit meinen zu dem Zeitpunkt 23 Jahren an Beziehungserfahrung hatte, war nicht viel. Aber ich hatte auf meiner Reise viele glückliche und gut funktionierende Ehen kennengelernt. „Was ist euer Geheimnis?", fragte ich diese Paare immer neugierig, um etwas mit auf den Weg zu nehmen. Die Antworten waren unterschiedlich, wie ja auch die Leute, aber sie gingen meistens in etwa folgende Richtungen: Das Wichtigste sei es, ehrlich zu sein und Probleme rechtzeitig und lösungsorientiert anzusprechen. *Klar, das weiß irgendwie jeder,* dachte ich dann immer. Aber mir wurde versichert, dass man das häufig zu entscheidenen Zeiten vergisst.

„Gute Kommunikation sollte man nicht dem Zufall überlassen", hatte mir mein philippinischer Freund erst wenige Monate zuvor erzählt. „Man sollte sich regelmäßig Zeit füreinander nehmen, in der man alles ansprechen kann, was anliegt und wichtig ist. Und das Wichtigste aus meiner Sicht ist: Verschweigt einander nichts."

Was mich weiterhin beschäftigte, war folgender Ratschlag: In einer Beziehung sollten beide Beteiligten selbstständig und unabhängig vom Partner glücklich sein. Sie sollten ihre Erfüllung nicht in dem jeweils anderen suchen und erwarten, dass dieser die inneren Sehnsüchte und Defizite stillt. Früher oder später kommt man sonst an den Punkt, an dem man das Gefühl hat, „zu kurz zu kommen". Die Verantwortung für sein eigenes Glück solle man somit nicht auf den Partner schieben.

Der dritte entscheidende Faktor ist zu wissen, dass Menschen unterschiedliche Arten haben, Liebe auszudrücken und sich geliebt zu fühlen. Manche fühlen Liebe durch Geschenke, die sie erhalten, andere hingegen durch Komplimente und Zuspruch.

Gary Chapman hat die „Fünf Sprachen der Liebe"[5] in seinem gleichnamigen Buch zusammengefasst und beschrieben. Eine Art, jemanden zu lieben oder geliebt zu werden, nennt er „Sprache". Und eine Sprache muss schließlich geübt sein! Denn wenn zwei Partner sehr unterschiedliche Arten der „Liebessprache" haben, kann das schnell zu großen Missverständnissen führen. Während der eine sich mit Komplimenten ins Zeug legt, empfindet sein Gegenüber möglicherweise noch immer keine Liebe und wartet zum Beispiel auf körperliche Nähe, die er *eigentlich* braucht. Es ist also wichtig, dass man die „Liebessprache" des anderen kennt.

„Woher weiß ich, welche meine Liebessprache ist?", fragte mich Michal. „Wie haben deine Eltern dir Liebe gezeigt, in deiner Kindheit? Und wie zeigst du es anderen, wenn du sie gerne hast? Das ist meist die Antwort darauf, wie wir es auch selbst empfinden."

Alle diese Punkte machten wir gleich von Anfang an zu unseren Vorsätzen, in der Hoffnung, dass unsere Beziehung – ähnlich wie ein Garten – durch die richtige Pflege auch gut wachsen würde.

Während unserer gemeinsamen Zeit wollten wir mit dem Bus Richtung Goa fahren, der in der Innenstadt abfahren sollte. Um den Zug noch zu erreichen, der ins Zentrum führte, mussten wir rennen. Keuchend schafften wir es gerade noch rechtzeitig. Unser Couchsurfer hatte uns noch zwei gekühlte Drinks in Tetrapacks in die Hand gedrückt, die wir im Zug auspackten und die Strohhalme durch die weiche Plastiköffnung steckten. Dann schlürften wir unseren Nesquik Latte Macchiato.

Ich war gerade dabei, die Route auf meinem Handy zu planen, da lachte Michal auf.

„Was ist los?", fragte ich verwundert.

Sie deutete auf unsere Durstlöscher und meinte: „Ich hatte mir das zwar etwas anders vorgestellt, aber es freut mich, dass wir es endlich zu unserem Kaffee geschafft haben!"

„Eigentlich hatte ich immer gedacht, mein Mann müsste mal viel größer sein als ich", meinte Michal neckend zu mir, als wir an ihrem Abreisetag die Rolltreppe im Flughafen hinauffuhren und ich eine Stufe höher stand. „Weil ich so gern hohe Schuhe trage. Aber für manche Menschen würde es sich sogar lohnen, ein Leben lang barfuß zu gehen. Und auf gleicher Höhe küsst es sich eh besser."

„Du brauchst nicht auf Absätze zu verzichten. Ich glaube, dass das bei uns trotzdem gerade noch so hinkommen würde. Und wenn nicht, zieh ich mir eben auch hohe Schuhe an", grinste ich.

Doch dann verflog die heitere Stimmung, und Michal machte ihrer Sorge Luft. „Was ist, wenn du dich auf der weiteren Reise veränderst und bei deiner Rückkehr nicht mehr derselbe bist?"

Genau das Gleiche hatte meine Schwester vor Beginn meiner Reise auch befürchtet: *„Ich habe Angst, dass du nicht mehr derselbe bist, wenn du zurückkommst!“ „Ich hoffe doch, dass ich dann nicht mehr derselbe bin!“*, hatte ich meiner Schwester damals geantwortet. *„Dass ich durch all die Erfahrungen eine bessere Version von mir selbst werde!“*

„Und was, wenn *du* dich veränderst?“, fragte ich Michal zurück.

Auch ich ging ja ein Risiko ein, das man wohl nie ganz ausschließen kann. *Das Leben ist ein Prozess. Wir haben keine Garantie für morgen. Und doch bestimmt alles, was passiert, unsere Gedanken, Gefühle und Entscheidungen, unser zukünftiges Ich. „Heute entscheiden wir, wer wir morgen sind“*, fiel mir ein Satz ein, der etwa so von John C. Maxwell stammt.

„Wir werden uns hoffentlich immer verändern, unser ganzes Leben lang. Solange wir uns miteinander verändern und nicht voneinander weg, ist alles gut!“, beschlossen wir auf dem Weg zu Gate Nummer 5, wo Michal einchecken musste.

Nach einem letzten Kuss gab ich ihr ihre Tasche. „Ich dreh mich nicht mehr um!“, versicherte Michal mir, als sie sich abwandte. Nach etwa zehn Schritten blickte sie sich das erste Mal um. Und dann nochmal. *Ich liebe diese Frau!*

April 2017

Nach Michals Abreise blieb ich noch zwei Monate in Indien, um an meinem Buch zu schreiben. Es hatte sich ja nicht mehr die Gelegenheit ergeben, dies in Vietnam zu tun. Zwei Schwestern aus dem Nordosten Indiens, die ich in Korea kennengelernt hatte, hatten mir großzügig angeboten, über diese Zeit bei ihrer finanziell gut aufgestellten Familie in Nagaland zu wohnen. Das Stammesvolk dieser regnerischen Bergregion unterscheidet sich äußerlich und kulturell stark von der Bevölkerung in Zentralindien. Die Menschen hier sehen eher aus wie Mongolen als wie Inder. Ursprünglich waren sie naturverbundene Jäger, die bis in die 1960er-Jahre hinein die Köpfe ihrer Feinde als Trophäen gesammelt haben. Inzwischen jedoch pflegen sie einen bemerkenswert friedlichen und gastfreundlichen Umgang miteinander.

Viele Zeilen dieses Buches sind in der ruhigen Atmosphäre dort entstanden. Umgeben von Bergen, dichten Wäldern und fantastischen Menschen. Wie großartig es ist, wenn Leute an einen glauben und einem helfen, selbst wenn man noch nicht weiß, wie das Ganze einmal ausgeht! Schließlich würde ich als Nächstes durch den mittleren Osten reisen, durch eine der gefährlichsten Regionen der Welt. Und so kurz vor dem Abschluss meiner Reise konnte wirklich noch alles Mögliche passieren.

Von Neu-Delhi aus nahm ich einen Bus nach Lahore in Pakistan. Aufgrund der gelegentlich vorkommenden gewaltsamen Übergriffe an der Grenze eskortierten uns Polizeiwagen mit Blaulicht-Sirenen und Soldaten. Die Vorhänge mussten wir geschlossen halten, und auf dem Rücksitz wachte ein breiter Inder mit Maschinenpistole.

Pakistan selbst sieht ähnlich aus wie Indien, ist aber arabischer geprägt. Das ist nicht verwunderlich, da es einerseits ein muslimisches Land ist und andererseits vor knapp über 70 Jahren noch zu Indien gehörte. Meinem Eindruck nach ist Pakistan jedoch noch stärker traditionell ausgerichtet als Indien. So werden beispielsweise die allermeisten Ehen noch von den Eltern arrangiert und Neuankömmlinge als Ehrenbezeugung mit Blütenblättern beworfen. Die Männer in Pakistan tragen lange einfarbige Roben, die „Shalwar Kamis“ genannt werden und den orientalischen Flair des Landes unterstreichen. In Indien hingegen ist die traditionelle Kleidung unter Männern bereits überwiegend von Stoffhosen, Hemden und Polo-Shirts abgelöst worden.

Ich verbrachte geraume Zeit in der Umgebung von Lahore bei Freunden, die ich bei meinem Aufenthalt in Fidschi kennengelernt hatte. Immer wieder baten mich die Leute dort, ich solle, wenn ich einmal heiraten würde, für meine Flitterwochen nach Pakistan kommen. Das klingt für das westliche Ohr zunächst nicht nach einem romantischen Traumurlaub, aber um ehrlich

zu sein, fand ich die Idee gar nicht so abwegig. Schließlich ist Pakistan enorm günstig und die Kultur so vielseitig und fremdartig, dass man kaum genug davon kriegt. Auch bewegte ich mich zu dieser Zeit noch in vergleichsweise sicheren Gebieten. Was sich allerdings änderte, als ich nach Belutschistan aufbrach.

Belutschistan erstreckt sich über den Osten Irans, den Süden Afghanistans und den Südwesten Pakistans. Die Provinz ist von Stammesfürsten und Paramilitärs besetzt, wodurch einige Teile der Region der gesetzlichen Kontrolle der Regierung entzogen sind. Immer wieder werden Reporter umgebracht, was zusammen mit dem generellen Desinteresse der Medien an der Region dazu führt, dass kaum Informationen nach draußen dringen. Endlose Möglichkeiten für illegalen Drogen- und Waffenhandel!

Falls die bewaffneten Banden dort einem aber keine Kugel verpassen, tun es vielleicht die versteckten Taliban- und Al-Quaida Kämpfer oder die Separatisten aus der Bevölkerung. Auch diese Möglichkeiten sind endlos!

Juli 2017

Der Zug, mit dem ich in Richtung von Belutschistans Hauptstadt Quetta reiste, hätte kaum unbequemer sein können. Die grelle Wüstensonne erhitzte die Metallwände so erbarmungslos, dass man das Gefühl bekam, bei lebendigem Leibe in einem Backofen zu schmoren. Durch die offenen Fenster wehte der Wind wie das knisternde Gebläse eines alten Föhns, und eine Wolke von feinem Sand drang selbst bis in die letzten Ritzen und überzog alles mit einer dicken Staubschicht. Die Bänke, die Wände, die Ventilatoren und sogar unsere Kleider und Gesichter.

Zudem besaß ich zwar ein Ticket, aber damit noch lange keinen Sitzplatz. Denn die Bank, die rechtmäßig meine gewesen wäre, musste ich mir mit einem Dutzend anderer Leute teilen. Ob diese Menschen schwarz fuhren oder die Bahnhöfe einfach mehr Fahrkarten verkauften, als es Plätze gab, werde ich wohl nie erfahren. Denn selbst wenn ich um den Platz hätte streiten wollen, wäre ich deutlich im Nachteil gewesen. Genaugenommen war ich der einzige Ausländer im ganzen Zug. Dafür hatte ich mich mit einer Gruppe Soldaten in ziviler Kleidung angefreundet, die umstationiert wurden. Da ihr Abteil etwas mehr respektiert wurde, fand ich dort doch noch einen Sitzplatz.

Plötzlich begann unser Gefährt zu ruckeln und lautstark zu scheppern und zu quietschen. Ich blickte an dem schmutzigen Metallrahmen der Fensteröffnung vorbei nach draußen und beobachtete, wie wir immer langsamer wurden. Auf dem steinigen Boden gediehen nur ein paar dürre Dornbüsche mehr schlecht als recht, und in der Ferne erahnte man einige rötlich gefärbte Berge.

Vor uns lag eine kleine Ansiedlung, die original so aussah wie der Schauplatz eines Kriegsfilms aus den Krisengebieten im Mittleren Osten. Auf den Dächern der hellen Lehmhäuser hockten mehrere vermummte Gestalten mit Maschinengewehren im Schatten von Unterständen, die mit Tüchern bespannt waren. Die flirrende Hitze ließ die Luft wabern, sodass die äußeren Ränder des Dorfes irgendwie unscharf wirkten.

Zischend kamen wir zum Stehen. Irgendwo auf dem Weg hatte ich ein blaues Schild mit dem Namen „Mushkaf“ gelesen. *Ob das der Sitz irgendeines Kriegsherren ist?,* spekulierte ich.

Einer der Soldaten in Zivil neben mir schaute ebenfalls hinaus. Er trug einen dunkelblauen Schalwar Kamis, einen Drei-Tage-Bart und einen zackigen Armee-Haarschnitt. Unter seinem linken Auge hatte er eine Narbe, und sein kantiges Kinn und seine behaarten Arme betonten seine maskuline Ausstrahlung. Zwischen seinen Schneidezähnen klaffte eine schmale Zahnlücke.

„Dusche?", wandte er sich ziemlich unvermittelt mit fragendem Gesichtsausdruck an mich.

Ich starrte ihn verwirrt an. Zwar wäre mir in diesem Moment nichts lieber gewesen als eine Dusche, aber ich kapierte nicht, warum er diese Frage genau jetzt stellte. *Wie kommt er angesichts dieser Szenerie ausgerechnet darauf? Und vor allem wo? Hier gibt es nirgends Wasser.* Trotzdem nickte ich unsicher.

„Komm!", sagte er und bedeutete mir, ihm zu folgen. Gemeinsam mit ihm und zwei weiteren Soldaten sprang ich vom Zug. Wir näherten uns der Ansiedlung aus Lehmhäusern, die von einer Mauer umgeben waren.

Ein Mann auf dem Dach befahl uns aufgebracht, stehenzubleiben. Hinter ihm befand sich ein kleiner Unterstand mit einem schussbereit aufgebauten Maschinengewehr auf einem Gestell. Mein Begleiter begann eine Diskussion mit dem Mann auf dem Dach und zwei weiteren, die aus dem Haus gekommen waren. Ich wusste nicht, was er sagte, aber schließlich gestattete man uns weiterzugehen. In die Ansiedlung hinein, während der Staub unter unseren Füßen und zwischen unseren Zähnen knirschte.

Wir erreichten einen kleinen Platz, auf dem sich ein Brunnen befand. Doch als wir erwartungsvoll hinunterblickten, sahen wir in etwa 15 Metern Tiefe nur eine kleine Schlammpfütze. „Weiter", nickte der Soldat mit der Zahnlücke zum Rand der Siedlung.

Dort, etwa hundert Meter von den Gleisen entfernt, fanden wir einen weiteren kleineren Brunnen, umrahmt von einer kniehohen Steinmauer. Als wir die hölzerne Abdeckung zur Seite schoben und ein Steinchen hineinwarfen, signalisierte uns ein „BLOP!", dass wir hier richtig waren. Einer der Soldaten schnappte sich den Strick, der um einen Querbalken über der Mauer gewickelt war, und lockerte ihn etwas. Dann warf er das Ende mit dem Eimer in den Brunnen und fing an, eine Kurbel an dem Balken zu drehen. Als der Eimer randvoll wieder zum Vorschein kam, reichte ich ihn dem Mann mit der Zahnlücke. Er schüttete sich das Wasser genussvoll über den Kopf, und rasch schöpften wir einen weiteren Eimer voll. Gerade hatte auch ich mir das herrliche Nass übergekippt und wir holten zum dritten Mal den Eimer hoch, da hupte der Zug laut – das Zeichen zum Aufbruch!

Alarmiert ließen wir den Behälter zurück in den Brunnen sausen und rannten zum Zug. Dieser setzte sich schon in Bewegung. Nochmals beschleunigten wir unser Tempo, um noch die Plattform des hintersten Waggons zu erreichen. Buchstäblich im letzten Moment schafften wir es alle gerade noch hinauf, drückten die Klinke der Tür, und – abgeschlossen!

Das darf nicht wahr sein! Da dieser Waggon zur Hälfte als Güterwaggon genutzt wurde, standen unsere Chancen schlecht, dass uns irgendjemand öffnen würde. Hinter der Tür gab es wohl nichts außer Gepäck.

„Andere Seite!", keuchte ich, und wir sprangen alle wieder hinunter auf die Gleise direkt hinter dem Zug. *Das ist kompletter Irrsinn!* Das Gefährt hatte mittlerweile schon ziemlich viel Fahrt aufgenommen, sodass wir mit aller Macht rennen mussten, um Schritt zu halten. Die Mischung von Wasser und Staub hatte meine Sandalen rutschig gemacht, und ich befürchtete jeden Moment, sie zu verlieren oder mir den Knöchel zu verdrehen.

Wir legten nochmals alle unsere Kraft in einen Sprint und schafften es gerade noch so, auf den Tritt zu springen. Als Erster ich, dann der Mann mit Zahnlücke und dann die beiden anderen. Diesmal war die Tür offen und wir grinsten uns erleichtert an.

Wow, das war wie ein Stunt bei Indiana Jones oder in einem alten Western!

In Quetta gab es nur ein einziges Hotel, das Ausländer aufnahm. Allen anderen war die Angelegenheit zu heikel. Dieses Monopol nutzte die Einrichtung natürlich aus, sodass eine Übernachtung beinah dreimal so viel kostete wie in einem normalen Hotel. Auf meiner gesamten Reise hatte ich mir eigentlich nie ein Zimmer in einem Hotel oder einer Jugendherberge genommen. Aber in diesem Fall blieb mir keine andere Wahl, wenn ich am Leben bleiben wollte. Und für 80 weitere Jahre war das noch mein Plan.

Um weniger aufzufallen trug ich einen schwarzen Schalwar Kamis, einen Turban als Tarnung für meine blonden Haare und eine Sonnenbrille. Damit sah ich nun selbst aus wie ein Taliban. Aber das war ja schließlich auch mein Ziel. *Wenn ich nach Hause komme, habe ich schon was für Fasching!*

An meinem ersten Vormittag in Quetta holten mich drei Polizisten, die mit Maschinengewehren bewaffnet waren, vom Hotel ab. Ohne diese

Eskorte durfte ich nirgendwo hin. Und mit ihr auch nur zu drei Orten: einer Behörde, in der ich eine Erlaubnis für meine Weiterreise beantragen musste, einem Busterminal für die Weiterreise selbst und einer Polizeistation.

In letzterer verbrachte ich den überwiegenden Teil meines Aufenthaltes. Die Station war nach dem Vorbild eines Forts angelegt: Ein betonierter Innenhof, eingerahmt von dicken Mauern mit Stacheldraht. Drumherum standen schlichte Gebäude mit Flachdächern, von denen der Putz bröckelte. Und in der hinteren Ecke konnte man durch klobige Gitterstäbe hindurch die Gefangenen beobachten. Wer von den Polizisten durstig war, schöpfte sich aus den bauchigen Tonkrügen Wasser, die an dem schattigen Aufgang zu einem schmalen Wachturm standen.

Während ich wartete, wurden auf einmal die eisernen Tore aufgeschoben und ein silberner Toyota Mark X 250G in die Station gefahren. An der Frontscheibe klebten Blutspritzer. Die beiden rechten Fenster waren komplett zersplittert, die Heckscheibe wies vier Einschusslöcher auf, und an den linken Türen sah man mehrere Beulen, die offenbar durch Einschüsse von der rechten Seite entstanden waren.

Während ich noch erschrocken auf das Auto starrte, öffnete jemand die Fahrertür. Ich brauchte einen Moment, um zu begreifen, was ich da sah: Der Fahrersitz, die Gangschaltung und der Rest der Konsole waren über und über mit Blut besudelt.

Ein erfolgreiches Attentat, nur fünfzehn Minuten her, erklärte mir einer der Beamten knapp. Der Fahrer sei ein höheres Mitglied einer Partei gewesen.

Das Blut auf der Mittelkonsole schimmerte feucht. Ich spürte, wie Übelkeit in mir aufstieg. Ich war inzwischen ja einiges gewohnt, aber das war nochmal eine ganz andere Nummer. Obwohl der Leichnam nicht mehr im Auto war, hatte ich fast das Gefühl, das Attentat vor meinem inneren Auge nochmal mitzuerleben. Das Bersten der Scheiben. Der Aufschrei des Insassen. Der Knall der wuchtigen Patronen, die binnen Bruchteilen einer Sekunde durch den Körper des Fahrers gefetzt waren. Und dann das schrille Ringen eines Telefons. Der Anruf, der der Frau erklärte, dass ihr Mann heute nicht mehr nach Hause käme. Kinder, die ohne Vater aufwachsen würden. Ein herausgerissenes Leben.

Während ich um Fassung rang, näherte sich ein Mann in weißem Shalwar Kamis und schaute durch das Beifahrerfenster ins Auto. Dann stieß er einen unterdrückten Ruf aus und hämmerte mit der geballten Hand auf das Autodach. Tränen liefen seine rauen Wangen hinunter in seinen Bart. Der Anblick stich mir ins Herz. *Sein Bruder?*, vermutete ich und rieb mir meinerseits eine Träne aus dem Auge. *Warum tut man so etwas?!*

Der oberste Polizeibeamte trat zu mir heran und tippte mir mit seinem Ellenbogen in die Seite. Dann deutete er auf das Auto und erklärte in seinem schlechten Englisch: „Da war eine Anspannung für uns, für dich." Ich vermute, was er damit sagen wollte war, dass sie Sorge hatten, mir könnte dasselbe passieren.

Ich musste schlucken. *Das macht mir ja echt Mut.* Härter kann einem die Realität kaum ins Gesicht schlagen. Das war kein Film. Das war echt. Nicht Disneyland, sondern Kriegsgebiet.

Bald darauf brachte mich ein Geländewagen, der mit Stahlplatten verstärkt war, zum Abstellplatz des Busbahnhofs, und man bugsierte mich in ein leerstehendes Gefährt. So war ich bereits drin, bevor irgendjemand anders einstieg, und musste mich nicht durch eine große Menge wartender Pakistani drängen. Noch immer hatte ich bis auf das Frühstück nichts gegessen. Aber dazu gab es auch jetzt keine Gelegenheit mehr, denn den Bus durfte ich bis zur Abfahrt nicht mehr verlassen.

Dann ging es los. Die Plätze waren alle belegt, und es standen sogar einige Männer im Gang. Der Busfahrer fuhr ziemlich beherzt, die Kurven waren scharf und das Gepäck schlecht verstaut. Ständig purzelten Gegenstände aus der Gepäckablage in meinen Schoß. Soweit ich sehen konnte, hatte der Bus keine Eskorte. Es saß auch niemand mit einer Waffe darin. Anders als an der Grenze von Indien und Pakistan. *Vermutlich ist es hier der beste Schutz, nicht aufzufallen.* Den Vorhang an meinem Fenster ließ ich bis auf einen Spalt deswegen besser geschlossen.

Noch immer stand mir das Bild des blutbesudelten Autos lebhaft vor Augen, und ich rechnete jederzeit mit der Möglichkeit, dass gleich eine Salve von Schüssen mit lautem Geklirre unsere Scheiben zerschießen könnte. Oder dass man den Bus anhalten und mich entführen würde, um Lösegeld zu fordern. Derartiges war in dieser Gegend bereits vorgekommen. Dabei fiel mir ein: Ich hatte gelesen, dass bei den bisherigen Attentaten auf Busse diese meist gleich mit Bomben komplett in die Luft gejagt worden waren. *Auch nicht sehr tröstlich.* Wahrscheinlich ist es unnötig zu erwähnen, dass ich der einzige Ausländer war. Natürlich.

Gerade hatten wir die Stadt verlassen, da stoppte der Bus mitten auf der Straße. Die Tür schwang auf, und irgendjemand redete mit den Leuten vorne in der Fahrerkabine. Ein kleiner Tumult entstand. *Was ist da los?* Ich reckte den Hals und versucht aufgeregt, etwas zu erkennen. In dem Moment legte sich das Stimmengewirr und alle starrten mich an. Ich war der Einzige, der nicht hatte verstehen können, worum es ging. Mein Herz pochte. *Irgendwie hab ich ein enorm ungutes Gefühl bei der Sache …*

„Komm! Raus!“, rief mir der Fahrer in einem ernsten Tonfall zu. Ich zuckte zusammen. *Das habe ich befürchtet! Warum niemand anders außer mir?!* Ich griff nach meinem Handgepäck, aber der Fahrer schüttelte den Kopf. „Nein. Du – komm!“

Mein Mund fühlte sich trocken an. Angespannt biss ich mir auf die Lippen und schritt zögernd den Gang hinunter. Dabei musste ich mich an einigen Leuten vorbeidrängen, die den Weg versperrten.

Als ich nahe genug war, erkannte ich vor dem Ausgang zwei schwarz gekleidete Männer, die je eine Hand an ihr Maschinengewehr gelegt hatten. Fieberhaft überschlug ich meine Möglichkeiten. Aber es gab keine. Die Scheiben wirkten stabil und wurden von Passagieren blockiert. Eine Flucht wäre ohnehin unmöglich, angesichts der Schusswaffen. *Mir bleibt wohl nichts anderes übrig.* Das Beste wäre wohl, mich möglichst gut mit ihnen zu stellen.

„As-salāmu ʻalaikum“, begrüßte ich die beiden Männer höflich, wie es hier üblich war. *Friede mit euch!*

„Land?“, fragten sie harsch, anstatt auch mir Frieden zu wünschen.

„Deutschland.“

Die Männer nickten. Dann führten sie mich ein paar Meter weiter zu einem aus Brettern und Plastikplanen improvisierten Unterstand. Zumindest muss man Belutschistan zugestehen, dass die Landschaft wunderschön ist! Der Sonnenuntergang tauchte die weitläufige Wüste in ein dramatisches Licht. Davor hoben sich schroffe Berge ab, deren scharfe Kämme wie spitze Zacken in den Himmel stachen. Es hatte etwas Wildes, Ungezähmtes. Doch leider konnte ich diesen Anblick gerade nicht so richtig genießen.

Einer der beiden Männer wandte sich zu mir. „Name?!"

„Christopher."

„Mustafa? Islamischer Name! Du bist Moslem?"

Fast war ich versucht zuzustimmen, um das Wohlwollen meines Gegenübers zu gewinnen. Aber das wäre gelogen und gegen meine Prinzipien gewesen.

„Nein, nicht Mustafa, Christopher. Ich bin Christ. Christopher – Christ. Mustafa – Muslim ..." So konnten die Leute sich erfahrungsgemäß meinen Namen am besten merken.

Sichtlich enttäuscht griff der Mann nach einem Buch, das auf einem Hocker lag. „Reisepass?"

Hastig zog ich das Dokument aus meiner Hose und überreichte es ihm. Mit einem schmierigen Kugelschreiber kritzelte der Mann meine Daten auf eine freie Seite. Dann gab er mir den Reisepass zurück.

„Unterschrift!", wies er auf ein freies Feld.

Auch den Gefallen tat ich ihm.

Mit einem lauten Knall schlug er das Buch wieder zu und warf es zurück auf den Stuhl. Dann wies er auf den Bus und ruckte mit dem Kinn.

Ich darf gehen?, dachte ich ungläubig.

Der Mann schnalzte mit der Zunge, wie zur Bestätigung. Das ließ ich mir nicht dreimal sagen! Hastig stieg ich wieder in den Bus, zurück an meinen Platz.

Gott sei Dank! Es war nur eine Kontrolle!

Wir denken nicht gern detailliert über den Tod nach. Er ist etwas Unangenehmes, das weit weg von uns passiert, in Krankenhäusern, Schlachthöfen oder Hospizen. Dabei trifft es früher oder später jeden. Und wenn der Tod dann kommt, kommt er für viele unerwartet.

So ist es jedenfalls in Deutschland – in vielen Ländern, die ich besucht habe, sieht es aber anders aus. Für die Menschen dort ist der Tod zwar ebenfalls schmerzvoll, aber auch ein vertrauter Besucher, dem sie häufig begegnen. Die Sterblichkeitsrate ist höher, und Menschen sterben meist nicht in Institutionen, sondern in der unmittelbaren Nähe zu ihrer Familie, mit der sie meist zu mehreren Generationen unter einem Dach wohnen. Diese Allgegenwart des Todes bringt aber nicht nur Negatives, sondern auch Positives mit sich. Uns mit dem Tod auseinanderzusetzen hilft uns dabei, uns auf die wesentlichen Dinge zu fokussieren. Das, was wirklich zählt.

Wer nur noch eine Woche zu leben hat, wird die wohl kaum mit kleinlichen Streitereien verbringen. Mir ging es jedenfalls auf der Busfahrt in Belutschistan so. Ich habe an meine Familie gedacht, an Michal, daran, wie gut es mir bisher gegangen war und worum es mir im Leben wirklich geht.

Die Fahrt dauerte noch die gesamte Nacht, und ich wurde über ein Dutzend Mal aus dem Fahrzeug geholt und kontrolliert. Ein „Service“ der Paramilitärs. Falls ich verlorengehen sollte, wüsste man wenigstens, in welchem Gebiet. Nach der sechsten Kontrolle war außerdem ein Pakistani mit einer Kalaschnikow zugestiegen, der sich als meine persönliche Leibwache vorstellte. Ebenfalls ein „Service“ und Zeichen der Gastfreundschaft. Wie sich herausstellte, war er gleichzeitig der beste Freund meines Sitznachbarn. Ein Umstand, der den Rest der Reise auflockerte und dem Ganzen eine persönlichere und vertrautere Note gab. Um ehrlich zu sein verstanden wir uns sogar so gut, dass ich glatt versucht wäre, noch einmal zurückzukehren. (Mama, vergiss das bitte schnell wieder!)

Die iranische Grenze zu überqueren klappte problemlos. Auf der anderen Seite ließen sich die Soldaten meinen Reisepass geben, dann eskortierten sie mich auf der Ladefläche eines Militärwagens mit einem schweren Maschinengewehr auf dem Dach bis zu einer Armee-Basis. *Ich habe noch nie so viele Waffen auf einem Haufen gesehen wie in Belutschistan!* Dort verfrachtete man mich in einen weiteren Wagen desselben Typs, fuhr mich zu einem Straßenkontrollpunkt und reichte mich abermals weiter.

Als ich endlich die Busstation von Zāhedān erreichte, war ich insgesamt acht Mal zwischen den Militärs oder der Polizei herumgereicht worden. Die ganze Zeit über hatten die Uniformierten außerdem meinen Reisepass einbehalten, den ich erst jetzt wiederbekam, um auf direktem Wege weiterzuziehen.

Mit dem nächsten Bus fuhr ich in Richtung der iranischen Hauptstadt Teheran. Drei Tage lang hatte ich inzwischen nicht geduscht. Ich war unrasiert und trug noch immer meinen schwarzen Shalwar Kamiz, den ich in Quetta als Tarnung angelegt hatte. In der Hauptstadt des Irans fühlte ich mich damit allerdings sehr fehl am Platz. Die Leute hier kleideten sich modern in Jeans, polierten Lederschuhen, blinkenden Gürteln und engen Hemden.

„Du siehst aus wie ein religiöser Extremist", spiegelte mir ein Mann, den ich in der U-Bahn nach dem Weg fragte. Das fand ich schon irgendwie lustig. *Der deutsche Terrorist im Iran!*

Mir fiel auf, dass ein Großteil der Stadtbevölkerung wesentlich weiter entwickelt wirkte als die Regierung. Obwohl Schleierpflicht herrschte, schminkten sich viele Frauen so auffällig, dass es die ursprüngliche Intention des Schleiers eindeutig boykottierte. Studentinnen „vergaßen" des Öfteren, überhaupt einen anzulegen, und im Fernsehen oder auf den Smartphones liefen freizügige Musikvideos von Rihanna und Co. Auf Homosexualität steht die Todesstrafe, aber bei der üblichen Begrüßung von Männern mit dem Wangenkuss sind mir mehrere begegnet, die mich sogar gleich direkt auf den Mund küssen wollten. Aus ihrer Orientierung haben sie dabei absolut keinen Hehl gemacht.

Im Gegensatz dazu herrschte in stärker muslimisch geprägten Dörfern auf dem Land noch eine ganz andere Stimmung. Als mich ein iranischer Software-Entwickler zu seiner Familie in eine abgelegene Siedlung einlud, beging ich den Fehler, auch seiner Schwester die Hand zur Begrüßung hinzustrecken. Mit vor Schreck weit aufgerissenen Augen wich sie einen Schritt zurück, um mich ja nicht zu berühren. Auch scheuten sich Frauen verständlicherweise davor, mit einem Mann allein in einem Raum zu sein. Denn vergewaltigt ein Mann sie unter diesen Umständen, stehen ihre Chancen vor Gericht so ungünstig und ist es eine solche Unehre für die Familie, dass die Frauen dieses Erlebnis meist verschweigen und mit ins Grab nehmen. Viele schreiben sich für eine Vergewaltigung sogar noch selbst die Schuld zu. Die Verantwortung des Mannes in solchen und anderen Fällen wird meist sehr heruntergespielt. Als wäre er nur das Opfer seiner Triebe.

Eine iranische Freundin berichtete mir von ihrer Cousine, die klipp und klar meinte: „Wenn mein Mann fremdgeht, würde ich ihm vergeben. Er kann ja nichts dafür. Die Frau ist schuld, die ihn verführt hat!" Solche

Geschichten kommen uns aus kultureller Sicht weit entfernt vor, tatsächlich war ich allerdings inzwischen schon wieder recht nah an Europa dran.

Ich musste nur noch die Türkei durchqueren. Was ich möglichst rasch tun wollte. Denn erstens freute ich mich darauf, mit Michal in den letzten Wochen ihres Auslandsjahres in Italien noch etwas Zeit zu verbringen, und zweitens vermisste ich meine Familie. So sehr, dass es sich nach dem richtigen Zeitpunkt anfühlte, zurückzukehren.

In weniger als zehn Tagen würde mein Vater eine norddeutsche Jugendgruppe auf eine Freizeit nach Südtirol begleiten. Und ich hatte mir vorgenommen, ihn dort zu überraschen! Soweit das jedenfalls möglich war. Denn meine Eltern mögen Überraschungen nur dann, wenn sie nicht zu überraschend kommen.

Ich fuhr also mit zwei iranischen LKW-Fahrern, die eine Ladung nach Istanbul zu bringen hatten, vorbei am berühmten Berg Ararat. Die Natur wandelte sich unterwegs von der trockenen Wüste des Iran zu einer mediterranen Hügellandschaft voller grüner Wiesen, auf denen bunte Feldblumen, Zypressen und Olivenbäume wuchsen. Hirten hüteten ihre Schafe, und im sachten Wind schwirrten Insekten umher.

Unvergesslich war für mich das türkische Eis, das so klebrig ist, dass die Eisverkäufer damit viele lustige Tricks machen. (Achtung! Schleichwerbung: Aber das beste Eis der Welt, wie ich später herausfand, gibt es bei Michals Eltern im „Eiscafé Alfredo" im sächsischen Pirna. Wirklich! Mein Eissorten-Tipp: Mango und Kokosnuss mit Milchreis!)

Ab Istanbul befand ich mich dann schon wieder auf europäischem Boden und beschleunigte ein weiteres Mal mein Tempo. Sozusagen der „Homerun"! Und tatsächlich kam ich nur drei Tage später nach einem rasanten Ritt durch Ost-Europa in dem sonnenbeschienen Dorf Raas in Südtirol an. Einen Tag vor meinem Vater.

Genau so habe ich mir die Alpen vorgestellt! Weiß gestrichene Häuser mit Balkons aus dunklem Holz, auf denen prall gefüllte Blumentöpfe ihre Pracht darboten. Dazwischen gepflasterte Straßen, die zu lauschigen Apfelgärten führten, und in der Ferne spektakuläre Berge mit leuchtenden Schneespitzen.

Wie auf der Milchpackung! Gleichzeitig war es mir schon etwas peinlich. *Da bin ich nun einmal um die Welt gereist und war noch nie so richtig in den Alpen!*

Eine etwas eigenartige Erfahrung war es auch, nach so langer Zeit einfach mit den Menschen auf der Straße auf Deutsch losquatschen zu können! Die Pension, in die die Jugendgruppe mit meinem Vater kommen würde, fand ich schnell. Zu meinem Glück zog dort an diesem Tag sogar eine andere Gruppe aus, die ihre Zimmer noch für eine weitere Nacht gebucht hatten. Die Besitzer boten mir deswegen an, bis zum nächsten Tag in einem der ohnehin bezahlten Zimmer zu bleiben. *Eine weiche Matratze, eine Dusche, Seife – da steht dem freudigen Wiedersehen nichts mehr im Weg!*

Am nächsten Morgen duschte ich vorsichtshalber ein zweites Mal. Mein Vater sollte schließlich nicht denken, dass sein Sohn inzwischen verwahrlost wäre! Dann rubbelte ich mich mit dem Handtuch ab und verließ das Badezimmer, um mir etwas anzuziehen. Einige Tropfen platschten noch aus meinen Haaren auf den braunen Korkboden des sonnendurchfluteten Zimmers. *Mir fehlt ein Föhn!*, stellte ich fest, setzte mich auf die Bettkante und streifte mir meine Socken über. Draußen hörte ich das dumpfe Geräusch einer zuklappenden Autotür. *Sie sind doch nicht etwa schon da?*

Ich trat zum Fenster und streifte die zarten Gardinen ein Stück weit zur Seite. Auf dem Parkplatz stand ein weißer Minibus. Daneben ein paar Jugendliche und … *MEIN PAPA!!!!* Mir kamen unerwartet die Tränen. Er sah noch genauso aus wie immer! Sein gütiger Blick. Die Lesebrille von Aldi. Nur seine Haare waren etwas grauer geworden.

Was mache ich nur?! Schnell wich ich zurück, damit er mich nicht zufällig entdeckte. Dann warf ich mir ein hellblaues Hemd über und kontrollierte ein letztes Mal im Badezimmerspiegel, ob ich mich so zeigen konnte. *Alles in Ordnung!* Äußerlich jedenfalls. Mein Herz pochte. Es war, als läge ein schwerer Stein auf meiner Brust, der das Atmen mühsam machte. *Vier Jahre haben wir uns nicht gesehen!* Wie hätten wir es auch machen sollen? Ich war zwischendurch nicht zu Hause gewesen und hatte ja ständig den Ort gewechselt, sodass es schwierig (und teuer) gewesen wäre, mich zu besuchen.

Ich huschte zur Tür hinaus und eilte auf Socken über die sandfarbenen Fliesen des Flurs. An den weißen Wänden hingen Bilder von unterschiedlichen Jugendgruppen, die über die Jahre hier zu Freizeiten gewesen waren. Als ich die Eingangshalle erreichte, blieb ich stehen und lugte vorsichtig um die Ecke. Auf der anderen Seite des Raumes, mir schräg den Rücken zugewandt, stand mein Vater im Eingang zur Pensionsküche. Er trug einen bequemen grauen Pulli, Jeans und Sneaker. So, wie er gestikulierte, schien er mit jemanden zu reden.

Leise tappte ich auf ihn zu. In freudiger Erwartung dessen, was gleich kommen würde. Gerade fielen die Worte: „Ihr Sohn ist auch schon hier!", da erreichte ich meinen Vater und legte ihm von hinten meine Hände vor die Augen. Unschlüssig, wie ich die Überraschung jetzt fortführen sollte. *Wenn ich etwas sage, weiß er ja sofort, dass ich es bin! Wobei das jetzt wahrscheinlich eh klar ist.* Während ich noch überlegte, drehte sich mein Vater bereits um und schaute mir in Augen. Dann umarmte er mich stürmisch und küsste mich. Mein Inneres fühlte sich an wie ein flauer Luftballon, in den ein Kompressor brausend Luft pumpte, und der nach wenigen Augenblicken mit einem weichen „PFAFF" zerriss. Es war, als hätten sich die Emotionen all die Jahre angestaut und stürzten nun wie eine Lawine auf mich ein. Als würde in meinen Adern Sprudel fließen, nicht Blut! Ich wollte etwas sagen, aber schluchzte nur an der bebenden Brust meines Vaters. Völlig überwältigt! *PAPAA!! DER HELD MEINER KINDHEIT! MEIN VORBILD!* Der Stein, der vorhin noch auf meiner Brust gelegen hatte, war weg. Alles fühlte sich leicht an wie eine Feder!

Nach einer langen Weile lockerten wir die Umarmung und schauten uns für einen Augenblick an. Er hob rasch die Hand, um mein Gesicht zu berühren. Dann umarmten wir uns erneut. Diesmal kullerten Tränen unsere Wangen herunter. „Schön, dich wiederzusehen!", schluchzte ich.

Irgendwann atmeten wir tief durch und fassten uns etwas. Neben uns stand ja noch der Besitzer des Gasthauses, und inzwischen war auch einer der Betreuer hinzugekommen. *Am liebsten wäre ich noch ein wenig ungestört geblieben.* Mein Vater stellte mich dem Betreuer vor, und in dem Moment kamen nun auch noch weitere Jugendliche hinzu.

„Wie geht es Ihnen denn jetzt?“, fragte der Besitzer gespannt.

„Ich muss mal auf die Toilette“, lachte mein Vater. „Es war eine lange Fahrt.“

Gott sei Dank! „Du kannst in meinem Zimmer gehen. Ich bringe dich hin“, bot ich an. Erfreut, doch noch etwas Zeit zu zweit zu kriegen.

Im Zimmer tauschten wir kurz das Wichtigste aus und stürzten uns dann in eine lange Unterhaltung über Gott und die Welt. Es war einfach unbegreiflich schön, wieder mit ihm zu reden!

„Du hast noch genau die gleiche Mimik wie dein Bruder“, bemerkte er zufrieden. „Schön, dass da doch noch ein wenig Stallgeruch an dir hängengeblieben ist.“

Unsere Gespräche zogen sich schier endlos bis zum späten Nachmittag fort. Bis er zu müde wurde, weil er die Nacht nicht geschlafen hatte, und wir uns im Doppelbett eine halbe Stunde aufs Ohr legten.

„Merkwürdig“, überlegte mein Vater mit seinem Kopf auf dem Kissen. „Du bist so vertraut und trotzdem irgendwie fremd.“

Während ich noch über die Worte nachdachte, fing er schon an zu schnarchen.

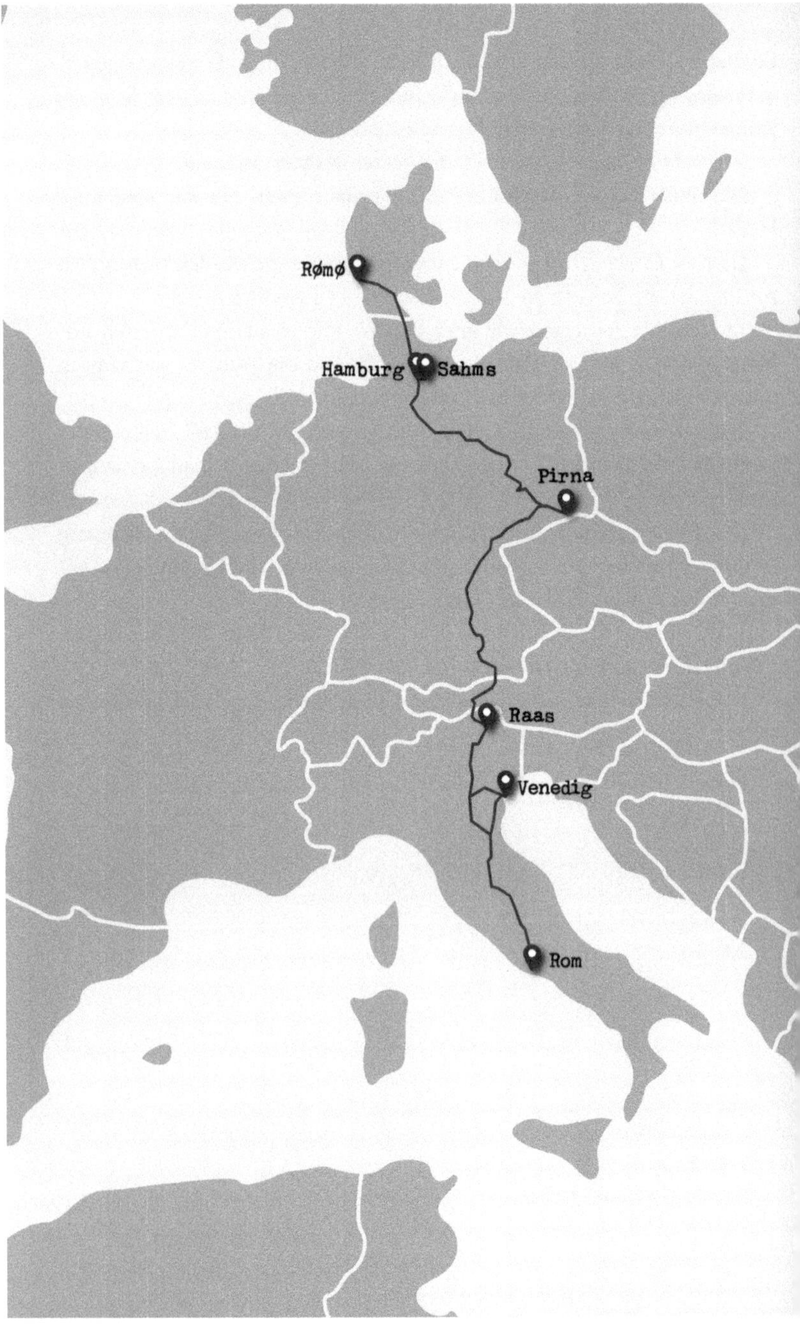
Rømø
Hamburg
Sahms
Pirna
Raas
Venedig
Rom

Zurück nach Hause

Juli – August 2017

Obwohl das Wiedersehen mich so ergriffen hatte, dass ich beim Zurückdenken noch immer wässrige Augen kriege, blieb ich nicht lange bei meinem Vater in Tirol. Ich war voller Vorfreude darauf, endlich heimzukehren und auch meinen Zwillingsbruder, meine eineinhalb Jahre jüngere Schwester und meine Mutter in die Arme schließen zu können.

Vorher holte ich jedoch Michal in Rom ab. Ihr Auslandsjahr in Italien war so gut wie zu Ende, und wir wollten gemeinsam nach Deutschland zurückfahren. Zusammen machten wir bei Nacht Picknick am Kolosseum, veirrten uns in den verwinkelten Gassen von Venedig oder zelteten bei Kerzenschein in einem Olivenhain der Toskana mit Blick auf eine uralte eindrucksvoll beleuchtete Festung. ... die Tage, die Michal und ich auf unserem gemeinsamen Roadtrip verbrachten, waren so jenseits aller Vorstellungen, dass man dergleichen nur als Abschluss in einem Liebesroman finden würde. Und wer weiß, vielleicht schreiben wir ja irgendwann nochmal einen zusammen.

Das Überqueren der deutschen Grenze war genauso, wie ich es mir vorgestellt hatte: Ein kalter Sommerwind wehte feine Regentropfen in unsere Gesichter und auf das Armaturenbrett, als wir die Fenster am Grenzübergang herunterließen. Polizisten in neongelben Westen warfen uns einen prüfenden Blick zu, als wir im Schrittempo an ihnen vorbeifuhren. Am düsteren Himmel waberte eine graue Wolkensuppe. *Ach Deutschland, ich habe dich vermisst!*, musste ich lachen. *Aber dein Wetter nicht!*

Michal blieb bei ihrer Familie in Pirna, und ich trampte das verbliebene Stück allein weiter nach Norddeutschland. In Hamburg wartete meine Schwester auf mich, während meine Eltern und mein Bruder schon in den Dänemark-Urlaub vorgefahren waren – in genau das Ferienhaus, in das wir seit meiner Kindheit immer wieder einkehrten.

Ein Fernsehteam von RTL begleitete mich die letzten Meter zu meiner Schwester und filmte die Begegnung an ihrer Eingangstür. Wir hatten uns erst Gedanken gemacht, ob das nicht vielleicht stören würde, aber zum Glück haben wir die Kamera gar nicht bemerkt vor lauter Herzensfreude darüber, endlich wieder zusammen zu sein. Meine Schwester und ich haben eine so enge Beziehung, dass sie abgesehen von meiner Mutter wohl am meisten darunter gelitten hatte, dass ich so lange fort gewesen war. *Mein Schwesterchen! In meinen Armen!*

Noch am selben Tag fuhren wir gemeinsam zum Ferienhaus nach Dänemark. Jetzt waren wir schlussendlich alle wieder vereint! Sogar mein Zwillingsbruder, der überhaupt nicht nah am Wasser gebaut ist, konnte nicht umhin, auch noch feuchte Augen zu kriegen. *Wie schön es doch ist, wenn sich Menschen so darüber freuen, dass man wieder da ist!*

Manchmal frage ich mich, wie es wohl gewesen wäre, wenn das Wiedersehen mit meiner Familie nicht auf verschiedene Stationen verteilt gewesen wäre – erst mein Vater, dann meine Schwester und dann erst alle zusammen –, sondern gleich alle an einem Fleck. Aber eigentlich bin ich ganz froh, dass es so war, wie es war. Dadurch, dass sich meine Heimkehr über so viele Momente erstreckte, bekam ich ein richtiges Gefühl des Abschlusses. Ich hatte Zeit, um anzukommen. Und außerdem hatte ich auf diese Weise nicht nur einmal die Freude des Wiedersehens, sondern gleich dreimal! Schließlich sagt man ja auch: Aller guten Dinge sind drei!

Meine Eltern hatten für die nächsten Tage ein Dauergrinsen im Gesicht, und mein Papa behauptete, dass er schon Muskelkater in den Wangen bekäme.

Belustigend, aber auch erschreckend war es, dass irgendwie alles wie früher war. Die Rollenverteilung in unserer Geschwisterkonstellation, die Witze, die Gesten. Oft war es schon fast, als wäre ich nie weggewesen. Was für ein unfassbarer Schatz meine Familie doch ist!

Das Haus, in dem ich aufgewachsen bin, wird es bald nicht mehr geben. Meine Familie war ja während meiner Abwesenheit umgezogen. Und weil die Isolierung des Gebäudes so schlecht war, dass wir im Winter trotz Heizung im Haus nur mit Skijacke überleben konnten, überlegte man, es abzureißen. Ich fuhr noch einmal dort vorbei: Es sah leer, verlassen und verwildert aus. Kein schöner Anblick. Aber das war für mich nicht von Bedeutung. Zu Hause ist kein Gebäude. Zu Hause ist da, wo die Menschen sind, die einen lieben. Deswegen habe ich mich unterwegs auch nie einsam gefühlt. Ich war ständig umgeben von Menschen, die mir liebevoll begegnet sind und mir ein Stückweit das Gefühl gegeben haben, zu Hause zu sein. Wie ich es jetzt war – zu Hause!

Das seltsame Gefühl, dass man meinen könnte, ich sei nie weggewesen, überkam mich noch öfter. Gerade dann, wenn sich Personen oder Orte, die ich wiedersah, in den letzten Jahren scheinbar kein bisschen verändert hatten. Beispielsweise meine alte Schule oder meine großartigen Nachbarn.

Ganz anders die meisten meiner Freunde – die haben mittlerweile eine Ausbildung gemacht, studieren oder arbeiten. Und ich? Ich bin inzwischen 24, ohne Ausbildung, Studium oder Beruf. Habe ich vier Jahre meines Lebens verschwendet? Die Antwort auf diese Frage fällt mir leicht: Nein!

Meine Weltreise ist und bleibt meine ganz eigene Ausbildung. Im Grunde habe ich vier Jahre lang ein Praktikum nach dem anderen gemacht: als Gärtner, Schiffsjunge, Tourguide, Tankwart, Klempner, Schauspieler, Koch, Model, Versuchskaninchen, Stallausmister, Nachhilfelehrer, Partyguide, Redner, Putzmann, Schleusenhelfer, Bauarbeiter, Köhler, Steuermann, Verkäufer, Übersetzer, Programmierer, Verlader, Tischler, Goldsucher, Autor, Erntehelfer, Fischer, Babysitter, Kellner ... und die Liste geht noch endlos weiter. Ich habe eine Unmenge praktischer Fertigkeiten aus den verschiedensten Bereichen erlernt – ich kann jetzt Boote navigieren, verstopfte Rohre reparieren, nur mit den Händen Feuer machen, Fische ausnehmen, Schleusen bedienen und vieles mehr. Inzwischen spreche ich neben Deutsch auch Spanisch, Portugiesisch, Englisch, Italienisch und halbwegs brauchbar Koreanisch.

Doch darüber hinaus habe ich auch unzählige andere unbezahlbare Schätze gefunden, die ich nicht mehr missen möchte. Ich habe gelernt, das Leben mit anderen Augen zu sehen. Es gewissermaßen für mich neu entdeckt. Und dabei auch mich selbst. Neue Stärken und unbewusste Schwächen an mir kennengelernt. Meine Einstellungen gegenüber Altbekanntem hinterfragt. Und Gott auf eine ganz persönliche Art kennengelernt, von der ich vorher nicht einmal wusste, dass das überhaupt möglich war.

Ich habe gelernt, mit sehr (!) wenig glücklich zu sein. Nicht nur glücklich, sondern rundum zufrieden. Ich habe gelernt, was es heißt, dankbar zu sein. Und dabei meine ich nicht das höfliche „Danke", wie man es murmelt, wenn man niesen musste und jemand „Gesundheit" sagt. Sondern richtige, tiefe, innige Dankbarkeit für die großen und die kleinen Geschenke in meinem Leben. Ein gutes Essen, eine warme Dusche, eine liebevolle Familie, ein friedvolles Heimatland.

Ich durfte durch eine Lebensschule gehen, die mir kein Studium hätte vermitteln können. Ich durfte Dinge sehen, von denen ich vorher nicht einmal zu träumen gewagt hätte! Keine Ausbildung hätte mir so persönliche Geschichten über Menschen und Kulturen erzählen können, wie ich sie in den vergangenen Jahren erlebt habe.

Und nicht zu vergessen ein weiteres Geschenk: die unzähligen Freundschaften, die ich auf meiner Reise geknüpft habe und die sich auch jetzt noch weiter vertiefen und entwickeln. Es ist ein richtiges Beziehungsnetz entstanden, das sich buchstäblich über die ganze Welt spannt. Viele gegenseitige Besuche sind schon geplant.

Und zu guter Letzt hat mir meine Reise die größte Überraschung beschert, die man vermutlich als Weltenbummler nicht unbedingt von einer Erdumrundung mitbringt: meine Freundin. Oder sollte ich besser sagen: meine zukünftige Frau!

Im Dezember 2017 habe ich Michal bei einem Rück-Besuch in Rom an ihrem Lieblingsort an der Trajanssäule einen Antrag gemacht. Mit einem selbstgeschriebenen Lied, auf Gitarre begleitet, umgeben von Kerzen, mit Kniefall. Ein bisschen Kitsch muss eben auch mal sein! Sie hat Ja gesagt. Und mit einem Teil des Goldes, das ich in Guyana geschürft habe, haben wir unsere Eheringe selbst geschmiedet. Ich kann es kaum abwarten, mit dieser Frau als unschlagbares Team durch Dick und Dünn zu gehen!

Direkt nach meiner Rückkehr habe ich in der Nähe von Darmstadt mein Theologiestudium aufgenommen. Falls sich jemand an dieser Stelle fragt, ob man nach so einer langen Pause überhaupt noch „schultauglich" ist: Ja, das ist man. Zumindest bei mir gibt es damit keine Probleme. Das hängt sicher auch damit zusammen, dass ich auf der Reise ständig gelesen und gelernt habe. Die Sprachen, viele Anleitungen zu den verschiedenen Jobs, Recherchen zu faszinierenden Entdeckungen oder einfach massenhaft Bücher, die mir zwischendurch in die Hände gefallen sind.

Es ist mir auch nicht schwergefallen, wieder in einen geregelten Alltag zu finden. Auch unterwegs hatte ich viele Zeiten mit sehr straff organisierten Abläufen, wie zum Beispiel die Schicht-Einteilung während des Segelns. Dennoch – ich genieße es unglaublich, wie effizient man arbeiten kann, wenn man seinem Tag Struktur verleiht!

Die wenige freie Zeit neben dem Studium verbringe ich im Moment damit, mit meiner Fast-Ehefrau weitere kleine Abenteuer zu erleben und die vielen Fragen, die mir von anderen Reisehungrigen gestellt werden, mit Hilfe von Videos auf meinem YouTube-Kanal zu beantworten. Denn mir liegt viel daran, nun meinerseits andere Menschen dabei zu unterstützen, ihre Träume zu verwirklichen. Schließlich habe auch ich meine Reise nur dank der Hilfe vieler Leute bewerkstelligen können, die mir mit Ratschlägen, Ermutigung, Hilfestellung, Gastfreundschaft, Erfahrung und Zeit zur Seite standen. Nur dank all dieser Unterstützung ist mir tatsächlich gelungen, was ich mir vorgenommen hatte: mit 50 Euro loszuziehen und einmal um die Welt zu reisen, ohne je ein Flugzeug zu benutzen – und ich bin als reich beschenkter Mensch zurückgekommen.

Wie wir unser Leben leben, liegt größtenteils in unserer eigenen Hand. „Ich wollte schon immer mal ..." – diesen Satz tragen wohl die meisten Menschen in ihrem Herzen. Wie die zweite Hälfte des Satzes aussieht, ist bei jedem unterschiedlich, und das ist auch gut so. Bei mir war es die Weltreise, bei jemand anderem ist es vielleicht etwas ganz anderes – Hauptsache, man belässt es nicht bei dem Wunsch, sondern macht einen Vorsatz daraus: „Ich werde ...!" Vielleicht konnte mein Buch dazu ja ein kleiner Anstoß sein – das würde mich enorm freuen!

Ein Abenteuer besteht nicht darin, sich irgendwelchen Gefahren auszusetzen, sondern sich auf das Unerwartete einzulassen, das einem begegnet. Die Einstellung, die ich meine ganzen Reise über verinnerlicht habe, nehme ich auch mit in diesen neuen Lebensabschnitt: „Sorge dich nicht. Es wird immer dann am besten, wenn das passiert, was man nicht erwartet hätte."

Mein nächstes Abenteuer beginnt ... jetzt!

Danke

Zwar steht unter dem Buchtitel der Name eines Autors, aber tatsächlich ist es ein Gesamtwerk von sehr vielen Beteiligten, die dieses Buch erst ermöglicht haben.

Zuerst und an oberster Stelle Gott selbst, dem ich alles zu verdanken habe.

Was meine Eltern alles für mich getan haben, kann man gar nicht in Worte fassen. Danke für die Liebe, die ihr uns täglich gebt. Danke für Ermutigung und Zuspruch. Danke für eure Gebete, euren Rückhalt, bedingungslose Hilfe, und den Glauben an uns. Danke für all das, was ihr uns an Werten und Lebenseinstellung beigebracht habt.

Ohne all diese Dinge wäre die Reise gar nicht erst möglich gewesen.

Danke an meine Geschwister Annedore und Benedict, die mich auf die Abenteuer und Gefahren dieser Welt schon von klein auf an vorbereitet haben ;-).

Danke an Michal, meine Traumfrau, Retterin in der Not, Seelenverwandte, Chapati, beste Freundin und Freude in meinem Leben! Das Genie hinter meinem Wahnsinn :-).

Danke an Oma Greta und Opa Hans Heinrich sowie Oma Inge und Opa Rudi, für all die Zeit und Energie die ihr in uns als Familie gesteckt habt. Ihr seid meine Inspiration dafür, was es heißt, großzügig und liebevoll zu geben und zu leben. Danke für euren bedingungslosen Rückhalt und eure Liebe und Fürsorge, die unsere Familie zu dem machen, was sie ist.

Außerdem danke natürlich an meine vielen unschlagbaren Cousins, Cousinen, Tanten und Onkel.

Thank you Yanbemo Lotha, Mhasivonou, Areni, Christina and Longshio Humtsoe for all your hospitality, generosity and kindness. You contributed a gigantic part to make this book a reality! I can hardly thank you enough for all your help and this precious friendship! Also thank you Nzan, Chumbem, Lijan, Lijans parents, Akhrieo and Lotha Tribe!

Danke Karoline Kuhn, dass du dich mit unermüdlicher Hingabe in alle Texte geworfen und das Bestmögliche daraus gemacht hast. Danke, dass du dein Talent mit uns allen teilst. Danke an den adeo Verlag!

Danke auch an Juli, die viele Male geduldet hat, dass ihre Mama viel später als erwartet nach Hause kam.

Danke Lou Fox, dass du mit deinem Foto das Cover bereichert hast.

Danke, Tina Teucher, die du von Anfang an an mich geglaubt und mich gefördert hast! Du warst eine wahre Ermöglicherin für mich!

Danke an Jochen und Claudia Hofmann für euer unschlagbares Eis, euren Beistand, eure unvergleichbare Gastfreundschaft und millionenfach danke für eure Tochter!

Danke auch an Mini für eine unglaubliche Inspiration an Selbstlosigkeit, Nächstenliebe, Aufopferungsbereitschaft und Lebensfreude.

Danke an David und Jeschi Holey, dass ihr Michal zugesprochen habt, dass ich der richtige Partner für sie bin, und für all eure Gebete ;-). Euer gelebter Glaube ist ein Supervorbild!

Und danke auch an Noah, Opa Hofmann, Uschi und das Alfredo-Team.

Danke an die BHA: Hannes Fuchs, Hendrik Reinke, Robin Wegener, Leonard Rehfeld, Ole Werner und Eric Wohlgetan, ihr seid ein Beispiel dafür, was wahre Freundschaft heißt!

Außerdem an die vielen anderen guten Freunde und Bekannte!

Danke an Adam Yalcinöz und Sammy Frey, zwei extrem geniale Zimmergenossen. Danke für euren Zuspruch, eure Ermutigung und alles, was ich täglich von euch lernen darf. Ihr seid der Hammer!

Die Liste der Leute, denen ich noch gerne eine persönliche Dankeswidmung schreiben würde, ist so lang, dass es leider vom Platz nicht mehr reicht. (Ihr hättet es mehr als verdient!!!) Aber ich möchte ihnen zumindest – soweit möglich – namentlich meinen enormen Dank ausdrücken:

DEUTSCHLAND

Tino Schumann
Jörg und Dorothea Eymann
Willi Lanek
Peter Sutter
Gabi Meier
Frank Heinke
Milan Langer
Philemon Schott
Thorben Kreienbring
Jan Nickel
Jakob Justus
Micha Bührle
Markus Schäfer
Florian Tschapek
Finn Lucas Van der Velde
Sorush Ghods
Cynthia Sieber
Gideon Aßmus
Sabrina Buss
Misgana Gebremichael
Luisa Kolb
Paul Pfister
Miriam Dominique Popp
Manuel Rose
Jeremy Seelinger
Dominic Zimmerli
Marco Bergelt
Michael Schweitzer
Esther Koch
Doris Müller
Christina Kunz
Mirjam Schmidt
Duygu Aygül
Alle, die für mich gebetet haben

NIEDERLANDE

Peter Hikspoors
Leon Strikwerda

BELGIEN

Christophe Sepot

FRANKREICH

Wilfried Texier
Arpege Lagaffe
M. Jaque B.

SPANIEN

Enrique Pavés Jiménez
Sonia und Sebastian Castaño
Jorge und Jodie

ITALIEN

Stefano Dagnoli
Roberto und Nok Gaziello
Matteo Chiarelli
Timoteo Pancin
Fabrizio & Sergio
Fabrizio & Tanja
Sonnenhof in Raas

ENGLAND

Besatzung der „Te Natura“

IRLAND

Gerry (von „Justins Odyssey II“)

VENEZUELA

Piter, Adela, Thais und Bisley Jimenez
Eleazar & Any Gamardo
Pastor Juan
Familie von Omar und
Romeo in Curiapo
Jose Armando
Arature Dorf

GUYANA

Roy Gooding
Melissa und Manella Ramkaran
Marwin, Eugene und Dave in Aranca
William in St. Martin
Marc (nach Kaikan)
Arau Dorf

BRASILIEN

Jeronimo, Elyziane und Familie
Manoel Andrade und Familie
Igrej Batista Bíblica Renovada
Felipe und Familie Vazami
Filipe Faraon und Familie
Camila Costa
Mario Sérgio Guimarães
Deivid Mineiro
Eliane Lemos
Francisco Alferes Thesco
Paulo Ivan de Oliveira

PERU

Armanda Cornejo
Berto aus Arequipa
Carla Perrein, Yadira und Familie Ta
Golber Alan Acosta Saldaña
Pedro Pablo und Vater
Fredy Ramos Barrios

BOLIVIEN

Mariana und Juliane Chavez
Familie von Abiel in La Paz
Arco Iris in Uyuni

ARGENTINIEN

Sebastian, Flo und Facundo Ponce

ECUADOR

Daniel Quevedo
Juan Francisco Ledergerber

KOLUMBIEN

Nadya Stephy
Nancy, Juan Alejandra Guasca
Mariluz Fuquen und Familie

COSTA RICA

Daniel Foulkes

PANAMA

Susy Rios

SÜD AFRIKA

Cedric Brown

QUEBEC

Ray

USA

Daniel Gann

Tony und Keith (Citylight)

Lauren Kish

Josh Rios

SCHWEIZ

Familie Kaiser

SCHWEDEN

Goeran Persson

NORWEGEN

Tor Dahl

Idunn und Familie

Greta und Tom (Raratonga)

FIDSCHI

Apisai Domolailai

VANUATU

Chief Isaac Wan

Repacksvir Village

Kevin in Ouere

PHILIPPINEN

Henry, Adelina Fe, Fort, Henadel

und Dominic Remigio

Albert, Lisa, Gilda, Cherissa

und Alyssa Yap

Jane and James Matriano

Elvin und Kaye Villar

Pat & Cristina Catubig

Mark Esperancilla

Dioshame Cruzada

Therese und Familie aus Manila

KOREA

최용문 und seine Frau

Doyoon Kim

Inhong Kim, Familie und Gemeinde

Young Joon Chun

Nayul Lina Kim

이미래 und 황호영

희진 und 뱍승현

Yun Sup Park

Gyung Tak Sung

Hyungjin Jacob Cho

Leo Rhee

Yeasl und Chris Rowe

JAPAN

Familie Kawamoto

Shintaro Kondo

Yumi Tabaru und Familie

Mitsumasa Uchigaki

Ein Ehepaar aus Fukuoka

Kisuke Nishikawa und sein Freund

Yadoya Guesthouse in Tokyo

CHINA

Suzy und Peng Bo Li

Ehepaar aus Baoding

Lorin

VIETNAM

An Nguyen, Trung đạo, Toan, Hân

THAILAND

Jame, Pe Nyng, Pe Po, Kookkai

KUWAIT

Mohammed

MALAYSIEN

AJ Anthony

NEPAL

Nepels

RUSSLAND

Alexandr Nekrasov

Andrey Yakushev

Alexandr (im Norden von Phuket)

INDIEN

Mr. „Bikash Nandi Masunder"

Jimmy Naliyath und Familie

Arnie Rumberfield und seine Mutter

Bankas und Sodid

Pramod Saha, Titu, Mantas, Sanji …

PAKISTAN

Familie Bishop Asher Khan

und Gemeinde

IRAN

Farhad und Tara Toosi

Hossein aus der Nähe von Nazarabad

Vahid & Hassan aus Tabris

POLEN

Adam & Asia Dzielicki

Marcin Sky Lanc

TÜRKEI

Merve Akarsu

ÖSTERREICH

Mathias Brugger

55 Tipps für Backpacker mit kleinem Budget

Vorbereitung

1. Beantrage rechtzeitig einen Reisepass bzw. stell sicher, dass dein Pass noch lange genug gültig ist (die meisten Länder verlangen mindestens sechsmonatige Gültigkeit).

   Informiere dich mindestens drei Monate vor Einreise in ein Land über die Visumsanforderungen. Von vielen Ländern aus kannst du deinen Reisepass zur Not nach Hause schicken, um ein Visum zu beantragen, das im Ausland nicht genehmigt wird. Die App „Sicher Reisen" des Deutschen Auswärtigen Amts erklärt für jedes Land schnell die groben Anforderungen. Die Einzelheiten musst du dir auf der Website der Botschaft des jeweiligen Landes zusammensuchen. Achtung: Es sollte die Botschaft in deinem Heimatland sein. Also zum Beispiel „Embassy of India in Berlin", wenn man ein Visum für Indien braucht.

3. Erledige alle nötigen Impfungen im Voraus. Was in welchem Land empfohlen wird, sagt dir dein Hausarzt oder das Tropeninstitut.

4. Erstelle einen Account auf *www.couchsurfing.com* und nimm vorab schon Reisende bei dir auf. Je mehr gute Beurteilungen du hast, desto lieber werden dich Leute später bei sich beherbergen. Außerdem lernst du so Menschen aus aller Welt kennen, kannst von ihnen einiges über ihr Heimatland erfahren und gute Reisetipps bekommen.

5. Wenn du abenteuerlich und mit wenig Geld reisen möchtest, macht es Sinn, eine Auslandskrankenversicherung abzuschließen. Hierfür sollte man sich am Besten von einem Fachmann beraten lassen. Entscheidend dabei ist der Unterschied von Krankenrücktransport bei „medizinisch

notwendigen“ oder „medizinisch sinnvollen“ Fällen. Eine „medizinisch notwendig“-Versicherung greift nur, wenn in dem Ausland eine Unterversorgung bestünde. Die „medizinisch sinnvoll“-Variante kommt auch schon für den Rücktransport auf, wenn eine schnellere Genesung zu Hause wahrscheinlicher ist. Ich rate zu Letzterem, auch wenn es teurer ist.

6. Grundsätzlich tendiert jeder Backpacker dazu, zu viel einzupacken. Also halte dich möglichst an folgende Faustregel: Was du nicht mindestens einmal pro Woche brauchst, kannst du wahrscheinlich zu Hause lassen. Ausführliche Packlisten findest du überall im Internet, deshalb hier nur eine kleine Liste der Dinge, die mir treue Dienste geleistet haben:

   - Eine Rolle Elektroklebeband, ein Taschenmesser und ein dünnes, stabiles Seil

   - Ein paar Eddings zum Beschriften deines Tramper-Schildes

   - Eine halbe Rolle Klopapier für offensichtliche Zwecke. Wenn du die runde Pappe in der Mitte entfernst, ist es platzsparender.

   - Eine Hängematte mit Moskitonetz – besonders in den Tropen ist das angenehmer, als im Zelt zu schlafen. Schläfst du schräg in der Hängematte (etwa 45°), dann hängt der Rücken auch nicht durch.

   - Isomatte

   - Zelt mit Heringen und genügend Ersatzheringen

   - Gute Schuhe und ein guter Rucksack sind ihr Geld wert.

   - 7 x Unterwäsche, 7 Paar Socken, 3 T-Shirts, 3 Hosen (in warmen Regionen 2 kurze und eine lange), 1 Pullover, 1 Jacke. Man kann mehr Kleidung mitnehmen, um weniger häufig waschen zu müssen, bezahlt das aber mit extra Gewicht. Kleidung macht mit das meiste Gewicht und Volumen in deinem Rucksack aus.

- eine Flasche Wasser. In der Stadt reichen 0,5 bis 1 Liter. Außerhalb lieber 1,5 bis 3 Liter. Es lohnt sich, sich vorher zu informieren, ob man das Leitungswasser vor Ort trinken kann. Ich habe es praktisch überall gemacht und hatte keine Probleme. Im Zweifelsfall Chlortabletten mitnehmen oder das Wasser 3 Minuten abkochen oder filtern.

7. Mach eine kleine Probereise, sobald deine Ausrüstung steht, um sie auf mögliche Schwachstellen zu testen. Vielleicht fällt dir dabei schon auf, was du unbedingt noch mitnehmen musst oder auch zu Hause lassen kannst. Sammle erste Erfahrungen mit dem Trampen. Außerdem erfährst du, ob deine Vorstellung des Reisens mit der Realität übereinstimmt.

Unterkunft

8. Am kostengünstigsten übernachtest du mit Zelt, Hängematte oder via Couchsurfing.

9. Schläfst du unter freiem Himmel in der Stadt, schlafe nie an dunklen, einsamen Ecken! Stattdessen an belebten Orten, wie zum Beispiel bei Tankstellen, Krankenhäusern, Polizeistationen, Gebäuden mit Nachtwache o. Ä. Als allein reisende Frau möchtest du vielleicht nicht unbedingt draußen übernachten. Wenn du ein Instrument spielst, Zirkustricks eingeübt hast oder Schmuck (Armbänder usw.) anfertigen kannst, kannst du beispielsweise auf diese Art gut ein Zimmer in einer Jugendherberge finanzieren.

Mobilität

10. Um Kosten zu sparen, kannst du trampen oder – wenn du Zeit hast und seefest bist – auf Segeljachten bzw. Booten als Arbeiter anheuern. Für Letzteres kannst du vor Ort immer bessere Vereinbarungen aushandeln als im Internet.

11. In manchen Ländern sind die öffentlichen Verkehrsmittel so günstig, dass es sich lohnt, sie zu nutzen.

12. Reist du mit Smartphone, dann lade dir hilfreiche Apps herunter. Zum Beispiel die örtliche ÖV-App und offline-Kartenmaterial. Empfehlen kann ich Maps.Me.

Kleiner Ratgeber für Tramper

13. Sei geduldig. Es kann auch mal 5 Stunden dauern, bis dich jemand mitnimmt.

14. Trink nicht zu viel vor langen Autofahrten, wer weiß, wann die nächste Toilette in Aussicht ist.

15. Hinter Tankstellen, Rastplätzen, Restaurants oder Geschäften findest du oft alte Kartons, die du als Tramper-Schilder verwenden kannst. Edding nicht vergessen!

16. Stell dich an einen Ort, wo Autos gut anhalten können und die Fahrer Zeit haben zu überlegen, ob sie dich mitnehmen wollen. Am besten eignen sich Tankstellen, Ampeln oder Parkplätze. Wenn du Leute persönlich ansprechen kannst, hast du die besten Chancen.

17. Schreib die Richtung und die nächsten größeren Städte auf dein Schild. Zum Beispiel nicht nur „Berlin", sondern „A2 Richtung Norden, Dresden, Leipzig, Chemnitz". Je mehr vorbeifahrende Menschen sich mit einem deiner Ziele identifizieren können, desto besser.

18. Lass dich von Raststätte zu Raststätte mitnehmen. Verlasse nicht die Autobahn, es sei denn, jemand nimmt dich mit in die Stadt, in die du möchtest. Ansonsten kostet es superviel Zeit, wieder zurück zur Autobahn zu kommen. Steig lieber eine Raststätte zu früh aus als zu spät.

19. Kleide dich möglichst sauber, unauffällig und (als Frau) nicht aufreizend. Trag keine Sonnenbrille, sodass man deine Augen sehen kann. Ein Strohhut wirkt dagegen nett. Lächle! Je harmloser du rüberkommst, desto eher nimmt dich jemand mit.

20. Wenn du eine Mitfahrgelegenheit gefunden hast, nutze die Zeit und stell dem Fahrer freundliche und interessierte Fragen. Mehr über das Leben eines anderen zu erfahren, erweitert auf jeden Fall deinen Horizont.

21. Erkundige dich vorher mit einer Karten-App über deine Route. Lade dein Handy, wann immer es geht, damit du jederzeit Hilfe rufen kannst. Auch eine Powerbank ist sinnvoll. Am besten hast du auch immer eine physische Karte dabei, falls dein Handy doch mal den Geist aufgibt.

22. Versorge dich mit ausreichend zu essen und zu trinken, damit du nicht teuer an Raststätten einkaufen musst.

Tipps für Frauen:

23. Hab Pfefferspray dabei.

24. Reise nicht nachts und stell dich nur an belebte Orte.

25. Trag lange Kleidung, auch wenn es warm ist. Je mehr Haut du zeigst, desto unseriöser werden die Mitnahmeangebote.

26. Texte einem Freund das Kennzeichen des Fahrzeugs, wenn du dich unsicher fühlst.

27. Frage den Fahrer nach Familie, Freunden und seinem Job. Wenn die Antworten ausbleiben oder komisch klingen, steige so schnell wie möglich aus.

28. Erzähle niemals jemandem, wenn dein Handy-Akku leer ist.

29. Beobachte die Kultur des Landes, in dem du dich befindest, und wie Frauen dort behandelt werden. In vielen Ländern solltest du grundsätzlich nicht alleine trampen.

Essen

30. Lokales, landestypisches Essen vom Markt oder aus dem Supermarkt ist immer am günstigsten. Welches das ist, ist natürlich von Land zu Land unterschiedlich, lässt sich aber mit einem Preisvergleich leicht herausfinden. Häufig gehören Haferflocken, Reis, Couscous, Brot, Bananen, Kartoffeln, Mais usw. dazu.

31. Wenn du es mit deinem Gewissen und Magen vereinbaren kannst, bietet sich in höher entwickelten Ländern auch Containern (engl. Dumpster Diving) an (d. h. abgelaufene und weggeworfene Produkte aus den Mülltonnen der Supermärkte fischen).

32. Viele Restaurants sind offen dafür, Reisenden Essen gegen Arbeit zu geben, wenn man fragt.

Sicherheit

33. Danach auszusehen, als gäbe es nichts zu holen, ist die beste Diebstahlversicherung. Also lass am besten teuren Schmuck, Uhren oder sonstige Luxusartikel zu Hause.

34. In vielen Ländern kannst du dir günstig kleine Innentaschen in Unterhosen, BHs oder Hosen nähen lassen. Das perfekte Versteck für wichtige Dinge und Formulare.

35. Informiere dich vorher über die Situation für Reisende in dem jeweiligen Land. Für viele Regionen gibt es bereits Reiseblogs.

36. Wenn du vorhast, lange in Regionen ohne Handyempfang und Lademöglichkeit unterwegs zu sein, bist du mit einem GPS-Sender gut beraten. Ich habe gute Erfahrungen mit der Marke SpotGen gemacht. Deine Familie freut sich sicher auch, wenn sie ab und zu ein Lebenszeichen von dir bekommt.

37. Geh niemals zu schnell mit jemandem mit. Stell immer erst viele Fragen zu verschiedenen Details, denn Lügner hassen Details und versuchen immer, allgemein zu bleiben. Vertrau auf dein Bauchgefühl. Ob jemand authentisch ist oder nicht, können wir normalerweise schnell spüren.

38. Sei immer misstrauisch, wenn jemand dich mit „my friend" anspricht. In 80 Prozent der Fälle haben solche Menschen Hintergedanken. Sei noch misstrauischer, wenn diese Person mehrfach betont, dass du bei ihr sicher bist und nichts zu befürchten hast.

Gesundheitsvorsorge

39. Wenn du viel in der Wildnis unterwegs sein möchtest, solltest du Desinfektionsmittel, Wundsalbe, Verbandszeug und Antibiotika mitnehmen.

40. Ein Moskitonetz sowie lange Kleidung und Insektenspray sind die beste Vorsorge gegen viele der häufigsten und gleichzeitig unangenehmsten Tropenkrankheiten. Unterschätze das nicht!

41. So trivial es klingen mag, pflege deine Zähne gut! Zahnschmerzen sind echt lästig, und im Ausland einen geeigneten Zahnarzt zu finden, ist mühsam.

42. Achte darauf, immer genug zu trinken und auch genügend Vorrat dabei zu haben. Pro Tag benötigst du zwischen 2,5 und 5 Liter, je nach Klimazone und körperlicher Anstrengung. In vielen Bergregionen kann man Wasser aus Bächen unbedenklich trinken. Es sollte fließendes, sauberes und gut riechendes Wasser sein und im Idealfall keine Zivilisation stromaufwärts beherbergen. Wenn es kalt ist, ist das sogar noch besser!

43. Blasenpflaster sind ein Muss, wenn du viel läufst. Solltest du keines zur Hand haben, hilft es, zur Polsterung mehrere Paar Socken übereinander anzuziehen.

44. Wenn du viel wanderst, solltest du unbedingt häufig die Unterwäsche wechseln und dich besonders an Stellen mit viel Reibung gut waschen. Ansonsten reizen Bakterien die vom Scheuern ohnehin beanspruchte Haut so sehr, dass jeder Schritt schmerzhaft wird. Also nimm zum Wandern lieber ein paar extra Unterhosen mit.

Internetzugang unterwegs

45. In vielen Ländern gibt es an öffentlichen Plätzen, Raststätten oder in Cafés kostenloses Wifi.

46. In großen Städten kannst du in den Apple Stores oder anderen Technik-Läden freies Internet beim Testen der Geräte nutzen.

47. Es gibt einige Apps für das Smartphone, mit denen du im Voraus Wifi-Passwörter einer Gegend, die von anderen Benutzern dieser Apps geteilt worden sind, herunterladen kannst, zum Beispiel „Wifi Master Key" oder „WiFi Map". Achtung: Man braucht bereits Internet, um sie zu nutzen! Bei „WiFi Map" kann man im Voraus die Schlüssel speichern.

Verständigung

48. Wenn Personen sich verständigen wollen, klappt das meist auch irgendwie. Rechtzeitig Offline-Übersetzer für das Smartphone herunterzuladen, lohnt sich jedoch sehr. Die Google Übersetzer-App beispielsweise bietet diesen Service an. Wenn du Englisch kannst, nutze den Translator auf Englisch. Die Übersetzungen sind wesentlich besser als die aus dem Deutschen. Installiere außerdem die Tastatur des jeweiligen Landes auf deinem Handy, damit der Gesprächspartner Antworten auch eintippen kann.

49. Wenn du vorhast, dich länger in einem Land aufzuhalten, lohnt es sich auf jeden Fall, die wichtigsten Vokabeln der Landessprache zu lernen. Es öffnet viele Türen, wenn die Leute merken, dass man sich bemüht, ihre Sprache zu sprechen. Lade dir auch hierzu eine App runter und lerne beim Warten oder unterwegs immer mal wieder. Eine App, die ich sehr empfehlen kann ist „Memrise". Vokabeln sind viel wichtiger als Grammatik. Also scheu dich nicht und rede einfach drauflos.

Jobs finden

50. In entwickelten Ländern wird die Website *www.craigslist.org* dir gute Dienste bei der Jobsuche erweisen.

51. Egal, wo du bist, frag einfach rum und sprich Leute an. Über Beziehungen und Bekanntschaften findest du fast immer einen Job – vorausgesetzt, du bist nicht wählerisch.

52. Zeugnisse sind für Gelegenheitsjobs praktisch egal, und ich wurde nie nach einem gefragt. Ein gut gestalteter Lebenslauf jedoch kann viele Türen öffnen.

Grundsätzliches

53. Menschen sind der Schlüssel zu allem: Arbeit, Spaß, Informationen usw. Sei stets freundlich und nett und versuche möglichst rasch, die Sitten und Gebräuche des Landes zu durchschauen, um nicht negativ aufzufallen.

54. Der beste Gesprächseröffner ist ein Lächeln und eine Frage. Vielleicht nach dem Weg, einer Empfehlung usw. Wer offen und positiv ist, dem begegnen andere meist ebenso.

55. In vielen Ländern sind die Menschen neugierig und mögen den Austausch mit Leuten von anderswo. Außerdem haben die Einwohner in weniger entwickelten Ländern meist viel mehr Zeit für Gespräche. Freu dich darüber!

Endnoten

1 http://de.wikiquote.org/wiki/Bibel
2 Tatsächlich gibt es über dieses denkwürdige Zusammentreffen sogar einen Dokumentarfilm mit dem Titel „Meet the Natives – Besuch aus der Südsee". Mehr zu dieser kuriosen Geschichte: https://de.wikipedia.org/wiki/Prinz-Philip-Bewegung.
3 https://www.youtube.com/watch?v=2SQBuweNByk (Gesang zu Ehren von John Frum).
4 https://www.youtube.com/watch?v=UKyx6gu1nLY (Golfschuhwerbung).
5 Wer sich mit dem Thema tiefer befassen will, hier eine Buchempfehlung: Gary Chapman: Die fünf Sprachen der Liebe, Francke-Verlag, Marburg 2010.

Weiterführende Links

Christopher Schacht – YouTube Kanal:
https://www.youtube.com/channel/UCx8ao2mxOOCz6pN8ckzxeuw?view_as=subscriber

Christopher Schacht – Facebook:
https://www.facebook.com/ChristopherSchachtWeltreise/

Alfredo Eiscafé:
https://www.facebook.com/AlfredoPirna/

Grundkurs zum christlichen Glauben:
https://alphakurs.de/entdecke-alpha/

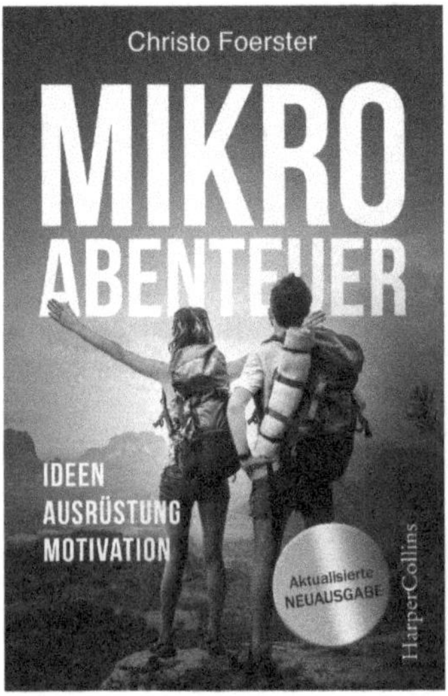

Christo Foerster
Mikroabenteuer
€ 9,99, Taschenbuch
ISBN 978-3-95967-277-1

In diesem rappelvollen Buch stellt Autor und Motivationstrainer Christo Foerster Ideen und Ausrüstung für Abenteuer vor der Haustür vor, skizziert Touren für Städte, Berge und Wälder. Warum warten bis du genug Geld, genug Urlaub, genug Mut hast?

Ob du einen außergewöhnlichen Reiseführer für Deutschland suchst, ob du wandern oder Rad fahren, mit dem SUP, Kajak oder Kanu aufbrechen, oder einfach nur einen Tagesausflug ans Meer machen möchtest – das Buch »Mikroabenteuer« ist ein handfester Impulsgeber, der dir gehörig in den Hintern tritt.

Christo Foerster
Raus und machen
€ 14,99, Klappenbroschur
ISBN 978-3-95967-284-9

Das Motto »Raus und machen« ist das Herz der Mikroabenteuer-Philosophie von Christo Foerster. Im gleichnamigen Buch beschreibt der Autor eindrücklich, wie einfach es sein kann, eine neue Einstellung zu entwickeln und mehr unvergessliche Momente ins Leben zu holen. Wie werde ich freier? Welche Möglichkeiten liegen vor meiner Tür? Was macht ein Abenteuer zum Abenteuer, was einen Macher zum Macher? Warum lassen Naturerfahrungen uns so wachsen? »Raus und machen« liefert verblüffend aufschlussreiche Antworten auf Fragen, die sich jeder stellen sollte, der die Lust verspürt, seine Umgebung und sich selbst noch einmal neu zu entdecken. Welche Kraft die kleinen Abenteuer bei ihm persönlich entfalten, schildert Christo Foerster mit Geschichten seiner prägendsten Mikroabenteuer in den archetypischen Landschaften Meer, Wald und Berge. Obendrauf gibt es hilfreiche Tipps und Ideen für die Abenteuerplanung und einen ordentlichen Schwung unnützes Wissen – vom nördlichsten Zipfel Sylts bis zur Zugspitze.

DION LEONARD
MIT GOBI DURCH DIE WÜSTE
Eine wahre Geschichte
HarperCollins